THE LOGIC OF EDUCATION

교육의
의미와 논리

P. H. Hirst · R. S. Peters 저
이병승 역

박영story

역자 서문

이 책은 영국의 레스터(Leicester) 대학교의 명예교수인 티블(J. W. Tibble)의 책임하에 추신된 『교육학 학생문고』 시리즈 중의 하나로 교육철학자인 허스트(P. H. Hirst)와 피터스(R. S. Peters)가 공동 저술한 *The Logic of Education*을 완역한 것이다. 이 책은 1970년 영국에서 처음 출간되었으나 1971년 미국 뉴욕의 휴머니티스 출판사(Humanities Press)가 다시 출간한 바 있다. 번역에 사용한 원서는 휴머니티스 출판사에서 펴낸 것이다. 공동저자인 피터스와 허스트는 1960~70년대 분석적 패러다임을 배경으로 교육철학의 혁명을 주도했던 학자들이다.

이 책은 저자들이 서문에서 밝힌 바 있듯이, 두 가지 목적으로 집필되었다. 하나는 교재와 교사 중심의 교수 방식을 중시하는 전통적인 교육 관점과, 학생의 흥미 및 자발성을 중시하는 진보주의적 교육 관점이 안고 있는 한계를 각각 비판한 후 이를 종합하기 위한 대인을 모색하기 위한 것이다. 저자들은 앞의 두 관점이 간과한 공적 경험과 이해의 양식을 가르치는 것이 무엇보다 중요하다는 점을 이 책 모든 장에서 일관되게 강조하고 있다.

다른 하나는 교육문제를 철학적으로 탐구해 가는 새로운 방법 혹은 접근방식을 소개하기 위한 것이다. 그리하여 저자들은 교육학자들이 사용하는 교육 관련 개념들에 대한 분석을 통해 그 의미를 명료화하고 그 의미 이면에 놓인 논리적인 가정을 밝히는 데 관심을 기울이고 있다. 예컨대, '교육', '발달', '교육과정', '교수', '교수와 개인적 관계', '교육기관' 등의 개념을 소개하고 이들에 대한 개념을 체계적으로 분석하고 있다. 이들은 교육의 개념 분석이 단순히 용어의 의미를 밝히는 데 목적이 있는 것이 아니라, 교육적 사고의 전개 과정에서 필수 불가결한 작업임을 누누이 강조하고 있다.

하지만 이러한 저술 목적 이외에 또 다른 의도도 담겨 있다는 생각이 든다. 이 책은 1960년대 중반 저자들이 여러 논문이나 저서에서 제시하였던 주장들에 가해진 따가운 비판을 의식하면서 집필된 것이다. 예컨대, 허스트의 '지식의 형식' 논제나 피터스의 '입문' 혹은 '기준'으로서의 교육 개념에 주어졌던 학계의 비판에 대해 적극적으로 응전을 하기 위해 저술된 것이다. 특히, 제2장은 이러한 응전이 구체적으로 드러난 곳이라고 할 수 있다. 이 상은 이들 연구 초창기의 입장이 어떻게 달라졌는지를 이해하는 데 도움을 줄 수 있을 것이다.

저자들은 저술을 해 가는 동안 개념 분석이 기본적으로 비판적인 작업이라는 점을 다시 한번 분명하게 환기시켜 준다. 즉, 그들은 피아제(J. Piaget) 및 콜버그(L. Kohlberg)와 같은 인지발달심리학자들이 사용해 온 '구조', '동화', '조절' 등의 개념으로는 바람직한 마음의 발달을 목적으로 하는 교육 활동을 설명하기에 한계가 있으며, 블룸(B. S. Bloom)의 교육목표분류 역시 인간의 정신 발달을 중시하는 교육활동을 만족시키기에는 미흡한 점이 있다고 지적한다. 결국 저자들은 이러한 비판을 통해 이들 개념들이 교육을 설명하는 데 필요조건일 수는 있지만 논리적인 충분조건은 될 수 없음을 밝히고 있다.

이러한 이들의 논의는 교수-학습 개념을 분석할 때에도 그대로 적용되고 있다. 그들은 개념 분석을 통해 '성숙', '숙달'은 학습을 설명하기에 충분하지 않으며, 모든 경험이 학습일 수 없음을 밝히고 있다. 또한 교수 없이 학습이 일어날 수는 있지만 교육적인 학습이 일어나기 위해서는 반드시 체계적인 교수가 있어야 함을 강조한다. 이어서 저자들은 교육적인 교수라고 할 수 있는 논리적인 조건들이 무엇인지를 제시하는 일에도 관심을 기울인다. 그런데 여기서 특이한 점은 저자들이 별도의 장을 두어 교수-학습 과정에서 교사와 학생 간의 개인적 관계가 중요한 것임을 부각시키고 있다는 점이다. 교수 과정에서 교사가 학생과 바람직하지 못한 개인적 관계를 가지게 되면 공평성과 일관성을 잃게 될 수 있지만, 인간존중의 원리 차원에서 성숙한 개인적 관계를 맺게 되면 좋은 교육적 성과를 이끌어낼 수 있을 것이라고 제안한다. 이러한 제안은 오늘날 교육사태에서 교사와 학생 간의 건강하고 행복한 관계 맺기의 조건들을 제시하고 있다는 점에서 음미해 볼 만한 가치가 있다는 생각이 든다.

끝으로, 저자들은 교수와 학습이 실제로 일어나는 교육기관에 대해서도 비판적인 검토를 하였는데, 오늘날 학교가 교육적 기능을 제대로 수행하지 못하는 까닭은, 바로 교사들이 권위를 합리적으로 행사하지 못했기 때문이라고 진단한다. 그들은 오늘날 교사들이 직위상의 권위와 더불어 전문지식의 권위를 가지고 있지만, 많은 교사들이 실질적인 권위를 제대로 행사하지 못하고 있음을 안타까워한다. 그리하여 그들은 학교 안에서 교육활동이 원활하게 이루어지기 위해서는 교사가 전문지식의 권위, 즉 교육내용의 권위, 교육방법의 권위, 그리고 학생지도 및 통제의 권위와 같은 실질적 권위를 행사할 수 있어야 한다고 주장한다. 그들의 주장을 액면 그대로 받아들일 수는 없는 일이지만, 그들의 권위 개념 분석은 오늘날 교사의 권위 상실 및 권위 실추로 인해 점차 황폐해져 가는 우리 학교현장을 비판적으로 반추할 수 있는 계기를 마련해 준다는 점에서, 그리고 학교와 교실 살리기의 한 방안을 제시한다는 점에서 시사하는 바가 지지 않다는 생각이 든다.

번역을 할 때 늘 느끼는 바이지만 외국문헌을 우리말로 옮기는 일은 언제나 힘들고 두려운 일이다. 특히, 개념의 의미를 소중하게 여기는 철학자들의 글을 우리말로 옮기는 일은 더더욱 힘든 일이다. 필자들의 진의(眞意)를 바르게 파악하고 그것을 적절한 언어로 옮겼는지 늘 두려운 일이다. 철학자들의 글은 늘 난해하고 때론 심오하여 오역의 가능성이 높기 때문이다. 이 번역서가 쉽게 읽혀지지 않는다면 그것은 순전히 역자의 능력이 비재하여 생긴 일일 것이다.

아무튼 이 번역서가 교육활동을 통해 실현하고자 하는 바가 무엇이며

이를 구현하기 위해 어떤 마음자세를 가져야 하는지를 고민하는 교육이론
가와 교육실천가들에게 조금이나마 도움이 되기를 기대한다. 특히 교육의
개념과 본질에 대해 보다 깊은 철학적 사색을 하거나 전문적인 논의를 하
려는 사람들에게 유익한 문헌이 되기를 희망한다.

　　또한 이 번역본 끝에 〈부록〉을 붙였는데, 그 까닭은 이 책에 일곱 가
지의 의미 깊은 주제가 소개되었음에도 불구하고 교사 및 교사교육 관련
글이 빠져 있기 때문이다. 따라서 역자가 과거에 학회에서 발표한 피터스
의 교사관 관련 논문 두 편을 실어 독자들의 이해를 돕고자 하였다. 이 글
들이 저자들이 이 책에서 논의한 여러 주제들과 관련해 어떠한 논리적 연
관과 의의를 가지는지 이해하는 데 조금이나마 도움이 되길 희망한다.

　　끝으로, 이 번역본이 나오기까지 난해한 문장 하나하나를 꼼꼼히 읽
으면서 바로 잡아준 여러분에게 고마움을 전하며, 사업적 이익을 먼저 고
려하기보다는 교육학의 발전을 위하여 시장성이 넓다고 할 수 없는 이 책
의 출판을 흔쾌히 허락해 준 박영스토리의 안상준 상무님에게 감사의 말
씀을 드리며, 까다로운 내용의 교정 및 편집을 통해 좀 더 좋은 번역본이
출간될 수 있도록 수고를 아끼지 않은 편집부 직원 여러분에게 고마운 마
음을 전한다.

2016년 2월
공주대 신관동 캠퍼스에서
譯者 李秉承 識

편집장 서문

개념분석의 형식을 취하고 있는 현대 교육철학이 교육이론 및 실제에 끼친 실제적인 공헌은 '교육학'에 기여해 온 피터스 교수와 허스트 교수에 의해 이루어졌다. 이 두 학자에 의해 쓰인 이 책은 교육학이라는 주제의 본질, 범위, 적용에 관련된 아이디어를 발전시키고 예증한 것이다. 이 책 첫 장은 개념분석에서 사용한 방법들을 논의하고 논증하고 있다. 이러한 방법들은 '교육'의 개념과 교육학을 공부하는 학생들이 관심을 가지는 주제들, 예컨대 '발달'의 개념, 학습과 교수의 과정, 교육과정의 한계와 조직, 교수과정에서의 개인적 관계, 교육기관의 본질과 목적을 검토하는 데 사용되고 있다.

그러므로 서론부에서 저자들이 지적한 바와 같이, 이 책은 이중적인 목적을 가지고 집필되었다. 그 하나는 이 저작이 교육적인 과정(educative process)의 본질에 관한 주제를 적극적으로 숙고하고 있다는 것이다. 이를 위해 이 저작은 학교교과와는 분명하게 구별되는 공적인 경험양식(public modes of experience)에 무게를 두는 지식, 이해, 주장에 중요한 의미를 부여하면서 교육에 대한 전통적인 교재 중심의 접근법과 진보주의적인 아동중심의 접근법 간의 조화를 꾀하고 있다. 어쨌든 간에 최근의 블록 저서들이 드러낸 바와 같은 거친 형식으로라도 이러한 쟁점을 마무리해야 할 때가 되었다는 생각이 든다.

이 책의 또 다른 목적은 현직 교사들 및 장차 교육학을 계속해서 공부하려는 학생들에게 교육철학을 연구하는 방법을 구체적으로 보여주려는 것이다. 이 책을 읽는 사람들은 교육에 관한 자신들의 사고가 교육실제에 어떤 영향을 주는지를 평가할 수 있을 것이다. 보다 발전된 수준에서 교육학을 연구하려는 사람들을 위해 더 읽어봐야 할 문헌들을 이 책 끝 부분에 수록해 놓았다.

레스터 대학교
교육학과 명예교수
J. W. 티블

저자 서문

이 책은 다음과 같은 두 가지의 뚜렷한 목적을 가지고 출판되었다. 첫째, 지시 및 이해의 발달을 중요한 위치에 두고 있는 '교육'에 대한 분석이 교육과정, 교수, 그리고 학교 및 대학의 권위구조에 어떤 시사를 던져주는 지를 연구하려고 하였다. 그런데 이 책에서는 지식과 이해의 영역 안에 학교 교과와 분명하게 구분되는 것으로서 경험의 공적 양식이 있음을 강조했는데, 이러한 입장이 교재중심 접근법과 아동중심 접근법을 보다 잘 조화시켰다고 주장할 수 있다. 필자들은 '교육'에 대한 분석을 통해 그것에 함의된 바를 알아내고자 하는 이 명확한 시도가, 그것에 대해 중립적인 접근을 하는 시도보다는 학생들이 이 주제에 대하여 스스로 생각해 볼 수 있는 더 큰 계기를 마련해 줄 것으로 믿는다. 또한 필자들은 이 책에서 밝힌 관점이 세상에 널리 도움이 되길 바란다.

둘째, 빌 린핑에 있는 '영국 교육철학'을 소개하고자 하였다. 영국교육 철학은 최근에 이르러 영국에서 자리를 잡았으며, 그동안 성취한 업적 대부분은 논문집에 실려 있다. 하지만 강의와 높은 수준의 연구생에게 적합한 저작은 그리 많지가 않다. 이 책은 교육의 핵심적인 개념들을 집중적으로 다룸으로써 교육이란 무엇인가를 밝힐 것이며 학생들로 하여금 스스로 그것을 탐구하는데 앞장서도록 이끌 것이다. 그러나 이 책은 교육이론을 배우기 시작한 초보적인 학생들을 위해서 마련된 것이 아니다. 오히려 교육이론의 한 분야로서 교육철학을 연구하기 시작한 사람들을 위해 마련된 것이다. 이런 이유로 이 책은 소위 교육학사 학위를 위하여 교육철학을 깊이 공부하기 시작한 교육대학의 졸업반 학생들이나 교육학 전공 분야로서 교육철학을 선택한 대학원 학생들에게 적합할 것이다. 이와 같은 관점에서 필자들은 인용문과 각주를 페이지마다 소개하지 않고 앞으로의 연구를 돕기 위해 마지막 장 뒤에 상세한 참고문헌을 덧붙였다.

저자들은 피터스 교수의 "교육과 인간발달"과 "교수와 개인적 관계"에 대한 핑크 강연의 요약본을 재출판할 수 있도록 허락해 준 『멜버른교육연구지』(Melbourne Studies in Education)에 감사드린다. 이 두 편의 글은 이미 1969년 멜버른 대학교에 전달된 바 있으며, 1970년 그곳에서 책으로 출판된 바 있다. 뿐만 아니라 피터스 교수의 논문인 "교육과 교육받은 사람"의 요약본을 재출판할 수 있도록 허락해 준 영국교육철학회(Philosophy of Education Society of Great Britain)에 감사드린다. 이 논문은 이미 1970년 이 학회 연차대회집에 게재되어 있던 것이다.

마지막으로, 필자들은 비서로서 이 책의 여러 곳을 타이핑하는데 수고를 아끼지 않은 로즈마리 스넬 부인과 제인 윌리엄스 양에게 감사드린다.

공동저자 허스트와 피터스

일러두기

① 본문 안의 인명과 저서명의 경우 한글로 적고 괄호(   )를 쳐 외국어를 표기하였다.

② 본문 내용 중 저자가 강조한 이탤릭체 단어나 구질은 **고딕체**로 진하게 표기하였다.

③ 저서인 경우는 『   』으로, 논문은 "   "으로, 그리고 잡지 및 신문 등은 〈   〉으로 표기하였다.

④ 각주의 경우 번호가 아닌 *, **, *** 등의 순으로 표기하였다. 저자 혹은 편집책임자가 제시한 각주도 번호를 붙이지 않고 *, **, ***으로 표기하였다.

⑤ 본문 내용 중 보충설명이 필요한 경우 역자가 각 페이지 하단에 [역자 주]라고 적고 보충설명을 덧붙였다.

⑥ 본문 안의 단어, 구, 문장 중 외국어 표기를 해야 할 경우 각주에 원어 그대로 표기하였다. 한글 단어만으로 혼란이 있을 경우 (   )안에 한 자를 병기하였다.

⑦ 본문 안 인용문의 경우 글씨체를 본문보다 작게 하고 장평을 좁혀 본 문과 구별하였다.

차 례

제1장 철 학

제2장 교 육

제3장 발 달

제 1 장

철 학

1 현재의 상황

2 철학이란?

3 개념분서

4 개념분석의 요점

5 교육철학

THE · LOGIC · OF · EDUCATION

철 학

1 현재의 상황

　　오늘날 교사가 된다는 것은 불안하고 도전적인 일이 아닐 수 없다. 물론 대부분의 학교는 교실의 주인공이 바뀔 뿐 오래 전부터 해왔던 판에 박힌 일들을 계속해 오고 있다. 간부 교원실에서 오가는 대화는 기껏해야 어린이들의 성벽(性癖)에 관하여, 최근 정부의 어리석은 처사에 관하여, 또는 외박에나 자동차나 가십에 관하여, 그리고 휴일에 다녀올 민힌 경치 좋은 곳 등에 관한 이야기 등으로 한성되어 있다. 하시만 교무실 안에서 이루어지는 대화의 해묵은 주제들은 학교에서 해야 할 일이 무엇인가에 관한 논쟁으로 인하여 중단되곤 한다. 이와 마찬가지로 교실에서 이루어지는 교육도 너무 자주 바뀌고 있다.

　　이와 같은 상황에서 교사는 불안할 수밖에 없다. 왜냐하면 간부 교원실 안의 교사들은 두 파로 갈라질 것이며, 이럴 경우 교사는 이 두 파 중 어느 한쪽에 속할 것을 계속 강요당할 것이기 때문이다. 좀 거칠게 말하자면, 교사는 전통적인 입장과 진보적인 입장, 즉 보다 딱딱한 견해와 보다 부드러운 견해가 있다는 점을 알게 된다. 전자는 지식과 기능 그리고 전통적인 교과와 시험의 규정적인 역할의 중요성을 강조할 것이다. 이에 반해 후자는 지식의 실제적인 획득보다는 학습하는 방법을 학습하는 것이 더 중요하며, 교육과정은 어린이들의 흥미와 필요를 반영해야 한다고 주장할 것이다. 나아가 후자는 전통적인 교과란 아이들의 자연적인 호기심을 인위적으로 가로막는 것이며, 시험은 엘리트 양성장치(養成裝置)로서, 그 주된 기능은 거부감과 실패감을 부추기는 것이라고 주장할 것이다. 전자는 수업방법으로서 형식적인 교실수업을 받아들일 것이며, 규율을 유지하기 위해서는 벌을 부과하는 것도 반대하지 않는다. 이에 반하여 후자는 집단과제와 개별활동을 통한 학습방법을 채택할 것이며, 벌을 교사가 행하는 잔혹행위의 타당치 못한 표현으로 생각할 것이다.

　이와 같은 상황에서 도전은 충분히 있을 법한 일이다. 특히 서로 다른 방식으로 교육에 접근해 가는 이 두 입장은 인위적인 양극의 입장을 대표하는 것이기 때문에 교사는 자신의 과업을 수행함에 있어서 양자택일의 그림을 펼쳐 놓고 있는 셈이다. 다른 어느 때보다 아직도 해결을 하지 못하고 있으며 아마도 영원히 이렇다 할 만한 답을 찾기 어려울지도 모르는 복잡한 문제들에 대하여 어떤 결정을 내리려고 할 때 거기에는 지적인 도전이 따르기 마련이다. 또한 어느 편이 더 좋은가를 알기 위하여 양자택일을 해야 할 경우 나타나는 실제적인 도전도 있다. 물론 어느 하나의 교수형태나 교육과정이 다른 것보다 더 좋다거나 나쁘다고 하는 것을 참고문헌을 보고 비판의 기준을 잡아야 할 문제도 있다. 그러나 전에 존재했던 것보다는 현재의 상황 속에서 더 많은 실험을 해봐야 할 것들이 존재하고 있다. 변화란 많은 사람들에게 반드시 좋은 것이어야 한다는 환상이 매우 넓게 퍼져있기 때문에 교사들은 너무도 쉽사리 이미 잘 짜인 교육실천 계획을 포기하고 있다.

　도전의 상황을 인지하는 것도 중요한 일이지만 그 도전에 대처하는 데 필요한 준비를 갖추는 일 또한 중요하다. 이러한 준비를 하지 않게 되면 교사들은 최근 논쟁 중에 있는 어느 한 파에 대하여 불합리한 충성심을 가지게 되거나 교장이나 그 지역의 '전문가'의 영향을 크게 받게 될 것이다. 교육철학은 논의 중에 있는 대부분의 문제들에 관하여 교사가 보다 분명하고, 사정에 밝으며, 훌륭하고도 합리적인 견해를 형성하는데 요구되는 필요 불가결한 분야이다. 이것이 우리가 가지고 있는 신조(信條)이다. 이 신조는 일종의 철학적 견해를 논리적으로 전제하고 있다. 그러면 저자들의 견해를 구체적으로 밝히기 전에 먼저 다음 몇 가지 예비적인 사항들을 간략하게 살펴보고자 한다.

2 철학이란?

철학이란 과학, 회화, 예배 그리고 도덕적인 판단과 같은 활동들이 이루어질 때 제기될 수 있는 반성적 성격을 지닌, 어떤 형태의 이차적인 질문*과 관련을 맺고 있다는 점에서 다른 활동과는 구별되는 활동이다. 물론 그렇다고 해서 반성적이고 이차적 질문이 모두 철학적인 것은 아니다. 이를테면 어떤 교사는 사람들로 하여금 그림 그리기를 하도록 고무시키는 것이 무엇인가에 관하여 생각해 볼 수 있으며 또 만약 그렇다면 그림 그리기와 사회계급 간에는 어떤 관계가 있는가에 관하여 곰곰이 생각해 볼 수 있을 것이다. 이것들은 그림 그리기 활동과 관련하여 제기될 수 있는 반성적인 질문이나. 하시만 미것—은 설박적인 일문이 아니다. 신세도 이것들은 교육이론에 중요한 공헌을 하는 두 개의 다른 형태의 연구영역, 즉 심리학과 사회학에 관련된 질문들이다.

그렇다면 어떻게 철학을 다른 반성적인 탐구의 형식들과 구별할 수 있는가? 한 가지 예를 들어보자. 철학적 탐구방법 중 하나는 보기를 들어 요점을 드러내 보여주는 것이다. 어떤 교사가 다른 교사에게 다음과 같이 말했다고 생각해 보자. "당신은 아이들을 교실 안에 가두어두는 방식으로 벌을 주어서는 안 됩니다". 이 소리를 들은 상대방 교사는 "이것은 아이들에게 벌을 주는 것이 아닙니다. 당신은 이런 식으로 벌을 줘서는 안 된다

---

* second order questions
** reflective questions

는 것을 어떻게 알았습니까?"라고 말했다고 해 보자. 이 경우 이런 질문을
던진 교사는 앞의 교사가 내린 도덕적 판단을 철학적으로 다루고 있다고
할 수 있다. 그렇다면 그 교사가 철학적으로 질문하도록 만든 것은 무엇인
가? 그러한 질문을 하도록 한 것은 어떤 종류의 생각인가? 그것은 '벌'*의
개념에 대한 생각과 그러한 판단을 하도록 한 타당한 근거가 무엇이냐에
대한 생각을 포함하고 있다. 요컨대 철학은 개념분석에 관한 질문들에 관
련되어 있으며 지식, 신념, 행위, 그리고 여타의 활동들의 근거가 무엇이
냐 하는 질문들에 관련되어 있다.

    이러한 액면 그대로의 주장은 오히려 여러 가지 문제를 불러일으킬
수 있을 것이다. 다음 두 가지 질문을 마음에 새겨두어야 할 것으로 보인
다. 그 첫 번째 질문은 개념분석 자체에 관련된 것이다. 예컨대, 용어를 신
중하게 정의하는 것이다. 두 번째 질문은 용어의 의미를 어떻게 부여할 것
이며, 지식의 근거를 어떻게 탐구할 것이냐 하는 것으로, 이것은 탐구하려
는 것이 어떤 유형의 문제인지를 파악하려는 사람에게 도움을 준다. 아마
도 이러한 일을 마치게 되면 생각이 처음보다도 명료해 질 것이다. 그렇기
는 하지만 아이들에게 벌을 주기 위해 그들을 교실 안에서 남겨 두어야
할 경우라도 그들에게 반드시 벌을 주어야 하는가 아니면 벌을 주어서는
안 되는가 하는 당위적인 문제가 여전히 남아 있다. 그렇다면 이러한 상황
에서 철학적 사고**는 실천적인 성격을 띤 문제를 해결하는 데 어떤 시사
를 던져 줄 수 있을 것인가?

3 개념분석

    이제 개념을 분석한다는 것이 무엇을 뜻하는지 논의해 보자. 개념이
란 무엇인가? 그것은 분명히 어떤 심상(心像)***과는 다른 것이다. 우리가

---

* punishment
** philosophizing
*** image

앞에서 든 벌의 경우에서처럼, 우리는 마음 속에 범죄의 대가를 치른다거나 매 맞는 아이에 대한 그림을 그리지 않고도 '벌'(罰)*의 개념을 가질 수 있다. 그렇다면 벌의 개념을 가지고 있다는 것은 벌이라는 **단어****를 정확하게 사용할 줄 안다는 것을 의미하는가? 우리가 벌의 개념을 가지고 있다는 것은 이 말을 '죄'(罪)와 같은 단어들과 관련지을 수 있거나 '죄를 지었을 때만이 벌을 받을 수 있다'와 같은 말을 할 수 있을 것이다. 앞의 이야기에서 언급한 바 있는 그 교사가 아이들을 교실 안에 남겨두는 것이 '벌'이라고 생각하지 않는 것은 아마도 그가 죄와 벌의 이 같은 관련성을 이해했기 때문이라고 할 수 있을 것이다. 이처럼 단어를 다른 단어들과 관련짓는 이러한 능력은 그 단어가 적용되는 경우를 인식할 수 있는 능력으로 발전해 간다.

이것은 개념을 가진다는 것이 무엇인지를 밝히는 데 꽤 도움을 주는 접근인 것처럼 보인다. 그러나 이것은 다음 두 가지 이유에서 반드시 그렇다고 할 수 없다. 우선, 우리는 사물이나 사물들의 차이점을 구분하기도 하지만 차이점과 유사성을 드러내는 단어를 얻을 수는 없다. 이 경우에 우리는 개념을 가지고 있지 않다고 말할 수 있는가? 이것은 매우 복잡한 식별을 해내는 동물들이 어떤 개념을 가지고 있다는 것을 부정하는 것인가? 이것은 아주 어렸을 때와 달리 어머니에게 다르게 행동하는 아이들이 '어머니'라는 단어를 사용하기 전까지는 어머니에 대한 개념을 가지고 있지 않다는 것을 뜻한다고 할 수 있다. 그러면 이렇게 제한적으로 말하는 까닭은 무엇인가? 우리가 개념을 가지고 있다는 것은 식별할 수 있는 능력이 있다는 것이며 유사한 사물들을 분류할 수 있는 능력을 가졌다고 말하는 편이 낫다는 것인가? 단어를 적절하게 사용할 줄 안다는 것은 이 같은 일을 하는데 매우 섬세하고 편리한 방식이다. 사실 그것은 개념 소유의 **충분**조건은 아니라도 **필요**조건으로 인정될 수 있을 것이다. 달리 말하면 우리는 아마도 어떤 사람이 만약에 '벌'이라는 단어를, 이를테면 '고통'이라든

* punishment
** *word*

가 '죄'라는 단어와 정확하게 관련지을 수 있고, 그것을 벌을 주는 상황에서 정확하게 적용할 줄 안다면 그 사람은 벌이라는 개념을 가지고 있다고 서슴없이 말할 수 있을 것이다. 그러나 그 말을 사용할 수 없다고 해서 곧 그가 그 개념을 가지고 있지 못하다고 말할 수는 없다. 예컨대, 그가 난폭한 잔혹행위를 목격했을 때에는 혼란이 일어날지 모르지만 벌을 주는 것을 목격했을 때에는 혼란이 일어나지 않을 것이다. 그러나 이러 저러한 몇 가지 이유로 인하여 그는 그것들의 구별을 분명하게 하는 데 도움을 주는 단어는 배우지 못했을지도 모른다.

　어떤 단어들을 적절하게 사용할 수 있는 능력을 가지고 있건 아니면 분류하고 식별하는 보다 일반적인 능력을 가지고 있건 어떤 개념을 가진다는 것과 어떤 능력을 소유한다는 것을 동일시하는 것에 대해 만족스러워하지 못하는 두 번째 이유는, 이 두 가지 능력 모두가 보다 근본적인 어떤 것, 말하자면 그러한 일들을 해 낼 수 있도록 하는 원리의 이해를 전제로 하고 있기 때문이다. 로크(J. Locke)가 말하기를, '하나의 아이디어는 누군가가 생각할 때에 이해하게 되는 대상'으로, 이것은 아마도 개념이 무엇인가를 가장 근사하게 말한 것일 것이다. 하지만 이 말은 아직도 분명하지가 않다. 어떤 개념을 가진다는 것이 무엇인가에 대한 우리의 이해는 원리 파악의 경험과 단어들을 정확하게 구별하고 사용할 수 있는 능력을 지녔는지의 여부를 판단할 수 있음을 뜻한다. 여기서 능력이란 우리 자신과 마찬가지로 다른 사람을 관찰할 수 있는 힘을 가지고 있다는 것을 뜻한다. 이것은 양자를 포함하는 것이기 때문에 철학자들 사이에서는 일반적으로 개념을 가지고 있는가의 여부를 이렇게 관찰할 수 있는 능력을 기준으로 삼으려는 경향이 있다. 왜냐하면 그것은 주관적인 입장에서 말하는 것보다도 더 많은 것을 이야기 할 수 있는 가능성이 있기 때문이다. 이러한 공적 기준은 개념을 가지고 있다는 것을 확인하는 데는 필요하지만, 개념을 가진다는 것이 반드시 그것과 일치하는 것은 아니다.

　우리는 이 같은 철학적 활동의 영역에서 우리가 명료화하려는 대상에 대해 많은 것을 이야기하였다. 하지만 우리가 개념을 **분석**하려고 할 때 철학분야에서 우리가 할 수 있는 것은 무엇인가? 현재 문제가 되고 있는 개념이란 항상 단어들을 적절히 사용하는 능력과 관련되어 있다는 점에서 우리가 할 수 있는 것이란 그러한 용법을 지배하는 원리 혹은 원리들이 무엇인가를 이해하기 위해 그 단어들의 용도를 검토하는 것이다. 만약 우리가 이러한 일을 분명하게 해낼 수 있다면, 개념이 가진 의미를 선명하게 드러낼 수 있을 것이다. 역사적으로 소크라테스와 같은 철학자들은 **정의**(定義)*를 내림으로써 이러한 일을 해내려고 하였다. 경우에 따라서 '정의'에는 강한 의미와 약한 의미가 담겨 있다. 약한 의미는 원단어**의 적용 가능성과 판단이 있는 논리적 필요조건이 어떤 특성을 드러나게 하는 다른 단어가 발견될 경우에 쓰인다. 따라서 '벌'(罰)이라는 사례로 되돌아가 생각해 보건대, 이 말을 사용하기 위한 논리적 필요조건은 불유쾌한 무엇인가가 누구에게인가 행해졌다는 것이다. 예컨대 어떤 범죄자에게 즐거운 여행을 시킨다면, 우리는 그 경우에 '벌'이라는 단어를 사용하기를 거부할 것이다. 때문에 '벌'의 개념에 대해 우리가 가지고 있는 생각 중의 하나는 불유쾌한 무엇인가가 가해졌다는 것이다. 정의의 강한 의미는 논리적으로 필요하면서도 충분한 조건들이 마련되었을 때 쓰일 수 있다. 달리 말해서, 누군가가 'X, Y, Z의 특성이 나타났을 때에 비로소 처벌받아야 한다'라고 말할 경우 우리는 강한 의미의 정의를 내릴 수 있다. 실제로 우리는 기차학과 같이 인위적으로 만들어진 상징체계에서 이러한 정의를 내리게 되는데, 여기서 우리는 '삼각형'이라는 단어를 사용하는데 필요한 완벽한 조건을 가지게 된다. 보다 느슨한 방식으로 '용기' 및 '정의'와 같은 일상적인 언어에서 사용되는 단어들을 가지고는 그 특성들을 짜임새 있게 정의하기가 어렵다. 개념분석을 하는 데 있어서, 우리는 약한 의미로 정의된 특성들을 보다 명확하게 정리하려고 한다.

단어의 사용 이면에 숨겨진 원리를 밝히고 우리가 사용하는 개념들을 보다 명료하게 하려고 할 경우 중요한 것은 논리적으로 필요한 조건들을

---

* definition
** original word

장차 나타날지도 모르는 다른 조건들로부터 구별하는 것이다. 이러한 차이를 이해한다는 것은 실제로 철학을 하는 것과 과학을 하는 것 간의 차이를 이해하는 것이다. 예컨대, 벌을 주는 행위가 중추신경체계를 가진 사람들에 의해서만 이루어질 수 있을 것 같기도 하다. 하지만 우리는 '벌'이 무엇을 의미하는지를 이해하기 위하여 그것을 알아야 할 필요는 없을 것이다. 사실 중추신경체계에 관해 들어본 적이 없는 수많은 사람들은 벌이 무엇을 의미하는지에 대해 잘 이해하고 있다. 그러므로 중추신경체계를 가지고 있다는 것은 '벌' 이해의 부분이라기보다는 벌의 일반적인 경험적 조건일 따름이다. 그러므로 '벌'과 신경체계 간의 관계란 '듣기'에 대한 이해와 귀 소유의 관계와는 전혀 다른 것이다. 왜냐하면 특정한 신체기관의 소유는 무엇인가를 듣는다는 것이 무엇인지를 이해하는 것과 분리될 수 없는 것이기 때문이다. 우리는 귀를 가지지 않고는 들을 수 없다. 나중에 지적하겠지만, 대부분의 학습이 모종의 교수형식에 의해 일어난다는 것은 하나의 경험적 사실일 따름이다. 하지만 '교수'란 학습과 어떤 식으로든지 관계를 맺지 않고는 바르게 이해될 수 없는 것이다. 그러므로 '학습'이란 '교수'를 분석할 때 함께 분석되어야 한다(제5장을 보라). 왜냐하면 이러한 관계는 순전히 **사실적인 것***이라고 할 수 없기 때문이다.

　이제 개념분석이라고 불리는 것 대부분이 단어 사용의 논리적인 조건을 찾는 일이며 따라서 느슨한 '정의'와 관련되어 있는 것 같지만, 최근에 그러한 정의를 하려는 시도를 부정하려는 경향이 나타나고 있다. 일상 언어란 정적(靜的)인 것이 아니라 오히려 삶의 형식**이다. 우리가 어떤 개념을 명확하게 할 수 있다고 생각한다면, 우리가 단어를 사용하기는 하지만 그것을 분명하게 할 조건이 아직 확립되지 않은 사례를 만날 가능성이 높다. 예컨대, 우리는 '벌'이라는 단어 사용의 필요조건이란 불유쾌한 어떤 것이 죄과에 부과되어야 한다고 생각할 수 있다. 하지만 우리는 복싱 선수들이 여러 가지 벌을 받고 있다고 말할 수 있을까? 그렇다면 그들

---

* *de facto*
** form of life

은 어떤 죄를 범했다는 것인가? 비트겐슈타인(L. Wittgenstein)은 '게임'*을 예로 들어 이러한 일반적인 관점을 설명하고자 했다. 그는 룰렛, 골프, 카드놀이 등이 '게임들'로 불릴 수 있다는 점에서 보면 아무런 특징도 없다고 주장했다. 오히려 그것들은 서로 겹치고 교차되는 복잡한 유사성 —때로는 유사하기도 하고 때로는 자세하기도 한— 으로 인해 결합된 '가족군'(家族群)을 이루고 있다. 오히려 이것은 같은 가족에 속하는 사람들의 얼굴이 유사한 것과 비슷하다고 할 수 있다. 그가 주장했듯이, 모든 게임들은 '게임들'로 불리기 위한 하나의 특성 혹은 특성군으로 존재하지는 않는다.

이것은 죄소한 논리석으로 난어들 사용하기 위한 필요조건을 찾는 일소차 늘 싱공할 수 있는 깃은 아니라는 짐을 경고하는 깃이다. 히지민 때로 성공할 때도 있다. 예컨대, 불유쾌한 어떤 것이 어떤 사람에게 주어졌다는 아무런 암시도 없는데, 벌이라는 말이 사용될 수 있을까? 실제로 비트겐슈타인이 이러한 특수한 개념에 대해 올바른 주장을 했는지가 의문스럽다. 우리는 유사성을 찾기 위해 어떤 샘플을 선택해야 할지를 어떻게 알수 있을까? 비트겐슈타인은 왜 정원가꾸기와 결혼하기를 게임의 예로 들지 않았을까? 그가 간과했을지도 모르는, 즉 어떤 것을 게임이라고 부르기 위한 보다 일반적인 원칙이 있다는 점을 보어주지 못한 깃은 아닐까? 정원 가꾸기나 결혼하기를 게임으로 여기는 사람이 있을 수도 있다고 주장할 수 있을 것이다. 하지만 이것은 무엇이 게임이고 게임이 아니냐 하는 것은 삼각형과 같이 단순히 관찰 가능한 속성에 좌우되지 않는다는 점을 말해준다. 오히려 이것은 인간이 활동을 어떻게 인식하느냐에 의해 좌우된다. 어떤 것을 게임이라고 부를 수 있는 필요조건은 확실히, 그것이 별로 심각하게 빠져들 만한 것이 아니라는 점이다. 여기서 '심각하지 않다'** 는 말은 게임 당사자가 게임에 참여하는 능력이 결여되어 있다거나 그것에 주의를 기울이지 않는다는 것을 뜻하지 않는다. 오히려 이것은 게임 당

---

* 'games'
** non-seriously

사자가 게임을 '생활수단'*의 일부로 생각하지 않는다는 것을 뜻한다. 그는 의무감이나 신중함 혹은 다른 종류의 이유로 게임을 하지는 않는다. 이러한 예는 비트겐슈타인이 제시한 다음 두 가지 의미를 밝혀준다. 그 하나는 마치 단 한 가지 형태의 범례를 가지는 것처럼 그 특징을 단순하고 틀에 박힌 듯한 방식으로 정의해서는 안 된다는 것이다. 두 번째는 개념들이란 다른 개념들과의 관계 속에서 이해될 수 있을 뿐이라는 것이다. 따라서 '진지하지 않은'**이란 말은 '진지한'***것으로 여겨지는 개념군들과의 관계 속에서 이해되어야 한다.

　　따라서 단어의 의미를 검토하는 가운데 개념들을 정의하고자 한다면, 함축된 의미를 담고 있는 사례들을 찾아보고, 특정 정의가 가지는 시사점들을 찾아봐야 할 것이다. 예컨대, 이것은 소크라테스가 『국가』(*Republic*) 앞부분에서 '정의'(定義)를 하려고 할 때 사용했던 방법이다. 그는 다른 사례들을 제시하면서 '정의란 모든 사람들에게 의무를 부과하는 것이다'라든가 '정의란 강자의 이익이다'와 같은 것이 시사하는 바가 무엇인지 밝히려고 하였다. 이러한 방법으로 우리는 점차 개념적 구조를 반영하는 단어들 간의 연결고리를 분명하게 해 갈 수 있다. 하지만 우리는 또한 우리가 사용하는 문맥 속에서 어떤 단어를 직업적인 의미로 사용함으로써 단어를 사용한다는 것이 무엇을 뜻하는지 주의를 기울여야 한다. 왜냐하면 단어들이란 잡음이거나 종이 위에 쓰인 표식이 아니라 오히려 도구적인 것이기 때문이다. 이것들은 사회생활에서 특수한 역할을 한다. 예컨대 무엇인가를 '진지한' 것으로 만드는 삶의 형식****을 이해하게 될 때, 우리는 게임에 참여함으로써 만이 '진지하지 않은'이라는 말이 무엇을 의미하는지 이해할 수 있게 된다.

　　분명히 말하건대, 단어가 가지는 역할 중의 하나는 정보를 전하고 사물과 상황을 서술하는 것이다. 하지만 이것은 그러한 역할들 중의 하나에

---

* 'business of living'
** 'non-serious'
*** 'serious'
**** form of life

불과하다. 때로 우리는 다른 사람에게 경고하기 위해 단어를 사용한다. 어떤 때에 우리는 사람들에게 행동의 과정을 암시하기 위해 단어를 사용한다. 또 어떤 때는 우리가 바라는 바를 표현하기 위해 단어를 사용한다. 달리 말해서, 단어의 용도는 목적을 가진 행동의 형식이지만, 그것은 사람들이 사회생활에서 갖게 되는 비언어적인 목적*의 맥락에서 이해되어야 한다. 예컨대, '정지'와 같은 명령은 누군가가 다른 사람에게 권위를 행사하고, 어떤 목소리의 높이로 단어를 사용해 복종을 하도록 하는 그러한 사회 상황에서 특수한 기능을 하는 것으로 이해되어야 한다.

흔히 단어들이 '문장'이라는 것 안에서 사용될 때의 방식은 그것들이 어떻게 작용하는가 하는 역할에 대해 중요한 실마리를 제공해 준다. 문장은 진술(혹은 분명한 명제)을 할 때 쓰일 수 있다. 이와 같은 역할을 할 때에 이것은 흔히 문법학자들이 간접화법(間接話法)**이라고 부르는 것으로 표현된다. 예컨대, 우리가 운전사가 속도위반을 해서 처벌을 받게 되었다라고 말한다면, 그것이 사실인지 아닌지의 명제를 진술하고 있는 것이다. 그러므로 이 경우 단어가 하는 역할은 일어난 일의 상태를 서술하거나 지적하는 것이다. 달리 말해 이러한 언명의 의미는 정보를 전달하는 것이라는 점이다. 하지만 학교장이 '그 소년에게 벌을 주시오'라는 문장을 사용한다면, 이제 명령형식으로 나열된 단어들은 진위 어부를 진술하고 있는 것이 아니다. 이것들은 누군가가 무엇인가를 하도록 요구한다는 점에서 서로 다른 기능을 가지고 있다. 하지만 어떤 문장의 문법형식은 어느 정도 오해를 수반한다. 예컨대, '아이는 사랑을 필요로 한다'는 주장을 한다면 그것은 마치 그 문장이 사실을 진술하고 있는 것 같은, 혹은 정보를 전달하고 있는 것처럼 보인다. 하지만 문장이 실제로 뜻하는 바는 그 아이가 어떻게 대접을 받아야 하는가 하는 기준들, 즉 지도적 기능에 관한 것이라고 할 수 있다. 이러한 맥락에서 '필요'(必要)***란 규범적인 역할을 하고 있다(제3

---

* non-linguistic purposes
** indirective form
*** 'need'

장을 보라). 그리고 늘 행위의 기준들을 규정하는 일반적 기능을 가진 '옳다', '그르다', '선하다', '나쁘다' 등과 같은 단어들이 있다.

따라서 우리가 개념을 분석하려고 할 때 알아두어야 할 것은 개념분석이 어떤 제한적인 방식으로 단어들의 용법을 검토한다고 해서 제대로 이루어지지 않는다는 점이다. 따라서 우리는 그 단어가 다른 단어들과 어떤 관계를 가지는가 그리고 그 단어가 다른 문장 안에서 어떻게 쓰이고 있는가를 주의 깊게 살펴봐야 한다. 문장 안에서 단어가 어떻게 쓰이고 있는가를 이해하는 일은 문법을 공부한다고 해서 이루어지는 것이 아니다. 오히려 그 문장 이면에 놓인 다른 종류의 목적이 무엇이냐를 이해할 필요가 있다. 또한 그것은 언어적인 것이건 아니면 비언어적인 것이건 인간존재가 자신들의 사회생활에서 공유하는 다른 종류의 목적들에 대한 사려 깊은 반성을 요구한다.

4 개념분석의 요점

철학자들이 개념분석을 할 때에 그들은 다음과 같은 질문을 받게 된다. '당신이 분석하려는 것은 누구의 개념입니까?' 그 첫 번째 답은 분명히 **우리의** 개념이라는 것이다. 왜냐하면 개념이란 집단의 사회적 삶과 확고하게 연결되어 있으며, 한 개인이 이를테면 '벌'에 대해 순전히 사적인 개념*을 가진다는 것은 불가능한 일이기 때문이다. 언어사용 집단 간에는 포착하기 힘든 미묘한 차이가 있으며, 개념 안에 어떤 공통된 요소들이 담겨 있다고 할 수 있겠지만, 예컨대 '교육'이라는 개념의 경우에서처럼 강조점에 있어서 차이가 있거니와 평가에 있어서도 차이가 생기기 마련이다(제2장을 보라). 하지만 이러한 형태의 반론은 개념분석을 한다는 것의 핵심을 소홀히 하고 있다고 할 수 있는데, 그 이유는 개념분석이 기본적으로 단어가 명명하도록 발전시켜 놓은 특성을 명료화하는 데 있기 때문이다. 핵심

---

* private concept

은 단어를 **통해서** 이해될 수 있으며, 또 식별 가능한 유사성과 차이점을 보다 더 잘 파악함으로써 이해될 수 있다. 그리고 이러한 것은 우리가 예비적인 분석 없이는 도저히 답할 수 없는 **다른** 질문의 맥락에서 중요하다고 할 수 있다.

일상언어(日常言語)*는 실제적인 목적을 가진 사람들이 매우 중요한 것으로 여기면서 발견해 낸 연관과 구분의 기록(記錄)**이다. 그러므로 이것은 값진 길잡이가 될 수 있지만, 그 누구도 의심할 수 없는 지혜의 보고로 다루어져서는 안 된다. 예컨대, 일상적인 용법은, 이를테면 '벌'의 경우 실제적인 성향을 가진 사람들은 규칙을 위반하는 것과 그것을 위반한 사람에게 부과하는 불유쾌한 것의 관계를 밝혀 준다. 그러므로 우리가 '벌'에 관해 말하는 한 일상 언어가 반영하는 이러한 요구를 묵인하게 된다. 개념분석이란 우리의 도덕적 의식 안에 내재하고 있는 것이 무엇인지를 보다 정확하게 끄집어내도록 도와준다. 그것은 또한 한 발짝 뒤로 물러서서 단어가 밝히려는 요구를 곰곰이 생각하도록 도와준다. 이것은 우리로 하여금 윤리학적인 맥락에서 이러한 요구가 정당화될 수 있는 것인지에 관한 기본적인 질문을 자유롭게 던지도록 해 준다. 이러한 관점에서 더 많은 철학적인 이슈가 보다 쉽게 다루어지지 않는다면 개념분석은 아무런 의미를 가지지 못할 것이다.

개념분석의 요점에 관해 우리가 제일 먼저 말할 수 있는 것은, 그것은 **다른** 철학적 질문들에 답하기 위한 선행작업으로서 필요하다는 것이다. 우리가 '벌'이 무엇을 의미하는지를 명료화하지 않고는 사람에게 벌을 주는 타당한 이유가 무엇인지에 대한 윤리학적인 질문을 다룰 수 없게 된다. 다시 말해서 분석의 문제는 때로 정당화(正當化)***의 문제와 관련되어 있다. 소크라테스(Socrates)도 정의로운 삶을 살아야 할 이유들에 대해 관심을 가지고 있었기 때문에 그는 '정의'의 의미에 대해 문제를 제기하였다. 또

---

* ordinary language
** record
*** justification

한 보다 널리 퍼져있는 개념적인 문제들도 존재하는데, 이것은 특수한 개념분석과 관련되어 있다. 이러한 것들은 늘 형이상학적인 질문들*로 불리는데, 이것들은 대체로 개념체계를 구조화하는 사고의 범주**를 다룬다. 예컨대, 우리는 세상을 이해하기 위해 '사물', '인과관계', '시간'과 같은 개념들을 사용한다. 형이상학에서는 이러한 범주적인 개념들의 지위가 검토된다. 예컨대, 인간 행동을 인식 가능한 것으로 만드는 '의식'(意識)***의 개념을 없앨 수 있을까? 이러한 것들은 우리가 사용하는 개념체계의 정당화에 관한 일반적인 질문이다.

이러한 철학적 질문과 개념분석을 연결 짓는다는 것은 철학자들이 식별하기 어려운 낡은 개념의 분석에만 매달리지 않는다는 점을 말해 주고 있다. 그들은 분석이 더 이상 필요하다고 여겨지지 않는 한 '시계'라든가 '양배추'와 같은 개념을 분석하려고 하지 않는다. 하지만 시간적 구분에 대한 철학적인 문제가 제기되면 응당 시계에 관한 질문들이 제기될 수 있을 것이다. 흄(D. Hume)이 저술한 『자연종교에 관한 대화』****에서 채소에 관해 많은 것을 언급한 바 있는데, 이것은 그가 신학적인 논의를 해 가는 동안 세계 안에는 여러 가지 질서가 있음을 검토하고 이를 정당화하려고 하였기 때문이다. 그는 '왜 세계의 질서가 가옥이 아닌 채소의 질서와 같은 것이 되어서는 안 되는가?'라고 물었다. 또한 아리스토텔레스는 생물의 일반적인 속성과 범주 개념으로서 '목적'의 역할이 무엇인지에 관해 관심이 있었기 때문에 채소의 본질에 관해 의문을 던진 바 있다. 하지만 이러한 본질적인 질문들에 관심을 가지지 않는다면 개념분석을 할 까닭이 있겠는가?

또한 이러한 본질적인 질문들에 대한 관심이 그 자체로서 어떻게 충족될 수 있을지를 이해하는 일도 쉽지는 않다. 예컨대, 우리가 누군가에게 벌을 줘야 하는지 벌을 줘서는 안 되는지 하는 도덕적인 문제에 관심이

---

* metaphysical questions
** categories of thinking
*** 'consciousness'
**** *Dialogues on Natural Religion*

없는 한, 누군가 '우리가 그 사람에게 벌을 주어야 한다는 것을 어떻게 알 수 있는가?'와 같은 철학적인 질문에 어떤 관심을 가져야 할지 도무지 이해할 수 없다. 철학자들은 가끔씩 특정 과학 분야에서 사용하는 개념들을 분석하는데 심혈을 기울이기도 하고 탐구방법의 인식론적 상태에 대해 연구하기도 한다. 예컨대, 그들은 '무의식'(無意識)의 개념에 관해 질문을 던지기도 하고 가설 검증과정에서 정신분석적 방법의 타당성에 대해 질문을 던지기도 한다. 하지만 의식 상태에 대한 일반적인 질문과 정신분석이론의 타당성에 관한 특수한 질문을 구분하는 것이 곤란할 때도 있다. 앞에서 설명한 바와 같이, 철학은 과학, 도덕성, 종교 그리고 다른 인간 활동에 관한 '이차질서 질문들'과 관련되어 있다. 하지만 이와 같은 질문들은 보통 일차식 구분에서의 구체적 사고과정을 통해 세기된다. 예컨대, 라부아시에 (A. L. Lavoisier)는 화학의 개념체계에 대한 관심을 보임으로써 중요한 화학 법칙을 발견할 수 있었다. 그는 직업적으로는 과학자였지만, 그의 관심은 부분적으로는 철학적이었다. 하지만 그가 화학자들이 설명하려고 한 현상에 대한 전문 지식과 열정적 관심을 가지고 있지 않았다면 그는 그렇게 정교한 형식의 질문을 던질 수 없었을 것이다.

따라서 어떤 철학자가 라일(G. Ryle)처럼, 마음의 상태에 관한 어떤 형이상학적 명제에 관심을 가지기 때문에 '무의식'의 개념에 관해 깊이 생각해본다고 할지라도, 그것을 마치 구체적인 현상에 대한 이론적인 설명을 하는데 관심을 기울이는 심리학자처럼 생각해 볼 수도 있을 것이다. 철학적 심리학자는 아마도 두 가지 모두를 생각해보지 않을까! 마찬가지로 철학자는 '일반의지'**에 담긴 형이상학적 상태에 관심을 가지고 있기 때문에 '국가'***에 관해 깊이 생각해 보거나, 로크(J. Locke)나 버크(E. Burke)처럼, 권리와 대표권에 대해 실제적인 관심을 가지기 때문에 국가에 대해 깊이 생각해 볼 것이다. 하지만 이러한 대부분 경우에 있어서 개념에 관한

---

* second-order questions
** 'the general will'
*** 'the state'

관심은 더 높은 차원의 관심을 불러일으킨다는 점에서 중요한 의미를 가지고 있다. 개념분석이 우리가 말하는 방법의 기본 구조를 보다 명료화하는 것이 아니라면, 그것은 매혹적인 소일거리는 될지언정 철학이 될 수는 없을 것이다.

한때 개념분석이 어떤 의미를 가지고 있어야 한다고 여겨진 경우도 있었고, '지식'이나 '교육'과 같은 단어 사용의 논리적 필요조건을 드러내지 못한다고 해서 그것이 반드시 개념분석에 실패했다는 증거가 될 수는 없는 일이라고 여겨졌던 때도 있었다. 왜냐하면 우리가 단어 사용의 기초가 되는 원리들을 명백하게 하려고 할 때, 사물이 어떤 상태에 놓여있으며 그러한 사물을 다룰 때 가지게 되는 결정 사항에 관해 보다 분명하게 해야 하기 때문이다. 이와 같은 반성적인 관심을 불러일으키는 설명, 정당화, 실제 행동의 문제를 다룰 때 단어들을 철저하게 이해하는 것이 훨씬 도움이 된다. 처음에 예로 들었던 '벌'(罰)의 경우로 돌아가 생각해 보자. 이 개념에 대한 분석은 고통을 받는 사람, 즉 일반적으로 고통이 권위를 가진 사람에 의해 범법자에게 가해져야 한다는 요구를 밝혀준다. 개념분석은 이러한 사실이 윤리적으로 중요한 의미를 가진다는 점을 밝혀준다. 이 경우 우선 고통의 부과에 관한 문제가 제기된다. 왜냐하면 고통의 부과는 얼핏 보기에 바람직하지 않은 것으로 여겨지기 때문이다. 고통의 부과가 어떻게 정당화될 수 있을 것인가? 이것은 죄를 짓지 않도록 하기보다는 오히려 유사한 위반을 범하지 않도록 하여 결국 더 큰 불행에 빠지지 않도록 하는 데 목적이 있다고 할 수 있을 것이다. 왜 벌을 범죄자에게 부과해야 하는가? '벌'의 개념은 이러한 점을 요구하는 듯하다. 정의(正義)에 대한 기존의 개념은 이러한 근거 위에서만이 사람들에 대한 차별을 요구한다. 정의란 일반적으로, 그리고 원리를 특수하게 적용해야 할 때 어떻게 정당화될 수 있는가? 또한 금지 기능으로서의 벌의 작용은 인간에 관한 중요한 가설을 가정하고 있다. 말하자면 인간이란 예견되는 결과를 고려함으로써 단념하게 된다는 의미에서 자신의 행동에 책임을 지는 존재라는 점을 가정하고 있다. 그렇다면 이러한 가정은 어떻게 정당화될 수 있는가?

이것은 선택자로서의 인간을 어떤 개념과 관련을 시킬 때 그것이 상당히 중요한 도덕적 의미를 가진다는 점을 가정하고 있는 것이 아닐까? 이러한 가정을 포기한다면 우리의 사회생활에 어떤 일이 일어날 것인가? 그런데 '벌'과 '권위'*는 서로 관련이 있다. 왜냐하면 고통이란 아버지와 교사처럼 벌을 과하는 권위를 인정받은 사람에 의해서만 가해질 수 있다는 점에서 벌과 복수가 구별될 수 있기 때문이다. 그러나 권위란 무엇을 의미하는가? 이러한 유형의 제도가 정당화될 수 있는가? 사회생활에서 권위의 역할은 무엇인가?

만약 이와 같은 방법으로 벌의 개념을 분석해 가다 보면 최소한 다음과 같은 두 가지의 중요한 사실을 알게 된다. 첫째, 그것은 우리들로 하여금 한 개념이 다른 개념과 어떻게 연결되는가를 보다 분명하게 보여줄 수 있을 뿐만 아니라 연결되는 일련의 가정들, 즉 권위와 연결되는 인간의 책임과 권리, 그리고 우리 삶에 있어서 고통의 역할 등에 대한 가정의 조직망에 의존하는 사회생활의 한 형태와 어떻게 연결되는가를 보다 분명하게 알도록 해 준다. 따라서 우리가 벌의 필요성을 인정하게 된다면 우리가 향유하는 사회생활의 형태에 관하여 보다 잘 이해하게 될 것이다. 둘째, 우리는 이 개념의 구조를 적나라하게 드러냄으로써 그것이 도전을 받을 수도 있는 도덕적 가정에 어느 정도 의존하는지를 보여줄 수 있다. 이런 방식으로 도덕적 가정의 지위를 논하게 되면 우리는 점차 도덕철학의 세계로 깊이 들어갈 수 있게 된다.

그러면 '벌'이라는 단어를 사용하기 위한 일련의 논리적 필요조건을 만들어내지 못할 경우 이것이 개념분석의 배후에 놓여있는 보다 높은 차원의 목적을 이끌어 가는 데 어느 정도로 방해가 될 것인가? 이를테면 모든 학급의 아이들을 붙잡아두고 있는 교장의 경우처럼, 죄가 성립되지 않는 상황에서 벌이라는 말을 사용하는 경우를 생각해 보자. 어떤 한 권투선수가 죄를 짓지도 않았거니와 고통을 줄 권위자도 없는데 사람들이 그가 지금 벌을 받고 있다고 이야기한다고 생각해 보자. 분명히 이와 같은 경우

* authority

를 곰곰이 생각해 보게 되면 우리의 사회생활에 대한 이해는 높아질 것이며, 마찬가지로 도덕문제에 대한 감수성도 증가할 것이다. 우리는 보다 말초적인 것과 벌의 주요 적용사례라고 불리는 것을 구분하게 된다. 그 중요 사례들이란 '복수'*, '원한'**, '강제'***와 같은 개념들과 '벌'을 구분할 수 있게 해 주는 모든 조건들이 나타난다는 것을 말한다. 이러한 사례들은 벌이라는 말이 어떻게 우리의 사회생활에 영향을 미치는 언어의 독특한 기능을 수행하고 있으며, 사람들이 개념을 어떻게 가지게 되며, 사람들이 어떻게 파생적인 표현, 이를테면 권투선수가 너무 많은 벌을 받고 있다고 하는 것 같은 표현법을 사용하게 되는가를 설명해 준다. 어떤 사례들이 핵심적인 것인가를 결정함으로써 우리는 단지 단어에 관해서뿐만 아니라 우리의 사회생활 구조와 그 밑바탕에 깔려있는 가정들에 관하여 많은 것을 배우게 된다. 예를 들어 '벌'의 밑바탕에 깔려있는 도덕적 가정에 도전을 하게 된다면, 우리는 마찬가지로 어떤 다른 도전도 받게 되리라는 것을 알게 될 것이다. 우리의 개념을 반영하는 사물이나 제도의 속성에는 반드시 어떤 본질적인 요소가 담겨 있을 것이라는 생각을 가지는 한, 어떤 한 단어의 **모든** 용법에 필요한 완벽하고도 신속한 논리적 필요조건망을 구성하는데 실패한다면 우리는 크게 실망하게 될 것이다. 만약 우리가 단어와 사물들 간의 관계에 관한 그와 같은 소박한 견해를 지양하지 않는다면 우리는 정의(定義)를 내릴 수 있을 정도로 개념분석에 성공했는지 헤아려 보지 못할 것이다. 오히려 개념분석의 성공여부는 세상의 사물들이 어떤 상태에 있는가, 그리고 우리가 곤경에 처해 있을 때 적용할 수 있는 발판이 우리의 이해를 어느 정도 증진시키는가에 의해 측정될 수 있을 것이다.

---

* 'revenge'
** 'spite'
*** 'coercion'

5 교육철학

일반적으로 우리가 가진 지식의 바탕이 되는 세상의 본질에 관한 가장 보편적인 문제에 관심을 가지고 있는 철학자들과, (사회과학과 심리학을 포함하는) 과학, 역사, 윤리학, 수학, 미술, 정치학과 같은 독특한 형태의 사고와 활동의 개념, 진리기준, 방법론에 관심을 가지고 있는 사람들을 구분하는 일은 그리 어려운 것이 아니다. 그러므로 개략적으로 말하자면, 지식의 논리와 이론(인식론)을 담은 형이상학(形而上學)에 대한 전문적인 탐구와, 윤리학, 미학, 그리고 사회철학과 너불어 과학철학, 역사, 수학, 종교와 같은 보다 세분화된 형태에 대한 탐구, 평가, 활동을 구분하는 일이 가능하다는 것이다. 분명히 말하건대, 교육철학은 후자의 형태에 속한다. 하지만 교육철학은 앞에서 말한 것들과 분리된 분야가 아니다. 왜냐하면 '교육한다는 것'은 매우 통합적인 활동*이기 때문이다. 그러므로 교육철학은 기존 철학의 분야들을 끌어들여 이것들을 교육문제 해결에 도움이 되도록 결합시킨다. 때로 전자에 속하는 철학자들은 교육적인 개념들을 참고하여 어떤 일반적인 주제를 설명하려고 한다. 그 좋은 예가 길버트 라일(Gilbert Ryle)이다. 그는 마음의 본질에 관한 형이상학적 명제를 설명하는 과정에서 '훈련' 및 '교련'**과 같은 개념들을 다루고 있다. 하지만 일반적으로 말해서, 교육철학자들은 특별히 교육문제에 관심을 기울이고 있으며 이러한 특정 분야에서 일이 어떻게 이루어지고 있으며 성취되어야 할 것이 무엇인가를 보다 분명하게 밝히기 위해 철학적인 활동***을 전개한다.

하지만, 교육철학자는 철학의 한 분야에서만 도움을 받아 철학적 활동을 하지는 않는다. 이를테면 어떤 아이들은 배우려 하는 데 비해 어떤 아이들은 배우려고 하지 않는가의 이유를 알아야 하기 때문에 이론적인

---

* hybrid type of activity
** 'drill'
*** philosophizing

관점에서 교수와 학습의 문제에 관심을 가지게 되는데, 이러한 이유로 그는 인간발달이론, 학습의 형태, 학습과 교수의 관계, 동기와 개념형성의 이론을 다루는 철학적 심리학*에 빠져들게 된다. 또한 그는 이렇게 독특한 사고의 형식들로 구별되는 것을 보다 명료화하기 위하여 역사철학, 수학, 그리고 과학에 이끌릴 수도 있다. 하지만 그는 교육에서 성취되어야 할 것이 무엇인가에 대해 적극적으로 관심을 가진다는 점에서 그의 관심은 보다 실천적인 것 같다. 이 경우에 그는 교육과정, 교수방법, 아동지도법 등에 관한 문제를 보다 분명하게 해결하기 위해 윤리학과 사회철학을 연구해야 할 것이다.

교육철학자는 교육에 대한 이론적 관심과 더불어 실천적인 관심을 모두 가지기 때문에 약간 앞서는 이야기가 될 수도 있겠지만 철학의 어떤 영역이 그에게 핵심적인 관심사가 될 것인지에 대해서는 보다 형식적인 방식으로 제시될 수 있을 것이다. 사람을 교육한다는 것은 가치가 있으며 어느 정도는 지식과 이해를 포함하는 마음의 상태를 발전시키는 것이라고 할 수 있다. 그러므로 교육철학자는 가치를 다루기 위해 윤리학을 다루어야 하며, '지식', '신념', 그리고 '이해'와 같은 개념 간의 차이를 분명하게 드러내기 위해 지식론을 공부해야 한다. 지식이란 교육과정에서 과학, 수학, 역사와 같은 분야로 나누어지기 때문에 교육철학자는 이들 다른 분야의 지식의 특징이 무엇인지를 깊이 숙고해 봐야 할 것이다.

사람을 교육한다는 것은 순간적인 명령에 의해 이루어지는 것이 아니다. 교육을 하는 데에는 시간이 걸리며, 상이하면서도 다양한 학습 및 교수과정이 거기에 포함된다. 그러므로 교육철학자는 인간발달의 본질을 분명하게 밝히고, 수업, 교화(敎化), 조건화, 그리고 경험에 의한 학습의 차이점을 밝히기 위해 철학적 심리학을 공부해야 할 것이다. 하지만 과정에 관한 문제는 순전히 심리학적인 것이라고 할 수 없다. 왜냐하면 아이들에게 얼마만큼의 자유를 허락해야 할 것인가, 벌을 줘야 할 것인가 말 것인가 하는 문제와 더불어 교사의 권위 및 학생의 권리에 관한 문제들이 존재하

---

* philosophical psychology

기 때문이다. 따라서 교육철학자가 이러한 종류의 문제들을 적절히 다루어 나가기 위해서는 사회철학을 연구해야 할 것이다.

이러한 개론적인 방식으로 교육철학의 핵심이 되는 것이 무엇인가를 진술하기에 앞서 이 책의 계획에 담긴 구조를 설명하고자 한다. 우선, '교육'의 개념과 인간발달과 관련이 있는 개념들을 보다 상세하게 다루어보고자 한다. 그런 다음 지식론이 교육과정(敎育課程)의 내용에 어떤 빛을 던져 주는지를 논의하고자 한다. 그리하여 교수에 관한 장(章)과 그것과 관련이 있는 개인적 관계*에 관한 장이 소개될 것이다. 주요 논제는 교육공동체에 관한 장으로 끝을 맺게 될 것이다. 그런데 여기에서는 교육기관이 그 자체의 주요 목적을 수행해 갈 때 식면하게 되는 보다 큰 어려움의 배경과는 내조를 이루는 것으로서 교육에 있어서 권위, 훈육, 벌의 역할이 다루어질 것이다.

논제에 관해 부분적으로 소개하는 이런 종류의 글에는 상당히 많은 것들이 생략되어 있음에 틀림없다. 이를테면, 이 책에서 전개되는 교육관의 배경에 깔려 있을 뿐만 아니라 어린 아이들은 어떻게 다루어져야 하는지 ―존경으로, 공평하게, 자유를 존중 받으며― 에 관한 가정(假定)의 밑바탕에 깔려 있는 정당화(正當化)의 문제가 다루어지지 않고 있다. 이 글에서 개념분석이 윤리적인 문제를 논하지 않는다면, 어떻게 그것이 철학적, 이론적 혹은 실천적인 것이라고 할 수 있겠는가?

이 책에서 개념분석을 하는 목적은 교수(敎授), 교육과정(敎育課程), 학생과의 관계, 교육공동체가 교육관 형성 및 인간발달관 형성에 있어서 어떤 의미를 가지는지를 제시하려는 것이다. 저자들은 이 책에서 교육에 대한 권위주의적인 접근법과 아동-중심적인 접근법에 대한 케케묵은 논쟁을 종합하려는 시도를 했는데, 이것은 어디까지나 '교육'과 '인간발달'의 개념에 대한 분석을 통해 이루어진 것이다. 말하자면 '교육'과 '인간발달'을 이러한 방식으로 이해를 하게 되면, 교육과정, 교수, 학생과의 관계, 교육공동체의 조직에 어떤 중요한 의미들이 함의되어 있는지를 알게 된다는

---

* private relationships

것이다. 물론 이 영역에서 이루어지는 **상세하면서도** 실제적인 결정은 부분적으로 심리학자들, 사회학자들, 그리고 역사학자들이 이룩해낸 경험적 사실*에 영향을 받은 것이다. 그러나 이러한 사실은 우리가 사람들을 교육시킬 때 어떤 일이 일어나는가 하는 일반적인 견해와 관련을 맺을 때에 한하여 교육문제 결정에 영향을 줄 수 있을 뿐이다. 이 책의 목적은 우리가 실제적인 결정을 하려고 할 때에 교육관이 그러한 구조를 어떤 방식으로 부여하는가 하는 점을 보여주는 데 있다.

그러므로 이 책의 주제는 '통합적인 연구'**에 관한 논의가 풍성한 시기에 적합하다는 생각이 든다. '통합'(統合)이 안고 있는 문제들 중의 하나는 세분화된 연구들을 하나로 묶을 때 '전체성'(全體性)***을 어떤 방식으로 부여할 것인가 하는 점을 이해하는 일이다. 교육연구는 '통합'이 필요하다는 점을 이해시키는 좋은 사례가 된다. 말하자면 심리학, 사회학, 역사학 등에서 도출된 연구 성과들이 사람을 교육하는 일에 기여할 수 있도록 통합되어야 한다는 것이다. '교육'의 개념 안에 구체적으로 담긴 실제적인 목적은 연구의 전체 범위를 그려낼 수 있는 원리를 마련해 준다. 하지만 이러한 지침은 우리가 사람을 교육하는 과정 안에 담아야 할 것이 무엇인지를 보다 명확하게 드러내기 전에는 제시되어서는 안 된다. 여기에 바로 '교육' 개념분석의 중요성이 놓여 있다.

물론, 저자들이 밝히려고 하는 교육의 개념보다는 교육의 또 다른 측면을 강조하는 사람들이 있을 수 있다. 다음 장에서 알게 되겠지만, 저자들은 그것들 자체의 분석이 나름대로 독특한 의의를 지니고 있다고 여겨지는 개념적 특징 ―특히 지식과 이해와의 관계― 이 고정된 것이라는 점을 잘 알고 있다. 이와는 달리 이것이 '교육'이라는 말이 가진 의미라면, 학교 안에서 이루어지는 활동에 대해 엄청난 중요성을 부여하지는 말아야 할 것이다. 왜냐하면 지식과 이해에 너무 높은 가치를 부여하고 있다는 주

---

* empirical facts
** 'integrated studies'
*** 'wholeness'

장이 있을 수 있기 때문이다. 즉, 우리가 증진시켜야 할 더 가치 있는 것들이 있을 수 있기 때문이다. 이러한 이의 제기에 대한 논의는 윤리학에 대한 논의를 필요로 하는데, 이것은 마치 누군가가 범법자에게 고통을 주기 위해 '벌'에 대해 논의를 해야 한다고 주장하는 것과 유사하다. 하지만 이 책은 그와 같은 것을 탐구하려고 하는 사람들에게 줄 시사점을 담고 있기는 하지만 분석을 통해 드러난 문제들을 그렇게 완벽하게 다루지는 않는다. 이 책이 시도하는 바는 이러한 교육개념이 교육과정, 교수, 학생들과의 관계, 학교나 대학의 권위구조에 어떤 의미를 부여하는가를 살펴보는 것이다. 이 책이 교육자로서 우리가 어떠한 위치에 자리하고 있는가를 보다 쉽게 이해하고, 결정을 내려야 할 지침을 보다 분명하게 밝히는데 도움이 되길 바란다.

제 2 장

교　육

THE · LOGIC · OF · EDUCATION

교 육

서 언

　　장차 교사가 되려는 사람들은 교직을 선택하게 된 까닭이 무엇인지에 대해 가끔씩 질문을 받는다. 이 때 우연히 가르치는 일과 관련해서 **외재적 (外在的)인** 이유들*을 댈 수도 있을 것이다. 여기서 외재적인 이유들이란 다름이 아니라 가르치는 일과 본질적으로 관련되어 있지 않다는 것을 의미한다. 예컨대, 그들은 돈을 벌거나 지위를 얻기 위하여 교직을 택했다고 말할 수도 있을 것이다. 하지만 돈이나 지위란 다른 직업을 통해서도 얻을 수 있는 것이며 교사가 누리게 되는 재정적 보상과 지위는 나라마다 다양하다. 따라서 이것이 예비교사들이 추구하는 것이라면 직업으로서의 교직을 선택한 이유들은 가르치는 일과는 거리가 먼 비본질적인 것이 될 것이다.

　　이와는 반대로, 어떤 교사가 아이들과 지내기를 원하거나 가르치는 일 자체를 즐긴다고 말할 수도 있을 것이다. 이러한 종류의 이유들은 보다 훌륭한 진술이라고 말할 수 있다. 아이들을 위해 무엇인가를 한다는 것은 하나의 소명(召命)**으로 생각될 수 있다. 특히 오늘날과 같은 상황에서 가

---

* *extrinsic* reasons

** vocation

르친다는 것은 노력과 놀라움으로 가득 찬 도전적이고 보람 있는 일로 여겨질 수 있다. 이러한 이유들은 가르침의 본질을 드러내는 데 목적을 두고 있다는 점에서 **내재적(內在的)인*** 것들이라고 할 수 있을 것이다. 그러나 이것들이 교직을 선택하게 된 주된 이유라고 말한다면, 이것들은 너무나도 일반적인 이유들이라고 할 수 있다. 왜냐하면 어떤 이는 간호사로서 혹은 의사로서 아이들에게 무엇인가를 할 수도 있거니와 단지 가르치는 일에 도전해 보고자 원한다면 골프전문가나 운전교습지도자가 될 수도 있기 때문이다. 아이들과 함께 하거나 가르치기를 원한다고 해서 그것이 교직에 들어가야 할 까닭이라고 할 수 있는가?

이 문제에 대해 보다 상세한 설명을 하기 위해서는 심리학자를 초빙해 와야 할지도 모른다. 개인이 교직을 선택한 동기는 학교생활이 무한한 기회를 제공할 것이라는 무의식적 욕구의 차원에서 **설명될 수 있을 것**이다. 또 이러한 교직 선택의 동기가 성인생활을 거부하려는 징후로 여겨질 수 있다. 물론 이것이 시사하는 바는 때로 그들에게 진실일 수도 있다. 하지만 그 이유를 자세히 설명하기 위한 근거로서 이 직업의 중요성과 적절성을 들 수 있다.

만약 교직 선택을 설명하는 데 적합한 의식적인 이유들이 있다면 그것은 교직의 중요성에 관련된 것이다. 수술을 결정한 의사는 무의식적 가학성(加虐性)**의 영향을 받을지도 모른다. 그러나 그가 이러한 결정을 내리는 데 있어서 의학적으로 타당한 이유들이 있다면, 그러한 무의식적인 동기의 유무가 결정적인 중요성을 가지는 것은 아닐 것이다. 만약 의학적인 이유들이 수술과는 거리가 있는 것이요, 게다가 그가 다른 치료법을 사용하기보다는 늘 수술용 칼을 사용하기를 좋아한다면 그의 행위를 설명하는 데 있어서 무의식적 동기에 대한 언급은 중요한 의미를 가지게 될 것이다.

---

* *intrinsic*
** unconscious sadism

　또한 문제가 오직 그의 행위를 설명하는 것이 아니라 **정당화**(正當化)*
하는 것이라면, 그가 가지고 있는 무의식적 동기란 그 어느 곳에도 시사를
주는 바가 없을 것이다. 예컨대, 문둥병 환자를 치료하면서 평생을 의료활
동에 몸을 바치고 있는 많은 사람들의 경우 그들이 그러한 선택을 한 밑
바탕에는 놀랄만한 무의식적 동기가 깔려 있다고 봐야 할 것이다. 하지만
이것이 직업선택의 정당한 이유라고 할 수 있을까? 분명히 직업을 선택하
는 데에는 그럴만한 근거나 정당화의 문제가 있을 수 있으며, 그것에 대한
설명의 문제가 있을 수 있다. 만약 자신의 행동을 설명할 수 있는 무의식
적 동기를 가시고 있다는 의심을 받지는 않을까 하는 우러 때문에 자신의
행동에 대한 타당한 이유가 있음에도 불구하고 그러한 행동을 하지 않으
려고 한다면 과연 가치있는 일이 언제 이루어질 수 있다는 것인지 의심스
러워진다. 이처럼 설명을 요하는 문제들이 늘 제기될 수는 있지만 확답을
할 수 있는 것들은 아니다. 또한 어떤 일을 할 때에 그러한 일을 왜 하는
가를 정당화 할 수 있는 타당한 이유를 아는 사람은 그러한 일을 행하는
자신의 행위에 대해서도 똑같이 만족스러운 **설명****을 하게 된다. 보충설
명, 이를테면 무의식적 동기에 호소하는 것은 그 이유가 나쁘거나 그가 실
제로 행한 것과 거리가 있을 때 적절한 것처럼 보인다.

　가르치거나 아이들과 함께 하기 위해 교직을 선택한다는 이유가 의료
직의 경우에서 말하는 '의학상의 이유들'과 똑같은 것이라고 할 수 있는
가? 이런 질문에 대한 답은 분명히 교직선택의 타당한 이유가 **교육**과 관
련이 있다는 사실에서 찾아진다는 것이다. 무의식적인 동기를 별로 중요
하게 여기지 않거나 관련이 없는 것으로 만들어 버리는 어떤 일을 하기
보다는 무엇인가를 가르칠 때에는 그럴만한 교육적 근거가 있기 마련이
다. (하지만 교육적인 이유가 없이 혹은 그러한 이유에 반대하는 교사가
아이들을 통제하기 위해 어떤 상황을 늘 정리한다고 가정해 보자. 이것은
비슷한 행동을 하는 사람을 질투하는 것이다. 또 그 교사가 소년이 잘 될

---

* *justifying*
** satisfactory *explanation*

것이라고 확신하면서도 분명한 증거도 없이 소년이 잘 되라고 체벌을 가한다고 가정해 보자. 그러면 그의 무의식적인 동기가 중요하고도 적절한 것이 될 수 있을 것이다.) 그렇다면 교육은 어떠한가? 교사가 교직에 대한 결정뿐만 아니라 교직선택을 정당화하는 교육에 늘 관심을 가진다는 사실에서 비롯되는 이유들이 존재한다고 여겨져 왔다. '의학상의 이유'는 분명히 건강증진이나 질병예방에서 비롯된 것으로 이미 모든 이들이 받아들이고 있는 이유들이다. 하지만 이와 유사한 방법으로 교육적인 이유들을 제시할 수 있을까?

1 '교육'의 개념

교육적인 이유와 의학적인 이유 간에 상당한 유사점이 있다는 점을 제안해 볼 수 있다. 의술을 펴는 데 있어서 당장은 예방에 무게를 둔다고 할지라도 의사는 주로 사람들의 건강을 증진시키고 치료하는 데 관심을 가진다. '치료'는 수술, 약품관리 등 여러 가지 과정들을 포함하고 있다. 여기에 작용하는 통합의 원리*는 신체 및 정신건강의 관점에서 볼 때 건강을 증진시킨다는 목적에 기여하게 된다. 이것은 마치 사람들을 개선하는 일**이란, 그들을 도덕적으로 보다 건전한 사람으로 만드는 데에 여러 과정들이 포함되어 있는 것과 비슷하다. 마찬가지로 사람들을 '교육한다는 것'은 여러 가지 과정을 포함하는 것으로서, 사람들 안에 내재하는 바람직한 자질***을 발달시키기 위해서는 통합의 원리가 작용해야 한다는 것을 의미한다. 따라서 '교육적인 이유'****란 사람들 안에 존재하는 바람직한 자질들을 계발시키는 일과 관련되어 있다고 봐야 할 것이다.

그러나 의사와 교사가 가지고 있는 관심의 목적은 그 본질상 근본적

---

* principle of unity
** reforming
*** desirable qualities
**** 'educational reasons'

인 차이가 있다. 누군가를 '치료한다는 것'은 그가 치료를 통해 회복시키고자 하는 어떤 기준으로부터 벗어나 있다는 것을 의미한다. 하지만 '교육'은 이러한 의미를 담고 있지 않다. 교육은 가끔 사람들이 결코 꿈꿔보지 못했던 가치 있는 방향으로 사람들을 이끌어 간다. 둘째, 의사들 사이에서는 정신건강이 보다 지속적이긴 하지만 신체건강이 추구하는 목적이 무엇이냐에 대해서 어느 정도 합의가 이루어져 있다. 하지만 '바람직한 자질'이 무엇인가에 대해서는 이렇다 할 만한 합의가 없다. 교육목적에 관한 논의가 분분한 것도 바로 이 때문이다. 우리는 교육목적을 설정하는 동안 가장 바람직하다고 여겨지는 자질이 무엇인가에 대해 보다 정확하게 진술하려고 한다(아래 제2절 참고). 하지만 교육에 있어서는 무엇을 목적으로 설정할 것인가에 대해서는 어떤 제약이 따른다. 왜냐하면 '교육'이란 계발해야할 것이 가치가 있는 것이어야 할 뿐만 아니라 지식과 이해를 포함하고 있기 때문이다. 교육받은 사람*이 된다는 것은 무엇인가를 이해할 수 있는 사람이 되었다는 것을 의미한다. 교육받은 사람이란 단지 방법적 지식**이나 기교(技巧)만을 가진 사람이 아니다. 이러한 말 속에는 또한 그가 가진 이해가 너무 좁게 전문화되어서는 안 된다는 의미가 담겨 있다.

　이러한 분석이 정확한 것이라면, 교육에 관심을 가지기 때문에 교직을 선택한 교사들은 다른 사람들을 바람직한 삶의 형식***으로 입문(入門)시키려고 노력할 것이다. 물론 사람들을 삶의 형식으로 입문시키는 데에는 지식과 이해가 중요한 역할을 한다. 또한 교사로서 교육적인 근거를 가지고 내리는 결정은 이러한 일반적인 목적을 증진시키는 데 관련이 될 수 있다. 물론 바람직한 삶의 형식을 이루는 것이 무엇인가에 대해서는 교사들 간에 큰 차이를 보일 것이다. 어떤 교사는 다른 어떤 것보다도 지식의 형식들****을 가치 있는 것으로 여길 것이며, 어떤 교사는 이해의 깊이를, 또 어떤 교사는 이해의 폭을 가치 있는 것으로 여길 것이다. 하지만 이러

---

* educated person
** know-how
*** form of life
**** forms of knowledge

한 일반적인 목적은 교육적 근거에서 이루어진 결정을 사적, 경제적 혹은 이하저 근거에서 이루어진 결정과 구별해 주는 기준들을 제공해 줄 수 있다. 이러한 사고의 구조는 무의식적 동기에 대한 생각이 중요하지 않거나 무관한 것이라는 점을 보여 줄 수도 있을 것이다.

　　하지만 문제가 간단하지가 않다. 왜냐하면 '교육'이란 '치료'(治療)나 '교정'(矯正)*의 개념처럼 간단하지가 않기 때문이다. 특히나 '교육'이, '치료'와 '교정'이 일상적인 방식으로 사용되듯이 항상 일반적인 목적을 이끌어가는 과정을 나타낼 때 사용될 수 있는 것인지 의문스럽다. 과연 어떤 조건이 '교육'이라는 용어를 쓰기 위한 논리적 필요조건으로 보이기 시작하는지를 알아보려면 제1장에서 제시된 노선을 따라가 이를 자세히 검토해 보면 될 것이다. 이를 검토해 보기 위해서는 반대 예시들**을 제시해 봐야 할 것이다.

a. 바람직함의 조건***에 대한 반론

　　좀 거칠게 말하자면, 지금까지 '교육'이라는 용어를 사용하는데 다음 두 가지 형태의 조건들, 즉 바람직함의 조건과 지식조건이 제시되어 왔다. 이제 우선 바람직함의 조건에 반대가 되는 예시들을 생각해 보자. 그 예시들은 다음과 같다.

　　(i) 우리는 가끔 다른 사람들이 관심을 보이지 않는 것을 언급함이 없이 한 나라의 교육제도에 대해 논하는 경우가 있다. 이러한 반론은 또 다른 공동체의 도덕규범이나 우리 문화 안의 하위문화의 도덕규범에 관한 언급에 견줄만한 것을 참조할 때 의미를 가질 수 있다. '교육하다'와 '도덕적' 기능과 같은 용어들을 우리 방식대로 일단 이해하게 되면, 우리는 이 용어들을 인류학자, 경제학자 등이 써 온 방식대로 외적이고 기술적인 방식으로 사용할 수 있을 것이다. 우리는 관찰자의 입장에서 도덕적인 경우

---

* 'reform'
** counter-examples
*** desirability condition

에 있어서는 자신들의 삶의 방식이 자신들에게 가치가 있는 것이라고 평가하며, 교육체제가 어떤 것이든 그들이 가치 있는 것이라고 여기는 것을 전달하고 있는 것으로 평가한다. 하지만 관찰자로서 **우리가** '도덕적'이라거나 '교육적'이라는 단어를 사용할 때에는 반드시 반대 사례를 참조할 필요는 없다.

(ii) 우리는 형편없는 교육*이나 나쁜 교육**에 대해 말할 수 있다. 이러한 표현은 어떤 일이 망쳐지고 있거나 이 일과 관련된 가치가 별로 중요한 것이 아니라는 뜻을 암시하고 있다.

(iii) 하지만 보다 심각한 반론은 교육받는다는 것을 나쁜 상태로 생각한다는 것이다. 그들이 내세우는 반론은 특수한 교육제도에 대한 것이 아니라 **어떤** 특정 교육에 대한 것이다. 그들은 '교육'이란 지식의 전달과 이해와 관련된 어떤 것이라고 평가한다. 아마도 그들은 교육을 책이나 이론과 결부시켜 생각할 것이다. 이것이 바로 그들이 반대하는 이유이다. 왜냐하면 그들은 이것들을 쓸모없거나 타락한 것으로 여기기 때문이다. 물론 그들은 자신들의 자녀들을 전통적인 기술이나 옛 방식으로 양육하고 있다. 하지만 그들은 자신들이 가치가 있다고 여기는 것과 '교육' 간의 관계를 충분히 이해하지 못하고 있으며, 가치 있는 것을 다루는 방식과 사소한 것을 다루는 방식을 차별화해 낼 수 있는 특수한 언어를 가지고 있지 않다.

이 마지막 관점은 반론이 직면하게 될 어떤 방식을 암시해준다. 교육받는다는 것이란 나쁜 상태에 빠뜨리는 것이라고 생각하는 사람들은 우리가 말하는 교육받는다는 것의 개념을 가지고 있지 않다. 그들의 교육에 대한 이해는 그들이 가치가 있다고 여기는 것을 전달하는 방식을 표현할만한 특수한 언어를 가질 만큼 분화되어 있지 않다. 물론 그들은 **어떤** 교육의 개념을 가지고 있기는 하다. 그들은 이러한 교육개념을 일선학교와 대학에서 이루어지는 것을 언급할 때 사용한다. 하지만 그들이 사용하는 교육의 개념은 **우리가** 사용하는 개념과 다르다. 이러한 반론을 다루는 방식

---

* poor education
** bad education

과 관련해 직면하게 되는 난점은, 우리가 말하는 교육개념을 가지지 않는 사람들이 훨씬 많다는 것이다. 이 문맥 안에 사용된 '우리'는 교육받은 주요 인물들에 속해 있으며, 직업상 교육에 관심을 가지고 있는 사람들이다. 즉, 여기서 말하는 '우리'란 '교육'이라는 말을 사용하는 대다수의 사람들을 가리키는 것이 아니다. 따라서 '교육'의 바람직함의 조건이 현재 사용하고 있는 용어의 논리적인 필요조건인지 아닌지 의문이 간다. 우리가 사용하는 교육이라는 말은 보다 특수하고 분화된 개념과 관련이 되어 있기 때문이다. 이것에 대해서는 나중에 보다 상세하게 설명하겠다(아래 c. '교육과 교육받은 사람'을 보라).

반론을 실제로 다루기보다는 바람직함의 조건과 관련된 모순을 설명하는 또 다른 방법은 지식조건*이 더 적절한 논리적 조건이며, 바람직함의 조건은 단지 지식조건에 의존한다는 점을 암시한다는 것이다. 이러한 관점에서 교육받았다는 말 속에 담긴 기본적인 생각은 지식과 이해를 가지고 있어야 한다는 것이다. 왜냐하면 지식과 이해란 우리 문화권 안에서 그 자체로서 가치 있는 것으로, 기술공학과 사람들의 삶의 질을 높이는 데 기여해 왔다는 점에서, 교육을 받았다는 것은 매우 바람직한 상태에 이른 것으로 받아 들여졌다. 하지만 모든 사람들이 그렇게 생각하는 것은 아니다. 그러므로 바람직함의 조건을 만족시키는가 아니면 만족시키지 못하는가 하는 것은 교육을 지식의 전수와 이해로 언급하는 사람들의 태도와 관련된 우연한 사실에 좌우된다. 때문에 바람직함의 조건은 정확히 말하자면, '교육'이라는 말을 사용할 때 적용할 수 있는 논리적 필요조건에 지나지 않는다. 오히려 이것은 사람들이 내리는 어떤 평가의 우연한 결과에 지나지 않는다.

분석을 이렇게 단순화하는 방법은 교육의 개념을 설명하는 데 큰 도움이 된다.

(i) 이러한 견해는 확실히 교육을 나쁜 것으로 여기는 사람들을 염두에 두고 있는 것이다. 이러한 견해에 의하면, 교육과 가치 있는 어떤 것의

* knowledge conditions

관계란 단지 사람들이 지식과 이해에 가치를 부여하는 우연한 사실에 좌우되는 것이기 때문에 단순하거나 융통성이 부족한 사람들이 이러한 견해를 못마땅하게 여기는 것은 놀랄만한 일이 아니다. 왜냐하면 이것은 그들의 삶에서 쓸모 있는 아무런 기능도 하지 못하기 때문이다. 사실 이것은 그들의 삶의 방식을 해칠 수도 있는 것으로 보일 수도 있다. 그들이 이것을 농장을 경영하거나 질병을 치료하는 데 도움으로 주는 것으로 이해한다면, 그들이 그것에 제한적인 가치를 부여한 것이긴 하지만 그것은 어디까지나 도구적인 형태의 가치일 따름이다.

(ii) 현재 이루어지는 것을 승인하거나 부인하지 않으면서 교육과 교육체제에 대해 논하는 사례들을 철학적으로 깊이 있게 다룰 필요는 없을 것이다. 교육이란 때로 '지식산업'*으로 불리곤 한다. 우리는 중요하다고 생각하거나 생각하지 않을 수 있는 다른 어떤 실제적인 일에 대해 언급하는 것과 똑같은 방식으로 교육에 대해 말할 수 있다.

(iii) '형편없는' 혹은 '나쁜' 교육이란 전달된 지식이 효과(效果)**가 있는가 혹은 전달된 가치 있는 모종의 지식이 효과가 있는가 하는 점을 보여줄 뿐이다.

따라서 이러한 방식은 분석을 가장 매력적으로 단순화시킨 것이라고 할 수 있다. 하지만 이러한 방식의 주된 특징은 지식의 조건에 대한 분석에만 지나치게 무게를 두고 있다는 점이다. 따라서 지식조건이 바람직함의 조건들을 지지할 만큼 강한 근거가 될 수 있을지 의문스럽다. 따라서 지식조건은 바람직함의 조건들과 마찬가지로 반대 사례들에 의해 검증되어야 한다.

b. 지식조건***에 대한 반론

지식조건은 이해의 깊이와 너비를 모두 포함하고 있다는 점을 기억해

---

* 'knowledge industry'
** efficiency
*** knowledge conditions

둘 필요가 있다.

(i) 이것에 반대가 되는 명백한 사례를 들라고 한다면 그것은 우리가 전문교육(專門敎育)*에 대해 언급할 때이다. 이러한 반론은 우리가 여러 가지 조건들을 가지고 있을 때, 정반대가 되는 말을 사용하여 그것들 중 하나를 철회할 수 있다고 말할 때 비로소 설득력을 가질 수 있다. 예컨대, 어떤 사람이 사물을 '직관적으로' 안다고 말했을 때, 여기에 사용된 '직관적으로'라는 말은 우리가 믿는 것의 근거가 되는 지식의 조건들 중 하나를 철회하는 것이다. 이와 마찬가지로 '전문적인'이라는 말은 '교육'의 너비조건을 철회하는 것으로 생각된다.

(ii) 우리는 스파르타식 교육**이나 이보다 원시적인 부족 안에서 이루어지는 교육에 대해 말할 수도 있을 것이다. 그 때 우리는 그들이 단순한 기술이나 민속(民俗) 이외에는 아무 것도 전달하는 것이 없다는 점을 알게 된다. 아마도 이러한 반론은 마치 개가 '신경과민적'***이라고 말하는 것처럼 이 용어가 비유적으로 확장되어 쓰이고 있거나 이 용어를 사용하는 사람들이 분화된 '교육'의 개념 ―교육이란 나쁜 것이라고 생각하는 사람들을 맞받아치는 상황으로 되돌아가게 하는― 을 가지고 있지 못하다고 말할 때 비로소 설득력을 가질 수 있을 것이다. 스파르타식 교육에 대해 조금도 부끄럽게 생각하지 않는 사람들이 많기 때문에 지식조건이 교육이라는 용어 사용의 논리적인 필요조건이라고 주장하기는 어렵다. 이 점에 대해서는 세 번째 반론에서 설명하겠다.

(iii) '스파르타식 교육'의 경우는 이미 널리 알려진 사례들 중의 하나이다. 어떤 어원론적인 연구는 교육이란 지식을 전제로 한 이러한 개념적 관련****이 없이도 사용될 수 있다는 사실을 보여주고 있다. 'educere'라는 라틴어는 늘 그런 것은 아니지만 일반적으로 **신체적인******발달을 설명할 때

---

* specialized education
** Spartan education
*** 'neurotic'
**** conceptual connection
***** *physical*

사용되었다. 실버 라틴어*에서 'educare'는 아동 양육뿐만 아니라 동식물을 기를 때 사용되었다. 영어에서 이 말은 원래 아동 및 동물 양육에 관해 언급할 때 사용되었다. 예컨대, 17세기에는 숫사슴들이 숲이나 교육 장소에서 즐기고 있다는 말이 사용되었다. 교육이라는 말은 때로 사냥개와 사냥매와 마찬가지로 인간이 동물이나 새를 훈련시킬 때 사용되기도 했다. 19세기에 이 말이 누에에게도 사용되지 않았던가!(O.E.D.**를 보라) 오늘날 우리는 이와 같은 일반적인 방식으로, 이를테면 스파르타식 교육에 대해 말하거나 지식이나 이해와는 아무런 관련이 없는 훈련 형식에 대해 말할 때에도 교육이란 말을 사용하고 있다. 다시 말해서 옛날 용법이 오늘날에도 여전히 살아있는 것이다.

　물론 어원론적인 논의는 별로 도움이 안 된다. 기껏해야 이러한 논의는 추구할만한 가치가 있는 실마리를 제공해 줄 뿐이다. 예컨대, 이 경우 이 말은 원래 매우 일반적인 의미를 가지고 있던 것처럼 보인다. 하지만 산업화가 이루어짐에 따라 그것에 필요한 지식과 기능이 요구되었고 따라서 '교육'은 점차 '학교교육'***과 관련을 맺게 되었으며 특수한 기관 안에서 이루어지는 훈련이나 수업****과 관련을 맺게 되었다. 이러한 거대한 변화가 모든 국민을 대상으로 하는 의무교육제도의 발달로 정점에 이르면서 이러한 개념적 명료화가 본격적으로 이루어졌고, 결국 오늘날 우리가 교육이라는 말을 지식 및 이해의 발달과 관련을 지어 사용하게 된 것이다. 이제 우리는 예전에 구분하지 않고 사용하였던 '훈련'과 '교육'을 구분하고 있다. 이제 우리는 동물을 교육한다는 말을 하지 않으며 식물에 대해서도 교육한다고 결코 말하지 않는다. 그러나 우리는 동물을 훈련하다든가 장미나 그와 같은 식물들을 손질한다*****는 말을 한다.

---

* [역자주] Silver Latin이란 은시대(Silver Age)의 라틴어를 말함.
** [역자주] O.E.D.란 옥스퍼드 영어사전(*Oxford English Dictionary*)를 가리킴.
*** 'schooling'
**** instruction
***** [역자주] 원문에는 training roses and other sorts of plants라고 되어 있는데, 여기서 training은 동물을 훈련시킨다는 뜻과 더불어 식물을 가꾼다든가 손질한다는 뜻을 가지고 있다.

'교육'의 바람직함의 조건과 지식조건 모두에 정반대가 되는 사례들로 인해 개념분석이 제대로 이루어져야 한다는 주장을 하기가 매우 곤란하게 되었다. 하지만 이들 반대 사례들에 대한 설명을 할 수는 있을 것이다. 달리 말해서 분석을 하기 어려운 사례는 다른 어떤 방식으로든지 연결되어 있는 사례라는 것이다. 우리가 반대 사례 밑바탕에 깔려 있는 원리를 보다 분명하게 밝힐 수 있다면 '교육'의 개념이 보다 분명해 질 것이다.

c. 교육과 교육받은 사람

사실상 근본적인 분석에는 어울리지 않는 사례들에 대한 설명을 추적해 보도록 하는 또 다른 어원론적인 입장이 있을 수 있다. 옥스퍼드 영어 사전*의 조사에 따르면, '교육받았다'는 말이 어떤 사람의 전면적인 발달**, 즉 도덕적, 지적, 그리고 정신적으로 균형 잡힌 발달을 뜻하게 된 것은 19세기에 이르러서였다. 교육과 훈련의 차이가 분명해진 것도 이 때였다. 이러한 용법은 사람에게 잠재해 있는 자질을 이끌어내고 발달시키는 것뿐만 아니라 정신적 자질을 만들어 내는 수단으로서 수업(授業)***과 깊은 관련을 맺게 되었다. 하지만 이 말은 예전에 사용된 바와 같이, 학교에서 이루어지는 수업뿐만 아니라 아이들 양육과 동물 기르기를 언급할 때 계속해서 사용되었다. 달리 말해서, 19세기에는 훈련과 수업을 받은 결과로서 교양 있는 사람****이라는 생각을 가지고는 있었으나, '교육받은 사람*****'이라는 말은 별로 주목을 받지 못하였다. 그들은 개념을 가지고 있었지만 '교육받은'이라는 말을 강조하지는 않았다. 그러므로 교육이란 오늘날처럼 교육받은 사람의 발달이라는 결과를 이끌어내는 과정으로 정확하게 인식되지는 않았던 것이다.

특히 오늘날 교육계에서 하나의 이상(理想)으로서 교육받은 사람의 개

---

* O.E.D.
** all-round development
*** instruction
**** cultivated person
***** 'educated man'

넘은 훨씬 탄탄한 뿌리를 내리고 있다. 그러므로 교육기관에서 일하는 사람들이 자신들이 행하는 것을, 교육받은 사람의 발달과 관련되어 있는 것으로 생각하는 것은 자연스러운 일이다. 이들은 마음속에 이러한 이상을 품고 일하는 것과 '훈련'(訓練)*이라는 말을 사용하는 보다 제한적이고 특수한 목표들을 마음에 품고 일하는 것 사이에 차이가 있다는 점에 대해 매우 민감하다. 예컨대, 로빈스보고서**에 따라, 훈련대학이 교육대학***으로 전문적인 명칭의 변화가 있었음에 주목할 필요가 있다. 또 신체훈련에서 신체교육 즉, 체육****으로 변화가 있었음에 주목할 필요가 있다. 요컨대, '교육받은 사람'의 개념 발달로 인해 '교육'이라는 개념이 그러한 사람의 발달과 자연스럽게 결합되면서 보다 명확해졌다. 우리는 교육이란 협소(狹小)한 것으로 인식되는 사업*****과는 더 이상 양립(兩立)할 수 없다는 점에서, 사람을 교육하는 것과 훈련하는 것을 구분하고 있다.

앞의 분석에서 교육이라는 말은 '개선' 및 '치료'와 비교 가능한 것이라는 점을 밝힌 바 있는데, 그렇다면 교육과 교육받은 사람의 발달과 어떤 관련이 있는지 생각해 볼 수 있을 것이다. 어떤 이들은 좀 더 분화된 개념구조의 형태를 발전시키지 못했음을 인정한 바 있다. 하지만 이들은 이것들의 차이점을 드러내기 위해 특수한 방법으로 전문적인 용어들을 사용하지 않는다고 할지라도 이것들의 차이점을 구별해 내는 것은 중요한 일이라고 주장한 바 있다. 그렇기는 하지만 '교육'이라는 말의 구식 사용법, 즉 양육하거나 기르는 여러 가지 과정과 교육받은 사람의 발달을 긴밀하게 관련짓지 못하는 사용법이 여전히 널리 퍼져 있다. 대다수의 사람들이 '교육'이라는 말을 아직까지도 학교에서 이루어지는 수업이나 훈련과정뿐만 아니라 배변훈련, 청결 및 복장 지도, 강세가 있는 말하기 등과 같은 비형식적인 아동양육까지 포함하는 용어로 사용하고 있다. 그들은 이것들이

---

* 'training'
** Robbins Report
*** Training College to College of Education
**** Physical Training to Physical Education
***** narrowly conceived enterprise

지식이나 이해와 아무런 관련이 없음에도 불구하고 이것들의 성취를 바람직한 것으로 여길 수도 있을 것이다. 하지만 나는 약간 해학적인 것을 제외하고는 오늘날 교육이라는 말이 동물 훈련에 관해 언급할 때 사용될 수 있다고 생각하지 않으며, 더욱이 식물을 가꾸는 정원사의 일을 존중하기 위해 사용되었다는 말을 들어본 적이 없다. 이러한 맥락에서 교육의 개념은 최소한 17세기의 교육개념으로부터 변천되어 왔다고 할 수 있다.

따라서 '교육'의 개념은 매우 유동적인 것처럼 보인다. 지금까지 이어져 내려오는 생각의 한쪽 끝에는 여전히 교육을 바람직한 것이나 지식과의 관계를 우연한* 것으로 여기는 양육과정이나 기르기 과정으로 설명하는 낡고 미분화된 개념이 존재하고 있다. 또 교육을, 지식은 강조하지 않으면서 바람직한 상태의 발달하고만 관련을 지으려는 개념이 존재하기도 한다. 보다 최근의 전문적인 교육개념은 깊이와 너비에 있어서 지식과 이해를 포함하는 상태로 인간을 발달시키는 과정과 연결되어 있으며 그 지식과 이해가 바람직한 것이라는 점을 암시하고 있다. 이 장의 서두에서 이루어진 '교육'에 대한 분석은 보다 분화된 전문적인 개념에 대한 것이다. 우리가 이 책에서 관심을 가져야 할 것은 이와 같은 보다 전문적인 개념이 가진 함축된 의미가 무엇인지에 관한 것이다.

2 교육의 목적

교육에 깊은 관심을 가졌기 때문에 교직에 들어온 교사나 확고한 교육적 근거**를 가지고 가르치는 일을 결정한 교사는 분명히 초기의 미분화된 교육의 개념에 의존하지 않을 것이다. 왜냐하면 초기의 개념은 그가 특별하게 무엇인가를 한다고 할지라도 아무런 근거도 제공해 주지 않기 때문이다. 그렇다면 보다 최근의 전문적인 교육개념에서 비롯되는 생각들

---

* contingent
** educational grounds

은 우리를 이끌어주는 지침이 될 수 있을 것인가? 이해의 깊이와 너비를 포함하는 것으로서 바람직한 인간발달을 도모하는 일반적인 명제는 일반적인 방향만을 안내 해 줄 뿐이다. 즉, 이것은 아무런 전문적인 안내를 해 주지 못할 것이다.

보다 전문적인 안내는 사람을 가르치는 동안 자신이 실현하고자 하는 목적*이 무엇인가를 분명하게 하려는 교사에 의해 이루어져야 할 것이다. 왜냐하면 목적설정이 가지는 기능은 성취하려는 목적, 말하자면 은유적인 의미를 가지는 표적(標的)이 무엇인지를 정확하게 서술하는 것이기 때문이다. 이렇게 표적을 정확하게 서술하려는 시도는 취사선택의 맥락에서 볼 때 보다 '목적'의 개념이 본래 가진 의미, 말하자면 예견되는 목적들**이란 결코 쉽게 성취할 수 있는 것이 아니라는 여러 가지 시사를 던져준다. 우리가 '목적'으로 특징지으려는 목표는 지역마다 다르고 따라서 달성하기 어려운 것처럼 보인다. 하지만 목적이란 실제로 해 낼 수 없는 일의 상태를 기술할 수는 없다. 이러한 점에서 목적은 '이상'(理想)***과는 구분된다. 누구든지 실천 가능성에 관한 질문을 제기함이 없이도 교사로서 자신의 이상을 상세하게 설명할 수 있다. 이와는 반대로, 그가 자신이 추구하는 목적을 설정하려고 한다면, 그는 반드시 그것의 실천 가능성을 고려해야 할 것이다. 또한 그는 자신이 추구하는 이상이 무엇인가에 대한 질문을 받았을 때 그것에 대한 답을 하는 것보다도 더 전문적인 답을 해야 할 것이다. 예컨대, 교육적 이상이란 모든 아이들이 발견의 즐거움을 통해 배워야만 하는 무엇이기 때문이다. 이와 비슷한 맥락에서, 교사가 세운 목적은 보다 특수하고 달성 가능한 것으로서, 자기가 가르치는 교실의 모든 아이들이 학습과정에서 어떤 중요한 의미를 깨닫도록 해 주는 것이어야 한다.

교육목적을 설정하는 것은 '교육목적이란 무엇인가?'라는 일반적인 질문에 답하려는 시도와는 구별되어야 한다. 현 시점에서 이런 종류의 질문

* aims
** ends in view
*** 'ideal'

은 별로 도움을 주지 않는다. 왜냐하면 이러한 질문에 대한 답은 필시 개념적 사실*이나 설득적 정의**를 요구하는 것이기 때문이다. 만약 그것이 교육과정에 따라 수행되는 일반적인 목적이 적절한 분석을 통해 서술되었다면 그것은 개념적 사실이 될 것이다. 달리 말해서, 이해의 깊이와 너비를 포함하는 바람직한 마음의 발달을 이끌어가는 과정으로서 특수한 '교육'의 개념에 대한 선행 분석이 다소간에 적절한 것이라면, 이러한 일반적인 목적의 결과가 곧 교육의 목적이 될 것이라는 점은 (누구도 의심할 수 없는)개념적 사실이 될 것이다. 이것은 개선(改善)***의 목적이 사람을 더 좋은 사람으로 만든다고 말하는 것과 유사하다. 또한 이것을 되풀이하는 것은 교사에게 별 도움을 주지 못할 것이다. 하지만 보다 구체적인 무엇인가가 이러한 일반적인 목표의 상세한 진술로 생겨난다고 가정해 보자. 그리고 교육의 목적이 전문적인 지식을 만들어내는 것이라고 가정해 보자. 이럴 경우 규정적(規定的) 정의****가 만들어질 것이며 이 정의는 특정 정책을 추천하는 기능을 가지게 될 것이다. 보다 넓은 관점에서 생각하기보다 '사람을 교육하는 **나의** 목적은 전문가를 기르는 것이다'라고 말하는 것은 이러한 목적을 수행하면서 이러한 목적만이 사람을 교육시키는 일과 합치한다는 시사점을 이용하여 이런 정책을 옹호하고 있는 듯한 인상을 받는다. 사실, 이것은 보다 상세한 지침을 줌으로써 교사를 도울 수 있을 것이다. 하지만 이러한 도움은 개념적 명료화의 결과라고 봐야 할 것이다.

그러면 교사가 사람을 교육할 때 자신의 목적이나 특정 교육기관의 목적을 명시하려고 한다고 가정해 보자. 어떤 종류의 답이 주어질 수 있을 것인가? 개략적으로 말해서 교육받은 사람이란 어떤 사람인가를 보다 정확하게 밝힐 수 있다는 답이 고려될 수 있을 것이다. 예컨대, 비판적 사고, 전문적인 지식, 자율성, 미적 감수성 등이 강조되고 있는데, 이것들은 교사가 '교육받았다'는 것으로 이해하고 있는 것들의 일부이다. '교육받은 사

---

* conceptual truth
** persuasive definition
*** reform
**** stipulative definition

람'의 일반적 형식에 담겨야 할 내용은 바람직함의 조건과 지식조건 관점
에서의 분석에 의해 주어질 수 있다. 물론 다른 어떤 것보다도 바람직한
자질을 강조하기 위해서는 논의가 좀 더 이루어져야 할 것이다. 사실 이러
한 주장은 매우 중요한 관점이라고 할 수 있는데, 그 까닭은 사람을 교육
한다는 것은 사람을 치료하는 것과 다르며, 의료업과 비교해 봐도 전혀 다
르기 때문이다. 교육 분야에서 교육목표에 대한 다수의 논쟁이 이루어지고
있듯이, 그러한 목표를 증진시키기 위한 방법에 대한 논쟁도 이루어지고
있다. 의료 분야에서는 그렇지 않다. '교육받았다'는 것에 대한 의견의 일치
보다는 '치료받았다'는 것에 대한 의견의 일치가 더 많이 이루어지고 있다.

이러한 경우 보다 미분화된 '교육'의 개념, 예컨대 정치인들이 교육제
도를 언급할 때 사용하는 교육목적을 '교육의 목적'과 구분하는 것이 중요
하다. 경제적인 마음을 가진 정치인이나 행정가는 교육을 훈련된 인력을
제공하기 위한 수단으로 생각할지도 모른다. 이런 사람들은 교육을 순전히
이런 방식으로 생각하기 때문에 경제인의 사고구조를 받아들이지 못하는
교육자의 열정을 전혀 고려하지 않을지도 모른다. 이런 사람들은 교육받은
선남선녀의 양성에 대해서만 관심을 기울일지도 모른다. 물론 이들이 이런
경제적 관점에서 일선 학교와 대학교에서 이루어지는 것을 주시하고 있다
고 해서 이들이 보다 특수한 의미에서 교육이 관련되어야 한다는 입장에 대
해 **반드시** 반대하는 것만은 아니다. 사실 교사는 직업상의 역할을 충실히
해 낼 수 있는 능력을 갖춘 책임있는 시민을 양성하는 일을 통합된 목적으
로 삼아야 할지도 모른다. 그에게 이러한 시민 의식은 교육받은 사람의 징표
(徵表)*일지도 모른다. 교사는 이 같은 방법으로 학생들이 장차 직업을 준비
해 갈 수 있도록 마음을 다하거나, 기술과 지식을, 시민으로서 이해의 깊이
와 너비를 재는 기준**으로 삼도록 하기 위해 힘 써야 할지도 모른다.

이와 마찬가지로 교사는 과학과 같은 교과를 순전히 직업적이고 경제
적인 목적과 관련지어 가르칠지도 모른다. 교사는 한 개인으로서 개인발

---

* hall-mark of educated person
** lynch-pin

달에 관해 깊은 생각을 해 봄이 없이 스스로를 직업을 준비시키는 사람 혹은 훈련된 인력을 기르는 데 관심을 가지는 국가의 요구에 부응하는 사람으로만 생각할지도 모른다. 그는 자신이 하고 있는 일을 경제성장에 기여하는 것으로 여길지도 모른다. 하지만 이러한 제한된 목표를 가지고 과학을 가르친다는 것은 사람을 교육한다는 것과 구별되어야 한다. 이미 지적한 바 있듯이, 가르친다는 것이 반드시 교육적인 것은 아니다. 이와는 반대로, 국가의 요구에 부응하면서 교사는 과학이 가지는 이해의 형식이 교육받은 사람의 개념에 핵심적인 것이라고 생각하기 때문에 과학을 가르칠 수도 있을 것이다. 교사가 사람을 가르치건 아니면 훈련시키건 그것은 대체로 자기가 하려는 것이 무엇인가 하는, 소위 의도(意圖)*의 영향을 받는다(제5장을 보라). 이러한 의도가 일반성의 수준에서 훌륭하게 형성될 때 우리는 그것을 '목적'이라고 부른다.

자신이 세운 목적을 분명하게 하는 일은 교사에게 중요한 일이다. 그가 그렇게 하지 않으면, 자신이 가르치는 내용과 방법을 결정할 때 참고할 수 있는 기준들을 가질 수 없게 된다. 예컨대, 그가 프랑스어를 가르치는 교사라고 생각해 보자. 그가 세운 목적이란 학생들이 프랑스에서 휴가를 잘 보낼 수 있게 하는 것인가? 그리하여 그는 결국 학생들이 프랑스어를 잘 쓸 수 있도록 하는 것인가? 그는 언어학습을 국내에서, 다른 나라 사람들의 삶의 형식을 이해하는 최고의 방식으로 바라보고 있는가? 또는 그가 목적으로 하는 바가 학생들이 직업의 세계로 들어갈 수 있도록 하는 시험 통과를 염두에 두고 있다는 점에서 비교육적인 것이라고 할 수 있는가? 교사가 이러한 종류의 질문을 스스로 묻지 않는다면, 자신이 가르치는 내용과 목적을 결정할 수 있는 분명한 지침을 마련하지 못할 것이다. '교육'이란 학습의 과정을 포함하고 있다. 그렇다면 학습이 목적하는 바를 이끌어내기 위해 내용과 방법을 어떻게 결합시킬 것인가? 이것이 교육받은 사람을 길러내는데 어떤 기여를 할 수 있을 것인가? 교육의 과정은 어떻게 이해되어야 하는 것인가?

---

* intentions

3 내용과 방법의 대조적 접근

교사는 교육자로서 목적을 분명하게 할 수 있겠지만 어떤 방법으로 그러한 목적을 성취할 것인가에 관해서는 매우 엉성한 견해를 가지고 있다. 왜냐하면 내용과 방법이란 교사가 가진 목적에 **의해서만** 결정되는 것은 아니기 때문이다. 교사는 자기 스스로를, 원하는 결과물을 만들어내기 위해 다양한 과정들을 사용하는 예술가나 장인(匠人)으로 생각할 수 있다. 만약 그가 궤변에 말려들게 된다면, 그는 'educate'란 '훈련하는 것'이라는 의미를 가진 'educare'라는 라틴어에서 비롯된 것이라고 주장할 것이며, 따라서 자신이 해야 할 일이란 이미 정해진 패턴에 따라 아동을 발달시켜 나가는 것이라고 주장할 수 있을 것이다. 그가 해야 할 일이란 아이들이 제구실을 하도록 길러내는 일이다.

교육을 이렇게 이해하는 방식은 '교육'의 바람직함의 조건뿐만 아니라 어쩔 수 없는 교사의 지시적 역할*에 주의를 기울이게 한다. 그것은 지금까지 너무나도 많은 사람들이 묵인해 온 사실, 즉 교사는 바람직하거나 그렇지 못한 발달형식이 무엇인지에 관해 나름대로의 견해를 가지고 있어야 하며, 나아가 능력을 가진 다른 사람들과의 관계에서 책임을 질 수 있는 위치에 있어야 한다는 사실을 함의하고 있다. 그것은 이러한 중요한 입장을 너무 조잡하고 거친 방식, 말하자면 독특한 형태의 교육과정들을 정당하지 못한 방식으로 만들어 버렸다. 우선, '주형(鑄型)하다'와 '조형(造型)하다'**와 같은 개념들은 매우 상징적인 방식으로 적용되고 있다. 인간의 마음이란 진흙이나 나무처럼 주형하거나 조형할 수 있는 원료나 재료가 아니다. 누군가에게 지식과 이해(여기서 우리는 이해를 '교육받았다'는 것에 포함되는 일부로 생각하고 있다)를 발달시키려면, 어떤 방식으로든지 그가 배우고 이해하도록 이끌어줘야 한다. 아마도 이렇게 하기 위해서는 외부에서의

---

* directive function
** 'mould' and 'shape'

도움이 필요할지 모르겠으나, 앞으로 제5장에서 논의하겠지만, **가르침***의 과정들은 재료를 어떤 형태로 바꾸어 놓는 물질세계의 인과적인 상호작용과는 전혀 다른 것이다. 어떤 내용이 전개되고, 표현되고, 설계될 때 비로소 학습자는 그것을 통달하고 그것을 자신의 것으로 내면화할 수 있다. 암시, 설명, 질문, 그리고 전시(展示)와 같은 방법들은 그러한 내용을 전달하는데 적용될 수 있지만, 형성하고 주형하는 과정과는 전혀 다른 것이다. 무엇인가를 안다는 것은 미용사가 머리를 손질하는 것과는 전혀 다른 것이다.

둘째, '조형하다'의 은유는 학습자들이 어떻게 다루어져야 하는가에 대한 시사를 주는데, 이에 대해서는 엄중한 도덕적 이의가 제기된다. 그것은 학습자의 관점과 인간으로서의 존엄성이 무시당하고 그의 자유가 아무런 가치를 가지지 못한다는 점을 암시하고 있다. 학습자는 선택의 주체로서 그리고 자기 운명의 결정자로서 대우받지 못하게 된다. 권위주의적인 교수방법이란 학습자가 원칙(原則)**을 아무런 의심 없이 받아들이도록 한다는 것을 암시한다.

최근 프라우든 보고서***의 여러 항에 담긴 진보주의 교육의 이상(理想)은 내용과 방법의 권위주의적인 개념에 대한 반작용으로 이해되고 있을 뿐이다. 권위주의적인 교사는 자기가 해야 할 일이란 아이들에게 읽고, 쓰고, 셈하고, 가르치고, 아이들의 머릿속을 필요한 지식으로 가득 채우고, 고도로 세련된 지적인 성취를 하도록 훈육(訓育)시키며, 아이들의 성격을 바람직한 모습으로 주형하는 것으로 생각하였다. 아이들을 어른처럼 생각하기보다는, 아이들이란 제멋대로이며, 원죄의식(原罪意識)이 꾸밈 속에 두드러지게 나타나고 있다고 생각하였다. 이런 이유로 형식적인 수업과 암기 학습을 강조하는 방법들이 사용되었다. 아이들은 개인차가 고려됨이 없이 집단적으로 가르쳐졌으며 이와 같은 군대식 활동이 벌(罰)이라든가

---

* *teaching*
** doctrines
*** Plowden Report

다른 강압적인 수단으로 채워졌다.

　이런 체제에 반기를 든 진보주의자들의 개혁운동은 한편으로 도덕적인 것이며 다른 한편으로는 심리학적인 것이었다. 루소(J. J. Rousseau) 이래 그들은 계속해서 아이들을 존중하지 않는 데 대하여 도덕적인 항변을 하였다. 즉 아이들은 자기들 나름의 세계를 즐길 권리를 가진 도덕적이 존재로서 대접받은 것이 아니라 처음부터 단지 어른 품속에 안겨야 하는 작은 인형으로 취급을 받았다는 것이다. 자유를 누릴 권리를 인정받지 못하였으며, 잔인함과 불필요한 억압의 희생자였다는 것이다. 이러한 학습의 관점에서 볼 때, 권위주의적인 체제는 무지몽매한 것이었다. 왜냐하면 이러한 체제는 다윈으로부터 비롯되는 인간에 대한 진일보한 최근의 이해방식을 설명하지 못하고 있기 때문이다. 오늘날 아이들은 인간과 동물의 왕국 사이에 있는 여명의 세계에 살고 있는 것처럼 보인다. 아이들의 마음은 어른들의 그것과는 전혀 다르게 작동하고 있을 뿐만 아니라 점차 단계적으로 어른이 가진 경험의 세계로 향하고 있다. 이러한 이유 때문에 아이들의 발달단계를 신중하게 고려하지 않는 가르침은 비효과적일 수 있다. 예컨대, 추상적인 수업은 매우 구체적인 방법으로만 사고를 하려는 사람들에게는 매우 부적절하다. 다윈(C. Darwin) 역시 본능의 원리를 설명하는 과정에서 경험의 동기 차원에 대해 관심을 가지고 있었다. 과거의 체제는 지나치게 주지주의(主知主義)적이었으며 또한 지나치게 많은 것을 부과해 넣으려 했다는 비판을 받았다. 즉 흥미가 일어나지 않는 한, 그리고 학습이 그들 내부의 본능적 원천으로부터 솟아나오는 자기 주도적인* 것이 아니고는 학습이 이루어지지 않을 것이라고 주장하였다. 마침내 다윈의 사촌인 프랜시스 갈톤(Francis Galton)은 개인차의 속성과 중요성을 힘주어 논증(論證)하였다. 개인의 본질과 개인차에 관한 검사가 근대 산업사회가 적절하게 훈련받은 인력(人力)을 대량으로 공급할 필요가 있다는 인식이 널리 확산됨에 따라 그 검사를 서두른 때가 있었다.

　아이들이 도덕적으로 푸대접을 받고 있다는 생각과 아이들에 대한 생

---

* self-originated

물학적인 배려가 중요하다는 생각이 결합하면서, 특히 나이 어린 아이들에 대한 새로운 학습지도 방법에 커다란 진전이 이루어졌다. 중요한 것은 아이들의 발달단계를 고려하는 일과 아이들이 경험을 통해서 학습해야 할 것을 학습할 '준비'가 될 때까지 기다리는 것이다. 아이들의 흥미가 커지기 시작했으며, 아이들은 사물에 대해 늘 설명을 듣는 수동적인 존재이기보다는 그들 스스로 학습의 주체가 되어야 했다. 개인차가 고려된 보다 개별화된 교육과정(敎育課程)이 지지를 받게 되었다.

그러나 안타깝게도 이러한 개혁을 가져온 생물학적 배경은 부분적으로 부각되었지만 이 개혁의 도덕적 측면은 그것으로 인해 빛을 잃게 되었다. '교육'이란 '밖으로 이끌어 내는 것'*이라는 의미를 지닌 라틴어 'educere'에서 비롯되었다는 가정과 관련이 깊은 일반적인 교육관이 발달하게 되었다. 이렇다 보니 교육의 목적은 개인의 잠재능력을 성장시키거나 발달시키는 것으로 여겨지게 되었다. 교육과정(敎育課程)도 교사의 요구에 따라 조직되기보다는 아이들의 요구와 흥미에 따라 조직되어야 한다는 주장이 제기되었다. 아이들이 설명을 듣기보다는 경험으로부터 비롯되는 학습을 할 때, 그리고 아이가 청취자**가 아닌 발견자***일 때 방법이 비로소 교육적이라는 주장이 제기되었다. 교정제(矯正劑)****로 지지할 수 있을 뿐인 원리들이 만병통치제로 받아들여졌다.

진보주의의 교육개념은 목적과 내용이 일반적으로 분명하지 않고 명확하지 않다는 관점에서 비판을 받기 시작하였다. 예컨대, 교육목적으로서 성장이란 무엇인가? 교육과정이란 아이들의 요구와 흥미에서 비롯되어야 하지 사회의 요구 및 세계를 이해하고 평가하려는 인간의 역사를 반영해서는 안 되는 것인가? 하지만 이보다 근본적인 비판은 교육을 이렇게 인식하는 방식이 생물학적 은유(隱喩)*****의 그늘 밑에서 도덕적 책임을 회피

---

* 'to lead out'
** listener
*** discoverer
**** corrective
***** biological metaphor

하게 만든다는 것이다. 교사가 그것을 좋아하건 싫어하건 가르치는 상황
은 하나의 지도 상황이며, 이 상황에서 바람직한 것에 관한 결정이 매 순
간 이루어진다는 것이다. 교실이란 통제된 상황이며, 따라서 아이들의 경
험이란 무엇인가를 학습하도록 구성되거나 구성되어야 한다. 그 어떤 교
사도 아이가 마르키드 사드*와 같은 사람으로 '성장'하라고 내버려 둘 수
는 없는 일이며, 나아가 아이들이 과학을 하건, 점성술을 하건 혹은 구주
희(九珠戱)**놀이를 하건 그냥 무관심할 수는 없다. 실제로 진보주의자들은
전통적인 교육과정에 담긴 내용을 암암리에 가정하고 있다. '성장'의 이면
에 놓인 것은 '자율성'이나 '자기결정'과 같은 도덕적 이상(理想)이었다. 이
러한 도덕적 이상은 아리스토텔레스까지 거슬러 올라가는, 소위 유기체의
변화란 타고난 잠재능력의 실현을 통해 이루어진다는 생물학적 이론과 뒤
섞여 버린 것이다(제3장을 참고하라).

　　진보주의자들이 권위주의적인 체제 속에서 자율성 및 비판적 사고와
같은 이상을 강조한 것은 환영할 만한 일이었다. 왜냐하면 이런 체제하에
서 교사는 너무 지시적이었기 때문이다. 교육이란 정보의 저장, 단순한 기
능, 규범에 대한 순응 등의 관점에서만 이해되었다. 진보주의자들은 개혁
운동에 있어서 비판적 사고, 창의성, 자율성과 같은 마음의 자질을 강조하
였다. 하지만 그들이 충분히 숙고하지 못한 것이 있다면, 사람들을 비판적
이고, 창의적이며, 자율적인 사람으로 만드는 데 필요한 지식과 경험의 형
식들이 제공되지 않는다면 이러한 덕들은 공허한 것에 지나지 않는다는
점이다(제4장을 참고하라). 사람들은 비판적으로 사고하도록 훈련받아야 한
다. 그것은 저절로 꽃을 피우는 휴면 씨앗이 아닌 것이다. 그것은 사람들
이 갖게 되는 인간관계의 산물이며, 그들은 그것을 통해서 그들 자신이 적
용할 수 있는 경험의 양식***을 선택하게 된다. '창조적'이라는 것이 단순한

---

* [역자주] 마르키 드 사드(Marquis de Sade, 1740-1814)는 18세기 후반 프랑스 소설가로,
『쥐스틴, 또는 미덕의 불행』, 『알린과 발쿠르』, 『규방철학』, 『소돔』 등의 작품을 썼다.
주로 성도착을 묘사했다는 점에서 외설 작가요, 부도덕한 작가로 비판을 받았으며, 사
디즘(Sadism)이라는 말도 그의 이름에서 비롯되었다.
** skittle
*** mode of experience

자기-표현과 구별되어야 하듯이, 비판적이라는 것은 단순히 암시를 받지 않았다는*것과는 구별되어야 한다. 이 두 가지는 모두 경험양식의 통달과 기술 훈련을 전제로 하고 있다. 또한 이 두 가지는 지식체계의 통달을 전제로 하고 있다. 비판할 내용 없는 비판이란 초점을 잃은 비판일 따름이다. 자율성이나, 사람들이 스스로 받아들인 규칙 따르기**란 선택을 할 때 요구되는 규칙의 체계를 통달하지 않고는 불분명한 이상에 지나지 않는다. 달리 말하면, 낭만주의적인 저항운동은 모종의 고전주의적 배경을 논리적으로 전제하고 있다.

권위주의자들은 내용은 강조했지만, 그 내용을 학습해야 하고 믿어야 할 자료로 생각했다. 그들은 마음의 독립에 가치를 부여하기보다는 복종에 가치를 부여하였다. 그러므로 이러한 체제에서는 새로운 상황을 비판하고 적용할 수 있는 경험의 양식이나 사고방식으로 사람들을 입문시키는 일에 대해서는 아무런 강조를 하지 않았다. 과학자의 비판적 태도 및 사고방식이 가르쳐지기보다는 과학 법칙과 사실만이 가르쳐졌다. 도덕적 순응은 강조되었지만, 도덕적 인식***은 강조되지 않았다.

여기에는 오히려 내용과 방법이 교육목적을 어떻게 실현해 갈 것인가에 관한 극단적인 생각이 놓여있다. 이 두 가지 생각은 강조해야 할 것을 강조하기는 하였지만 지나치게 극단적인 방식으로 강조하였다는 점에서 이 두 가지 모두는 그 어느 것도 적합하다고 할 수 없다. 교육에 대한 권위주의적인 접근법과 아동중심적인 접근법을 비교해 볼 때, 전자는 목적과 내용 면에서 강점을 가지고 있지만 방법 면에서는 약점을 가지고 있으며, 이와는 반대로 후자는 방법 면에서 강점을 가지고 있지만 목적과 내용 면에서는 약하다는 말들을 한다. 이러한 비판은 나름대로 일리가 있어 보이지만 저자의 견해로는 이것들은 하나의 공통된 약점을 가지고 있다고 생각한다. 즉 그들은 지식과 이해의 발달에 매우 중요한 **공적 경험형식****

---

* contra-suggestible
** following rules
*** moral awareness
**** *public forms of experience*

에 너무 무관심했다는 것이다. 다음 장에서 좀 더 길게 논의할 예정이기는 하지만, 공적 경험형식의 강조는 이 두 가지 교육에 대한 접근법을 종합할 수 있는 가능성을 마련해 줄 수 있을 것이다. 왜냐하면 내용이란 그 자체로서 중요할 뿐만 아니라 획득해야 할 경험의 양식에 필요하기 때문이다. 공적 경험의 양식 안에서의 훈련 없이는 자율성, 창의성, 비판적 사고와 같은 진보주의적 이상들은 공허한 것이 되고 만다.

4 아동의 요구와 흥미

교육 내용의 관점에서 볼 때 교육에 대한 아동중심적인 접근은 타당성이 결여되어 있다고 말할 수 있다. 왜냐하면 내용과 아동의 요구 및 흥미 사이에서 언급된 바가 아무 것도 없기 때문이다. 이러한 내용에 대한 접근은 도덕적으로 계몽적인 것처럼 보인다. 그 이유는 그것이 국가적인 요구에 대한 전통적인 강조와는 달리 개인적인 요구를 강조하였기 때문이며, 이미 결정된 형태로 아동을 주형하려는 시도를 공격하였기 때문이다. 또한 그것은 범속한 것으로 들리기도 한다. 그 이유는 그것이 심리학의 영향을 받았으며, 교육 분야에서 널리 퍼져있는 동기의 문제를 다루었기 때문이다.

요구와 흥미에 대한 강조로 인해 제기되는 문제들만을 다루어도 한 권의 책이 나와야 할 것 같다. 하지만 우리는 이 책에서 매우 간략하면서도 선별적으로 일반적인 주제를 다룰 것이다. 우리는 이러한 접근법이 방법과 관련이 깊다고 할지라도 실제로는 교육 내용을 결정하는 데 아무런 기여도 하지 못한다는 점을 보여주고자 한다. 그것의 심리학적인 장식들도 또한 가식적인 것이다. 왜냐하면 그것들은 가치 있는 가정들을 숨기고 있기 때문이다. 그것이 적극적인 방법으로 교실의 동기 문제를 다루는 데 도움을 준다고 할지라도 그것은 우리에게 경험양식의 동기적 측면을 상기시켜 줄 뿐이다. 그리고 결국 앞 절 마지막에서 내린 입장으로 되돌아가게 한다.

a. '요구'의 개념*

교육의 영원한 문제들 중의 하나는 동기의 부재(不在)에 관한 것이다. 교사들은 가끔 아이들이 출석하지 않는 것, 숙제를 하지 않는 것, 그리고 수학, 역사, 철자쓰기 등의 기초를 깨우쳐 주기 위해 그들에게 강제적인 힘을 가하거나 구워삶아야 한다는 사실을 안타깝게 생각한다. 그러므로 가르침이 '아이의 요구'에 맞춰져야 한다고 주장하는 것은 마치 일반적인 상황을 치료하는 방식이 잘 알려져 있고, 그 방법은 탄탄한 경험적 기반을 가지고 있다는 것처럼 들린다. 하지만 '요구'에 대한 개념분석은 낙관주의적인 입장을 조금도 지지해 주지 않는다. 사실, 이것은 어느 정도 교육목적으로 여겨지는 것을 아동 중심적인 방식으로 재진술하는 것이다. 하지만 그것은 동기의 문제는 다루지 않은 채 남겨두고 있다. 요구의 개념분석은 그것이 언제나 가치의 개념을 포함하고 있지만 성격상 모든 요구가 동기를 가지고 있는 것은 아니다.

우리는 어떤 아이가 무엇인가 요구한다고 말할 때, 예컨대 사랑이나 목욕을 원한다고 말할 때, 그것은 그 아이에 관해 어떤 형태의 진단적 표현**을 하고 있는 셈이다. 우리는 (i) 그 아이에게 무엇인가가 부족하다 ―사랑, 목욕― 라든가 (ii) 그에게 부족한 것은 어떤 점에서 바람직한 것이라는 점을 암시하고 있는 것이다. 요구란 어떤 바람직한 조건을 갖추는 데 필요하다. 그런데 그러한 조건을 결정하는 것은 심리학적 연구의 문제라기보다는 윤리적인 가치판단의 문제이다. 바람직함***이란 서로 다른 원천들로부터 생겨난다. 식물이나 산소와 같은 **생물학적** 요구****의 경우 그 바람직함이란, 일반적으로 바람직한 조건으로 받아들여지는 생존의 법칙으로부

---

* The concept of 'needs'
** diagnostic type of remark
*** desirability
**** *biological* needs

터 비롯된다. 사랑이나 안전과 같은 **심리학적** 요구들*의 경우, 여기에 가정된 준칙이란 '정신건강**'의 개념으로 설명될 수 있는 최소한의 기능 수준이다(제3장 3절 b를 보라). 또한 수면과 같은 **기본적인** 요구들***이 있는데, 이 때 지켜져야 할 규칙이란 특정 사회의 삶의 방식에 따라 결정된다. 마지막으로 톱을 찾는 목수, 책에 가까이 가려는 교사의 요구와 같은 **기능적인** 요구들****이 있는데, 이것들은 주로 개인의 역할이나 목적에 의해 좌우된다. 그러므로 목욕하려는 아이의 요구는 사랑의 요구와는 다른 차원의 것이다. 왜냐하면 목욕의 요구는 어떤 특정한 삶의 표준에 영향을 받는 기본적인 요구임에 반해 사랑의 요구는 보편적인 심리적 요구의 한 가지 사례이기 때문이다.

그렇다면 교육의 내용이 아이의 요구에 기초해야 한다고 한다면, 어떤 종류의 요구가 고려되어야 한다는 것인가? 분명히 말하건대, 학교와 같은 특수한 상황에서 가르치고 있는 모든 것들이 아이의 생물학적 요구나 애정 및 안전과 같은 심리학적 요구를 모두 만족시키는 것은 아니다. 왜냐하면 이러한 요구들은 일반적으로 학교 밖에서 제공되기 때문이다. 특별한 경우, 즉 아이들이 가정에서 음식물이나 애정에 굶주리게 된다면, 교사는 부모의 역할을 대신해야 할지도 모른다. 그러나 그가 이러한 일을 하고 있다면 그는 가르치고 있다고 하기보다는 **부모노릇을 하고 있다*****고 봐야 할 것이다. 학교에서 가르쳐지는 것 대부분은 사실 다음 두 가지 요구와 관련되어 있을 뿐이다. 예컨대, 자율성은 영향력이나 강제에 저항할 필요가 있다는 것으로 서술될 수 있다. 이와 같은 요구가 결여되어 있는 것을 어떤 사회에서는 승인된 행동방식으로 여기고 있다. 왜냐하면 아이들이 이러한 성향을 가지고 있지 못하다고 해서 그들이 반드시 정신적으로 병이 든 것은 아니기 때문이다. '요구의 서열'에 대해 언급하려면 최소한 요

---

* *psychological* needs
** 'mental health'
*** *basic* needs
**** *functional* needs
***** *in loco parentis*

구와 관련된 규범들에 차이가 있다는 점에 대해 주의를 기울이지 않는다고 할지라도 요구가 서로 다른 상태에 있다는 점에 관심을 기울여야 할 것이다. 또한 아이는 기초 수학을 배워야 할 필요가 있으며 읽고 쓰는 것을 배워야 할 필요가 있다. 왜냐하면 그가 이러한 기술들을 통달하지 못하게 되면 산업사회의 시민으로서 역할을 제대로 해 낼 수 없기 때문이다. 학교는 이러한 요구들을 충분히 만족시킬 수 있다. 하지만 우리가 교실 가까이 다가갈수록 우리는 이 장의 출발점에 더 가까이 접근하게 된다. 그렇다면 이러한 종류의 '아동의 요구'는 교육목적과 어떻게 다른 것인가? 특수한 의미에서 '교육'이란 지식과 기능을 포함하는 바람직한 마음이 상태를 전달하는 것들로 이루어진다. 이러한 것들은, 이를테면 읽고 쓰는 능력, 셈하기, 자율성, 협동 등과 같은 목적의 맥락에서 해석되어야 한다. 그렇다면 '아동의 요구'에 대한 고려가 어떤 도움을 줄 수 있는 것인가? 우리가 교실에 들어갈 때에 이미 교육목적으로 설정해 놓은 것과 같은 종류의 것이 '아동의 요구'로 나타난다.

　　아동의 요구를 고려한다는 것은 그것이 **동기의** 문제를 다룬다는 점에서 진일보한 것이라고 말할 수 있다. 왜냐하면 요구의 결여는 동기를 불러일으키는 조건이 되기 때문이다. 하지만 이것은 어떤 요구의 경우에만 해당하는 것이다. 예컨대 이것은 어떤 생물학적 요구가 이루어지는 경우에만 해당한다. 만약 어떤 소년에게 산소가 필요하다면 산소의 부족이 산소를 충분히 공급받을 수 있는 바람직한 방향으로 그 소년의 행동을 이끌어가게 될 것이다. 어떤 심리학적 요구 또한 마찬가지일 것이다. 만약 어떤 소년에게 애정이나 안전이 결여되어 있다면, 그는 그것을 얻기 위해 노력할 것이다. 하지만 이것은 사회적 규범과 관련되어 있는 요구의 경우에는 이와는 다르다. 만약 어떤 소년이 목욕을 요구한다고 하더라도 그가 곧장 목욕탕으로 가는 것은 아닐 것이다. 만약 소년이 자율적이기를 원한다 하더라도, 그의 또래 친구들과의 의존적 관계를 포기하지는 않을 것이다. 만약 그가 수학을 배우기를 원한다고 할지라도 당장 계산 문제에 달라붙는 것은 아닐 것이다. 사실 이러한 대부분의 요구가 동기를 불러일으킨다고 할지라도 교육 분야에서 문제 삼을 만한 동기는 아니라는 점이다.

　이러한 관점은 '요구'(要求)와 '욕구'(欲求)*의 차이점을 논하는 또 다른 방식이다. 만약 어떤 사람이 무엇인가를 원한다**고 할 때 일반적으로 그는 이미 자신이 원하는 것이 무엇인지를 알고 있으며, 자신이 바람직한 것을 원하지 않는다고 할지라도 큰 지장이 없는 한 그것을 성취하려고 할 것이다. 이와는 반대로, 어떤 사람이 무엇인가를 요구***할 때, 비록 그에게 바람직한 것이 결여되어 있다고 할지라도, 자신에게 부족한 것이 무엇인지를 알지 못할 수 있으며, 따라서 반드시 그것을 성취하려고 노력하지 않을 수도 있을 것이다. 달리 말하자면, 욕구(欲求)는 늘 동기를 불러일으키지만, 요구(要求)는 가끔씩 동기를 불러일으킨다는 것이다. 교사가 주로 관심을 가지는 요구란 항상 아이들이 일반적으로 원하는 것이 아니라는 점에서, 아이들의 요구를 고려해야 한다는 주장은 부질없는 것이다. 왜냐하면 여기서 논하고 있는 주제가 교육 내용을 결정하는 매우 중요한 문제와 관련되어 있기 때문이다. 이러한 주장은 단지 거짓된 심리학적 가면(假面)****으로 교육의 목표들을 숨기는 것일 따름이다. 이러한 주장은 교사가 교육내용에 대해 가지는 도덕적 책임으로부터 관심을 이끌어내는 교육상황을 심리학적으로 설명하려는 시도를 하고 있는 셈이다. 이러한 의미에서 이러한 주장은 우리가 앞 절에서 개관한 바 있는 진보주의 교육에 어울리는 접근 방식이다.

　하지만 만약에 '요구'의 개념이 교육내용의 경우 불필요한 것이라면, 교육방법의 경우에는 어떤 쓸모가 있다는 것인가? 이와 관련된 요구들이란 오직 바람직한 일의 상태가 결여되어 있을 때 동기를 불러일으키는 조건으로 나타나는 것들이다. 분명히 교사들은 아이들을 굶주리게 하고, 애정을 빼앗고, 아이들의 안전을 위협할 수 있다. 또 그들이 배워야 할 것을 다 배웠을 때에는 이것들을 다시 바람직한 상태로 회복시킬 수도 있다. 하

---

* 'needs' and 'wants'
** wants
*** needs
**** pseudo-psychological cloak

지만 학습을 돕기 위해 그러한 잔인한 외적인 방법을 사용하는 것은 분명히 도덕적으로 문제가 있다. 또한 외재적인 동기, 이를테면 잠재적(潛在的)인 학습방법*을 사용하는 데에도 문제가 있다. 만약 아이들이 늘 그러한 외재적인 조건에 의해서만 배운다면 아이들이 더 이상 무엇을 배울 수 있겠는가? 아마도 아이들은 노력이란 외재적인 보상이 주어지거나 어떤 고통스러운 조건이 완화되었을 때에만이 바람직한 것이라는 점을 배우게 될 것이다. 그렇다면 이것이 과연 교육적으로 바람직한 것이라고 할 수 있는가?

하지만 요구의 만족이 학습의 필요조건이라는 점에서 요구는 또 다른 교수방법과 관련이 있을 수 있다. 이러한 요구는 특수한 교수방법을 결정하는 데 관련이 있다고 하기보다는 오히려 학습해야 할 내용과 관련이 있다고 봐야 할 것이다. 차라리 이러한 요구는 선행하는 조건의 중요성을 강조해야 할 교사가 신중하게 상담을 할 때에 고려해야 할 조건이라고 할 수 있다. 예컨대, 생물학적 요구는 "아이들이 추위에 떨고 있다면 가르치려고 해서는 안 됩니다."라는 조언을 할 때에 필요한 내용이다. 교사는 그가 만족스러운 교수를 해 가기 전에 그러한 생물학적 요구를 고려해야 할 것이다. 이와 마찬가지로 아이들은 애정이나 안전에 대한 불만족스러운 심리학적 요구에서 비롯되는 정서적인 문제들을 안고 있다. 이러한 것들 역시 아이들이 무엇인가를 배우려는 준비를 하기 전에, 즉 '요구'하기 전에 해소되어야 할 것들이다. 또한 교사들은 아이들의 요구를 무시하는 방법으로 아이들을 가르칠 수도 있을 것이다. 교사들은 학습할 수 없는 아이들의 마음 속에 거부의 감정이나 불안감을 불러일으킬 수도 있을 것이다. 이 같은 경우에 아이들의 요구가 무엇인지를 설명하는 일은 학습에 도움이 되는 일반적인 조건들을 확인하려는 교사들에게 좋은 조언이 될 수 있을 것이다. 그러나 그것이 특정한 내용이나 방법을 규정해 주지는 않을 것이다.

그러나 최근에 심리학자들의 관심을 끈 어떤 뿌리 깊은 심리적 요구들이 있다는 논의가 있었다. 물론 이것들은 동기를 불러일으키는 것으로

---

* latent learning

서 학습내용 및 방법과 깊이 관련된 것이다. 이것들은 자극, 새로움, 환경 지배에 대한 요구들로서, 예부터 소위 호기심(好奇心)과 구성 '본능'(本能)과 관련이 깊은 것들이다. 이러한 요구들을 만족시키지 못하게 되면 아이의 발달이 위축되는 것으로 여겨졌다. 하지만 이러한 요구들이 동기의 외적 원천보다는 내적 원천을 제공한다고 할 수 있는데, 이 점에 대해서는 '흥미'(興味)*에 관해 다룬 다음 절 말미에서 좀 더 자세하게 다룰 것이다. 그 때 내적 동기에 대해 깊이 숙고해 보고자 한다.

b. '흥미'의 개념

이와 유사한 애매함이 '흥미'의 개념에서도 발견된다. 왜냐하면 이 개념은 평가적인 의미**와 심리학적인 의미로 해석될 수 있기 때문이다. 교사는, 보호자가 아이의 흥미에 관심을 가지듯이 아이의 흥미에 관심을 가질 수 있다. 교사는 아이를 보호해야 하며 아이에게 유익한 것이 무엇인가를 생각해 봐야 한다. 다른 한편으로 그는 아이가 재미있어 하는 것, 그의 관심을 끄는 것, 즉 아이가 몰두하는 취미와 그를 끌어당기는 일에 대해서도 관심을 가질 수 있을 것이다. 이것이 흥미의 심리학적 개념이다.

교사는 분명히 평가적 의미에서 아이의 흥미에 관심을 가지고 있다. 그는 어느 정도 **부모의 노릇**을 해야 하며 아이의 복지를 돌봐야 한다. 또한 그는 아이가 흥미롭게 여기는 것이 무엇인지, 그리고 아이의 흥미를 불러일으킬 수 있는 기회를 극대화할 수 있는 행동과정이 무엇인지를 고려해야 한다. 이러한 능력을 가지고 교사는 도덕적 결정을 내려야 하지만, 그가 아이의 흥미에 대해 가지는 일관된 행동 과정이 아이에게 아무런 반응도 불러일으키지 못할 수도 있다. 왜냐하면 사람은 흥미를 가지고 있다고 해서 늘 그렇게 행동하지는 않기 때문이다. 예컨대, 어떤 소년은 학교에 머무는 것을 흥미로워 할 수 있겠지만 그렇다고 해서 그가 반드시 학교에 머물기를 원하는 것은 아니기 때문이다. 따라서 '흥미'에 대한 이런

---

* 'interests'
** valuative sense

설명은 교사의 도덕적 책임을 강조하고 있기는 하지만 교육의 동기 문제와는 상관이 없는 것이다.

이와는 반대로 '흥미'의 심리학적 해석은 동기와 관련되어 있지만 교육적 결정과의 관련성은 그렇게 직접적이지 않다. 만약 어떤 아이가 무엇인가에 흥미를 가지고 있다고 할 때 그 아이는 동시에 그것에 주의를 기울인다고 할 수 있다. 그가 가진 흥미는 어떤 사물들에 마음을 쓰는 그런 지속적인 성향이다. 이러한 성향은 그 아이가 취미생활을 하거나 그를 몰두하게 할 때 분명하게 나타난다.

하지만 흥미가 동기와 반드시 일치한다고 할 수 있을까? 이러한 의미에서 교육이 흥미에 기반을 두고 있다고 할 수 있을까? 이러한 흥미가 교육의 **내용**을 결정할 수 있을까? 결코 그렇지 않다. 왜냐하면 아이들은 교육적으로 바람직하지 않은 다양한 흥미를 가지고 있기 때문이다. 이를테면 자전거펌프로 개구리에게 공기를 불어 넣는 것과 같은 흥미를 가지고 있다. 또한 아이들이 가진 흥미는 어린 시절에 산발적으로 나타났다가 점차 사라지는 경향이 있다. 흥미를 계속 가지고 있도록 하는 일이 그것에 관심을 가지도록 하는 일보다 교육적으로 더 큰 문제라고 할 수 있다. 아이가 어렸을 때 배워야 할 가장 중요한 것들 중의 하나는 그가 시작한 일을 마무리하도록 하는 것이다. 아이가 이러한 일을 배우지 못하게 되면 그 아이는 활동을 할 때 단정하지 못한 행동을 할 것이며 처음 가졌던 관심이 시들어 버리거나 우연히 어떤 어려움에 직면하게 되면 그것을 포기해 버리는 경향을 가지게 될 것이다. 아이는 현재 지향적으로 살아가려고 할 것이며 일시적인 유행에 빠져드는 인간으로 성장해 갈 것이다. 또한 아이들이 가지는 흥미 대부분은 사회적으로 획득된다는 경험적 관점이 있다. 아이들은 흥미를 자신의 부모, 동료, 그리고 매스 미디어를 통해 획득한다. 만약 교사가 흥미가 있는 무엇인가를 가지도록 아무런 권고를 하지 않는다면, 아이는 단지 형식적으로 책임을 지려고 할 것이며, 따라서 이것은 교육에 대해 반감(反感)을 가지도록 하는 다른 원천에서 흥미를 얻도록 내버려두는 셈이 된다.

　물론 아이가 흥미를 가진다는 것이 교육적인 가치가 있다고 할 수 있다. 흥미와 관련해 이해의 깊이와 폭을 발달시킨다는 것이 교육과정(敎育課程)을 구성하는 분명한 방법이라고 할 수 있다. 왜냐하면 아이는 이 길을 통과하여 무리 없이 그리고 열심히 탐구해야 할 다른 영역으로 들어갈 수 있기 때문이다. 하지만 아이는 아무런 흥미가 없지만 그래도 배워야 할 필요가 있는 것들이 있다. 따라서 교육과정에 언제 들어가야 할 것인가 하는 것과는 달리 교육과정 자체는 아이가 가진 흥미에 의해 결정될 수 있는 것이 아니다.

　가르치는 과정에 있어서 아이들의 흥미를 고려해야 한다는 주장은 교수내용과 관련이 깊다기보다는 **교수방법**과 관련이 더 깊다. 사람들을 가르치고 있다는 점을 보증하는 두드러진 특징들 중의 하나는 사람들에게 단지 강의하는 것과는 다른 것으로서, 교사는 학습자가 존재하는 곳에서 출발을 해야 하며 이러한 관점에서 학습자를 이끌어 가기 위해 노력해야 한다는 것이다. 이것은 우리가 발단단계에서 강조해야 할 가장 중요한 측면 중의 하나이다. 이 점에 대해서는 다음 장에서 다루고자 한다. 이것은 동기의 측면에서도 마찬가지라고 할 수 있다. 아이들이 현재 가지고 있는 흥미란 아이들이 결코 꿈꿔본 적이 없는 영역에서 흥미를 가지도록 하는 출발점으로 이해될 수 있다. 이것은 다음 두 가지 방식으로 이루어질 수 있다. 첫째, 흥미의 발달은 이미 고든 올포트(Gordon Allport)가 제시한 바 있는, 소위 수단이 목적이 될 수 있음을 암시하는 '기능적 자율성*'의 원리에 따라 이루어질 수 있을 것이다. 아이들은 자신들이 관심을 가지는 것들, 예컨대 쇼핑하는 일, 상품을 평가하는 일 등에 필요한 활동들을 이해하기 위해 산수를 공부하고 읽기를 배워야 한다는 설득을 당할 수도 있다. 하지만 일정 기간 동안 공부를 하고 나면 아이들은 그 자신을 위해서 기꺼이 산수를 공부하고 읽을거리를 읽을 것이며, 외적 유인(誘因)이 없어도 그것들에 몰두할 수 있을 것이다. 둘째, 그들은 자신들이 즐기고 있는 것들과 관련된 것들에 스스로 관심을 가지게 된다는 점을 깨닫게 될 것이다.

---

* 'functional autonomy'

사실 그들이 처음에 목표했던 바가 점차 그것을 달성하기 위한 수단으로 바뀌어 나갈 것이다. 이를테면, 아이들은 처음에 자전거 타기를 즐길지도 모른다. 이 일은 아이들을 익숙하지 않은 낯선 시골로 이끌지도 모른다. 그 결과 새로운 흥미가 생겨날 수 있으며, 결국 자전거 타기는 그것을 추구하는 수단에 지나지 않게 될 것이다. 아이들은 결국 자전거에 관해 신경을 쓰지 않으면서 흥미를 추구하게 될 것이다.

이 두 가지 사례에서 현재의 흥미가 교육적으로 중요하건 중요하지 않건 교육적으로 중요한 어떤 것에 흥미를 가지도록 이끌어주는 것으로 여겨진다. 그러나 이것은 동기의 측면에서 볼 때 효과가 있을 뿐만 아니라 교육적으로도 중요한 활동이 무엇이냐 하는 중요한 동기의 문제를 불러일으킨다. 어떤 특성을 지니는 활동들이 아이들로 하여금 그들 자신을 위하여 스스로 그 활동에 흥미를 갖도록 이끌어 줄 것인가? 요리하기나 산수문제 풀기 또는 아이들을 매혹시키고 몰입하게 하는 시 쓰기나 시 듣기는 어떠할까? 이 점에 대해 많은 것을 알면 알수록 아이들이 그것들에 관심을 가지도록 효과적인 접근을 해 갈 수 있을 것이다. 아이들이 그러한 흥미를 거쳐 그것들에 이르게 하는 통로가 너무 자주 사용되어서는 안 될 것이다.

동기심리학에서 고전적인 요구저감이론(要求低減理論)들*은 모든 측면에 걸쳐 인간 동기이론을 제공할 수 있다고 주장한다는 점에서 다소 시대에 뒤떨어져 있다고 할 수 있다. 오늘날에는 배워야 할 것들이 생물학적 요구와 관련되어 있다는 점에서 모든 것을 배울 수 있는 것은 아니라는 주장이 널리 받아들여지고 있다. 인간적 차원에서 볼 때 '내적 동기'**가 중요하다. 인간존재란 호기심을 가지고 있으며, 일을 통달하기를 좋아하고 사물을 구성하기를 좋아하며 성취의 요구를 가지고 있다. 학습이란 사물을 발견하고 문제를 해결하며, 불일치***를 제거하는 데 있어서 그 자체의 동기를 가지고 있는 것으로 여겨져 왔다. 외적 동기를 가지고는 이러한 활

---

* theories of need-reduction
** 'intrinsic motivation'
*** incoherence

동을 설명해 낼 수 없다. 하지만 이러한 동기의 형식을 아이들에게 심어주려고 한다면, 아이들이 특정 발달단계에서 배워야 할 것의 특징들에 대해 보다 상세하게 알아야 할 필요가 있을 것이다. 교사가 이러한 내적 동기의 속성에 대하여 보다 많은 것을 알게 된다면, 그는 아이들이 배움에 대한 흥미를 가지도록 하려고 할 때에 시행착오를 겪지 않을 것이다.

　　이 책에서 주장하는 관점에서 볼 때 현대 동기 이론에서 동기의 인지적 특징이 강조하는 바가 인지적 갈등에 관한 것이건, 부조화나 자극에 관한 것이건, 그것은 나름대로 중요한 의미를 가지고 있다. 우리가 '경험양식*'이라고 부른 것에 대해 상세하게 논의할 이 책 제3, 4장에서 우리는 '인지란 분명하게 구별되는 양식으로 규정할 것이다. 그러므로 전문적이고 과학적인 부조화나 자극의 형태를 도덕적이고 미학적인 이해와 구분하는 것이 중요하다. 나아가 동기의 특징에 관한 지식은 최소한 부분적으로 이러한 상이한 경험양식에서 통달해야 할 것이 무엇인가 하는 내용 분석에 영향을 받게 될 것이다. 또한 상이한 경험양식의 특징인 평가와 성취에 있어 아이들의 흥미를 어떻게 불러일으키고 자극할 것인가 하는 문제가 남아 있다. 예컨대, 과학의 경우 아이들은 사실을 어떤 방식으로 올바르고, 분명하며, 정확하게 파악해 가는 것일까? 아이들은 어떻게 부적절한 것, 불일치하는 것, 그릇된 것을 싫어하게 되는 것일까? 도덕적인 영역에서 정의감이 어떻게 발달하는 것일까? 산발적으로 생겨나는 동정심이 어떻게 인간존중(人間尊重)**으로 발전하며, 동물에 대한 주의가 어떻게 보다 반성적인 사려(思慮)***로 발전하는 것일까? 다양한 경험 양식의 기능에 중요한 역할을 하는 '합리적 정열(情熱)****'의 발달에 관해 알려진 것은 아무 것도 없다. 이 책에서 우리가 교육의 핵심을 이루는 지식과 이해의 발달이 가지는 중요성을 강조할 때 그러한 발달의 인지적이고 정의적인 측면이 서로 관련이 깊다는 점을 깨닫게 된다. 우리는 교육에 있어서 동기 요인들을 강조

---

* 'modes of experience'
** respect for persons
*** reflective prudence
**** 'rational passions'

하였던 진보주의자들에게 공감한다. 왜냐하면 그들은 이러한 동기 요인들을 다루는 과정에서 아이들의 요구와 흥미를 논의의 초점으로 삼았기 때문이다. 하지만 우리는 교육에 있어서 중요한 역할을 하는 이러한 종류의 동기가 그것의 인지적 요소에 주의 깊은 관심을 기울이지 않는 한 이해할 수 없는 것이라고 굳게 믿고 있다. 다음 장에서 우리가 발달에 대한 진보주의자들의 강조점을 비판할 때에도 이와 비슷한 결론에 이르게 될 것이다.

5 교육의 윤리적 기초

첫 장에서 개념분석이란 어떤 의미에서 모든 것을 있는 그대로 놓아두는 것이라고 강조한 바 있다. '요구'나 '교육'과 같은 개념을 다른 용어로보다 명료하게 하는 일이 그 자체로서 저것이 아닌 이것을 행하는 결정적인 이유를 제공하지는 못한다. 하지만 만약 개념이 분석할 만한 가치가 있는 것이라면, 그것을 명료하게 함으로써 우리는 당면하게 될 설명이나 정당화의 문제를 보다 명확하게 할 수 있을 것이다.

'요구'의 개념에 대한 분석은 이러한 점을 잘 설명하였다는 생각이 든다. 요구란 불가피하게도 애매한 뜻을 가진 평가적 개념임을 밝혔다. 왜냐하면 요구란 바람직한 조건의 부재(不在)를 나타내기 때문이다. 그것이 바람직한가 아니면 바람직하지 않은가는 상이한 형태의 기준들*에 의해 가려질 수 있다. 그 기준들이란 생존에 관한 것인가, 정신건강에 관한 것인가, 아니면 특정한 사회에서의 승인(承認)에 관한 것인가? 분석이란 요구진술 이면에 깔려있는 가치판단을 밝히는 데 도움을 줄 수 있다. 하지만 그 자체로서 그것들을 정당화하는 데는 별로 도움을 주지 못한다. 이러한 맥락에서 분석은 도덕철학의 서문(序文)** 구실을 할 뿐이다.

또한 우리는 아동 요구에 관한 진술들이 교육내용 결정과 관련이 있

---

* criteria
** prolegomenon to moral philosophy

는 한 그것들은 교육목적에 관한 결정을 아동 중심적인 방식으로 내리는 것에 지나지 않는다는 주장을 한 바 있다. 그러므로 우리는 이 장 첫머리에서 논의하였던 '교육'이 뜻하는 바가 무엇이며 '목적'이 그것과 어떤 관계가 있는가를 분석하는 문제로 되돌아가게 된다. 이 분석에서 우리가 특수한 의미를 가지는 교육에 관심을 가지는 한, 우리는 지식과 이해를 포함하는 바람직한 상태의 발달을 돕는 과정에 헌신하고 있는 것이라는 제안을 했었다. 하지만 어떤 상태가 바람직하다는 점을 어떻게 결정할 수 있는가? 지식과 이해가 바람직함의 특징으로 받아들여지는 까닭이 무엇인가? 이미 자율성이란 진보주의적 접근방식이 내세우는 목적이요, 학교가 충족시켜야 할 아동 요구들 중의 하나라는 점을 설명한 바 있다. 하지만 자율성이란 어떤 근거 위에서 바람직한 상태로 받아들여지는 것일까? 이와 마찬가지로 우리가 과학과 시작(詩作)을 교육과정에 넣는 반면에 점성술(占星術)과 동전치기*를 교육과정에 넣지 않는 이유는 무엇인가? 우리가 사람들을 교육하고 있기 때문에 이와 같이 한다고 말하는 것은 현명하지 못한 것이다. 왜냐하면 문제가 되는 것은 교육의 정당화(正當化)에 관한 것이기 때문이다. 개념분석은 교육에 대한 이런 노력 속에 담긴 것이 무엇인가를 분명하게 하는 데 도움을 줄 수 있다. 하지만 그것은 그 자체로서 그러한 노력을 밖으로 드러내는 데 도움을 주는 윤리적인 문제에 대해 답을 주기는 어려울 것이다.

　　하지만 교육이란 윤리적인 문제를 야기시키는 내용과 목적을 포함하고 있다. 뿐만 아니라 교육은 아이들을 다루는 방식에 영향을 주는 다양한 원리들에 깊이 스며들어 있는 방법과 절차를 포함하고 있다. 예컨대, 아이들의 요구에 따라 학습시켜야 할 것을 연결 짓는 과정에 포함된 내재적 동기의 유형을 다루면서 우리는 이러한 방식으로 아이들을 다루는 것이 도덕적으로 바람직한가에 대해 의문을 품게 된다. 민주주의 신봉자로서 우리는 아마도 공정성, 자유, 인간존중**과 같은 원리들에 비추어 우리와

---

* shove-halfpenny
** fairness, and freedom and respect for persons

아이들의 관계를 정립시켜야 한다고 생각한다. 우리는 기교로서의 교화(敎化)와 조건화(條件化)를 못마땅하게 생각한다. 또한 우리는 이러한 원리들이 아이들을 다루는 태도를 형성하는데 있어서뿐만 아니라 그들 자신을 이해하고 그 자신의 것으로 만들어 가는 도덕교육 내용의 일부로서 중요하다고 생각한다. 하지만 이러한 원리들이 어떻게 보이든지 간에 그것들에 대한 정당화의 문제는 남게 된다. 공정성을 믿는 사람이 어찌 누군가를 차별대우하라는 결정을 지지할 수 있을 것인가? 자유를 사랑하는 사람은 획일성과 복종만을 강조하는 절친한 독재자에 맞서 어떤 반대 논의를 전개할 수 있을 것인가? 또 사람들은 서로 다른 삶의 양식과 각기 다른 도덕적 전통 속에서 자랐기 때문에 어떤 하나의 생활양식이 다른 생활양식보다 더 낫다고 말할 근거가 없는 것인가?

　　자신이 직면하고 있는 교육문제를 보다 분명하게 해결하기를 원하는 교사는 도덕철학과 사회철학 분야에서 이와 같은 질문들을 던져야 한다. 만약 이 장에서 소개된 바 있는 '교육'과 다른 개념들에 대한 분석이 어떤 답을 요구하는 도덕적인 질문을 끄집어내는 데 무언가 도움을 주었다면, 필자들은 이루고자 했던 여러 가지 목적들 중 어느 하나를 이루어 냈다고 할 수 있겠다. 저자들은 어떤 분명한 도덕적 관점을 이러한 접근방식 안에 은연중 담기는 했지만, 이것을 정당화하는 것이 이 책의 본래 의도는 아니라는 점을 의식하고 있다.

　　그러나 아직까지도 여러 가지 문제가 남아 있다. 즉 특수한 '교육' 개념 위에 세워진 지식과 이해가 중요하다고 할지라도, 그것이 자유, 공평성, 인간존중과 같은 민주적인 원리들과 마찬가지로 정당화될 수 있는가 하는 문제들이 남아 있다. 이러한 원리들은 아이들을 다루는 데 있어서 옹호할 만한 가치를 가지는 것으로 받아들여지고 있는 것들이다. '발달', '교수', '사적 관계', '권위', 그리고 '훈육'과 같은 개념들에 대한 분석이, 교사가 다루어야 할 교육문제들을 밝히는 데 도움을 줄 수 있기를 바란다. 그것들(앞의 개념들)을 교육적인 것으로 만드는 것이 무엇인가에 대한 앞선 분석은 앞으로의 분석을 통해 드러날 특징을 밝히는 데 기여하게 될 것이다.

제 3 장

발 달

THE · LOGIC · OF · EDUCATION

발 달

서 언

　앞 장에서 강조한 바와 같이 진보주의 교육은 아동의 발달단계 및 흥미와 관련된 학습의 중요성을 강조했다는 점에서 전통적인 체계에 대해 가장 쓸모 있는 반론을 제기하였다. 또한 진보주의 교육의 생물학적인 접근은 교육의 가치 특성과 교사의 지시적 기능을 약화시켰다. 이러한 가치 특성과 지시적 기능은 전통적인 교사들이 지나치게 권위주의적인 방식으로 강조했던 것이다. 하지만 우리는 공적 경험양식*의 역할을 드러냄으로써 권위주의적인 교육개념과 아동중심적인 교육개념 간의 종합이 가능하다는 제안을 했었다.

　교육에 대한 이러한 대조적 접근방식이 아직도 일선 학교와 교원양성기관에 존재하고 있다. 이런 곳에서 활동하고 있는 교과전문가는 자신의 과업을 전문지식 발달의 측면에서 바라보고 있다. 그 밖의 교사들, 특히 초등학교 교사와 교원양성기관의 교육학과 강사들은 개인으로서 아동발달이 중요하다고 주장하고 있다. 또한 그들은 교육에 대한 교재중심의 접근법이 개인의 발달을 이끌기에는 인위적이며 장애가 된다고 주장한다. 앞

---

* public modes of experience

에서 논의했던 것처럼, 교육이란 아동의 발달에 기반을 두고 있어야 한다는 것이다. 이를 좀 더 상세하게 설명해 보자면, 앞 장에서 설명한 바와 같이 공적 경험양식은 교육의 가치 측면을 정당화시켜 줄 뿐만 아니라 전문지식과 개인적 발달에 대한 상반된 강조점을 보다 적절한 관점으로 채택할 수 있는 방식으로 이 두 가지 접근방식을 조화시킬 수 있다는 것이다. 그러므로 이 장에서는 '발달'의 개념을 이러한 목적에 비추어 비판적으로 그리고 건설적으로 검토해 볼 것이다.

1 발달의 개념

'발달'이란 시간의 차원에서 볼 때 역행(逆行)할 수 없는* 변화를 의미하며, 방향성을 가지고 있다는 것을 그 특징으로 하고 있다. 해리스(D. B. Harris)가 편집한 책(더 읽어야 할 문헌들)에 글을 기고했던 어네스트 네이글(Ernest Nagel)은 발달에 대한 짜임새 있는 기준들을 제시한 바 있다. 이 기준들은 잠재력이 실현되는 과정, 예컨대 사진촬영이나 참나무의 생장과 같은 경우에서 아이디어를 얻는 것이다. 즉 그는 발달의 기준으로, (a) 선행 구조**, (b) 저절로 '전개'되거나 외부 기관들로부터의 도움으로 보다 활성화되거나 역행될 수 없는 과정, (c) 과정의 최고점으로서의 어떤 최종 도달 상태***를 제시하고 있다. 진화론의 영향으로 생물학에서 말하는 최종 도달 상태란 자기유지를 위한 능력으로 이해되고 있으며, 더 높은 수준의 작용을 통합하는 기능의 복잡성과 분화(分化)****로 이해되고 있다.

신체적인 수준에서 이러한 개념을 인간에게 적용할 때 이러한 짜임새 있는 기준들을 사용하는 데는 그리 큰 문제가 없다. 왜냐하면 기본적인 생물학적 기능을 가진 인간의 신체란 이러한 방식에 따라 발달하기 때문이

---

* irreversible
** pre-existing structure
*** end-state
**** differentiation

다. 그러나 문제는 이러한 개념이 정신수준에서의 기준들에 적용될 수 있느냐 하는 점이다. 따라서 이러한 기준들을 차례로 살펴볼 필요가 있다. 즉 이 기준들이 정확한 방식으로 정신적인 발달에 적용되기 때문이 아니라 이것들이 어디에 적합하고 적합하지 않은가를 이해하기 위해 우리는 '인간발달'에 대한 기본적인 윤곽을 차례로 밝혀볼 필요가 있다.

a. 기존 구조*

'구조'란 부분이나 요소들 간의 관계를 의미한다. 이것을 잘 보여주는 분명한 사례로 가옥의 구조와 같은 공간적 관계**를 들 수 있다. 하지만 정신구조***에 있어서는 그 요소들이 신체적인 것이 아니며 따라서 그 관계라는 것도 공간적인 것이 아니다. 그렇다고 해서 이것은 '구조'의 개념이 전혀 적용될 수 없음을 뜻하는 것은 아니다. 왜냐하면 어떤 논리적인 관계를 개념과 명제들 사이에서 찾으려고 할 경우 우리는 논리적 구조에 대해 얼마든지 말할 수 있기 때문이다. 이러한 종류의 것은 '정신구조'의 경우에 적합한 것이라고 할 수 있을 것이다.

'정신적'이란 말은 아마도 이해, 바람, 정서와 같은 의식 양태들****의 맥락에서 이해될 수 있는 것이다. 정신구조에 대해 언급한다는 것은 이러한 상이한 의식의 양태가 논리적이거나 개념적인 관계망*****을 가지고 있다는 것을 암시하는 것이다. 다음과 같은 것이 바로 이 경우에 해당하는 것이라고 할 수 있다. 예컨대, 사물을 이해할 때에 그 사물들을 다양한 종류로 분류하는 규칙들이 있기 마련이다. 즉 '벌'(罰)이라는 말을 사용할 때에는 '고통'이라는 말과 관련지어 그것을 사용하는 규칙이 있으며, 변화를 해석하는 규칙, 이를테면 비누나 얼음과 같은 물질의 변화의 경우에 이를 설명하는 인과적 원리와 같은 것이 있기 마련이다. 무엇인가를 원한다고

---

* *pre-existing structure*

** spatial relations

*** mental structure

**** modes of consciousness [역자주] modes는 흔히 양식(樣式)으로 번역되나 여기서는 문맥을 고려하여 양태(樣態)로 번역하였다.

***** network of relationships

할 때에 우리는 경험에 비추어 수단-목적 구조*를 생각하게 된다. 또한 의식의 양태란 개념적으로 서로 관련이 되어 있다. 누군가가 무엇인가를 원한다고 할 때, 예컨대 다른 직업을 원한다고 할 때에 그는 그 직업에 대한 자신의 믿음을 나타내는 생각을 가지고 그것을 원하게 되는 것이다. 즉, 일이 보다 재미가 있다거나 뜻이 맞는 동료들을 더 많이 만날 수 있을 것이라는 이유로 다른 직업을 원할 수 있을 것이다.

인간적인 수준에서 볼 때 변할 수밖에 없는 어떤 정신적인 구조가 있다는 주장이 오히려 솔직한 것이다. 하지만 **기존의** 정신구조 방식 안에 얼마나 많은 것들이 담겨 있느냐 하는 것은 별개의 문제이다. 그러한 가능성을 논한다는 것은 플라톤 시대로부터 데카르트(R. Descartes), 로크(J. Locke), 라이프니치(G. W. Leibniz), 칸트(I. Kant)를 거쳐 촘스키(N. Chomsky)가 다룬 주제에 대한 최근의 고찰에 이르기까지 본유관념(本有觀念)**에 관한 논쟁의 핵심을 다루는 것이다. 하지만 만약에 우리가 정신발달에 관해 양심껏 말한다면, 이러한 논쟁에 개입할 필요는 없을 것이다. 왜냐하면 구조라는 것이 이미 존재한다는 주장은 주로 식물학이나 생물학과 같은 경우에 있어서나 그럴 듯하게 들리기 때문이다. 분명한 사실 하나는 교육이론에 있어서 아동발달 운동이 인간 발달을 유치원(幼稚園)이라는 메타포***를 가지고 식물 발달과 동일시한다는 점이다. 하지만 오늘날 이러한 성숙이론 혹은 발달이론을 지지하는 사람은 거의 없다. 따라서 기존 구조의 첫 번째 조건이 충족되지 않으면 '발달'의 개념이 사람에게 적용될 수 없다고 주장하는 것은 자의적(恣意的)인 것처럼 보인다.

b. 계열적인 과정****

한편 역행 불가능한 종류의 계열 과정들에 대한 네이글의 두 번째 기준은 '발달' 개념에 있어서 훨씬 핵심적인 것처럼 보인다. 우리가 정신발

---

* means-end structure
** innate ideas
*** metaphor
**** *sequential processes*

달에 관해 언급하려고 할 경우 그러한 구조상의 변화 계열을 어떻게 이해해야 할 것인가? 그러한 계열은 신체 성장의 수준에 포함되어 있는 계열과는 판이하게 다른 것이다. 참나무가 되는 과정에 있는 도토리는 계열과정에서 발견되는 기능양식과 더불어 물리적 형태와 구조에 있어서 다양한 변화를 겪게 된다. 유기체와 그 환경과의 물리적이고 화학적인 작용으로 인해 변화가 일어난다. 그것을 성장시키는데 사회적인 영향이란 미미한 것이다. 도토리는 명령, 지시, 설명 등과 같은 것에 반응하지 않는다. 이와는 달리 인간적인 수준에서 발달의 단계는 물리적인 형태와 구조의 맥락에서가 아니라 실현하고자 하는 이해와 욕구의 수준에서 설명될 수 있으며, 개인이 그러한 단계들을 밟아가고 있는 방식은 학습의 맥락에서 서술될 수 있다. 정신발달의 한 수준에서 다른 수준으로의 변화는 결코 기계적으로 서술될 수 없으며, 심지어 피아제(J. Piaget)가 사용했던 동화(同化)와 조절(調節)*이라는 생물학적 모형으로 서술될 수 없다. 동화와 조절이란 은유적으로 사용될 수 있을 뿐이다. 왜냐하면 한 아이가 새로운 일을 자신의 기존 개념 구조에 동화시킴으로써 그것을 대한다고 할 수 있는데, 이때 그는 문자 그대로 어떤 유기체가 음식을 동화시키는 방식처럼 그것을 동화시키는 것은 아니기 때문이다. 새로운 일이 현재의 구조와 동떨어져 있기 때문에 자기의 개념을 조정하고 바꾸는 과정은 문자 그대로 생물학적 수준에서의 동화의 과정과 같다고 할 수 없다.

　게다가 식물의 물리적인 환경이 그것의 발달에 영향을 준다고 할지라도 그것을 구성하는 것은 아니다. 토양이나 햇볕이 식물의 체계에 스며들수는 있겠지만 식물이 토양이나 햇볕처럼 될 수는 없는 일이다. 이와는 반대로, 정신적인 경우 발달의 **내용** 대부분은 사회적 환경에 의해 제공된다. 아이들은 다른 사람들을 모방한다. 또한 우리가 교수 과정이라고 부르는 것은 대체로 어떤 종류의 내용 —믿음, 규칙, 행동방식— 을 학습자가 자신의 것으로 만들어 나갈 수 있도록 이러저러한 방식으로 나타내고 지적하고 계획하는 것이라는 사실을 지니고 있다(제5장을 보라). '자신의 것으로

* assimilation and accommodation

만들어 나간다'라는 말은 사람에게 의미 깊은 것이다. 왜냐하면 인간이란 결단과 선택을 통해 부분적으로 발달해 가기 때문이다. 인간은 어느 정도 스스로를 만들어 가는 존재이다. 이러한 설명은 동식물의 수준에서 볼 때 매우 부적절한 것이다.

c. 최종 도달 상태*

인간의 수준에서 어떤 점이 동·식물 발달의 최종 도달 상태를 보여 주는 다 자란 큰 참나무나 코끼리에 해당한다고 할 수 있는가? 인간의 삶은 대단히 크고도 다양한 발달 가능성을 제공할 수 없는 것인가? 그리고 이러한 가능성이란 한편으로 문화적 압력의 영향을 받고, 다른 한편으로는 개인적 선택의 영향 ―동·식물 수준에 적용할 수 없는 요인들의 영향― 을 받는 것은 아닌가? 또한 최종 도달 상태에 대해서 우리가 가지고 있는 개념은 사실상 어쩔 도리가 없는 가치 내재적인 특징을 가지는 것은 아닌가? 발달이론에 있어서 이러한 가치판단은 아놀드 게젤(Arnold Gesell)의 경우에서처럼 분명해 보인다. 일찍이 게젤은 미국의 훌륭한 민주시민으로 여겨지는 한 작은 본보기에 기반을 둔 이상(理想)을 인간발달의 패러다임으로 인식하였다. 반면에 필립 리이프(Phillip Rieff)가 밝힌 것처럼(Rieff, P. Freud, *The Mind of the Moralist*, Viking Press, 1959), 프로이트(S. Freud)의 경우 그러한 이상이 잘 드러나지 않는 경우가 있는데, 프로이트는 신중한 이기주의자, 즉 대체로 만족의 정도를 잘 계산해 결정을 하는 사람을 이상적인 인간상으로 생각하였다.

그런데 특정 문화 가치에 관련되지 않는, 즉 보편적인 인간발달의 최종 도달 상태에 대해 생각해 볼 수 있지 않을까? 이러한 질문은 생물학적 영역에서 이끌어낸 논의를 바탕으로 인간발달에 관한 보다 만족할 만한 설명을 하지 않고는 답할 수 없을 것이다. 피아제(J. Piaget)와 콜버그(L. Kohlberg)의 인지단계이론이 여러 가지 측면에서 부적절하기는 하지만 이들의 이론은 가장 도움이 되는 대안들이다. 따라서 이러한 이론은 이 장

* the end-state

처음에서 제기했던 문제들에 대한 답을 찾는 방법으로 사용될 수 있을 것이다.

2 인지발달이론

콜버그(콜버그에 대해서는 '더 읽어야 할 문헌들'을 참고하라)는 발달에는 어느 문화에서든지 일관되게 나타나는 불변(不變)의 계열*이 있다고 주장한다. 예컨대, 그는 어떤 문화에서든지 아이들은 처음에 꿈과 실제 사건을 구별하지 못한다는 증거를 제시한다. 아이들은 꿈이란 현실이 아님을 알게 되고, 꿈이란 다른 사람에 의해 보이는 것이 아니라 꿈을 꾼 사람 내부에서 이루어지는 것이라는 점을 알게 된다. 그런 다음 아이들은 사고와 같이 비물질적인 사건이 꿈을 꾼 사람에 의해 생겨난다는 점을 알게 된다. 콜버그는 이러한 계열에 관련된 관점, 즉 모든 사람들이 따라야 하는 발달계열에 관련된 두 가지 관점을 제시한다. 첫째, 그는 이러한 계열이 성인 가르침의 맥락에서는 설명될 수 없다고 주장한다. 왜냐하면 성인들이 꿈에 관해 무엇인가를 가르칠 때에는 후기 단계에 적합한 꿈에 관한 개념, 즉 초기 단계에서 아이들이 어떻게 이해했는지를 설명할 수 없는 꿈에 관한 개념을 사용하는 경향이 있기 때문이라는 것이다. 또한 성인들이 꿈에 관해 다른 믿음을 지닌 문화권 안에서도 비슷한 계열이 발견된다는 것이다. 둘째, 콜버그는 꿈과 관련된 발달단계가 상이한 순서를 가지고 있지 않다고 주장한다. 이는 '비현실적', '내적', '비물질적인' 것과 같은 개념들과 서로 관련이 되어 있으며 너무 복잡하여 설명하기 어렵다는 것이다.

a. 사고형식의 불변계열**

물론 피아제는 개념들 간의 관계에 의존하는 불변의 순서에 관한 주

---

* invariant sequences
** invariant sequences in forms of thought

장을 수학 및 기초 물리학, 좀 제한적이기는 하지만 도덕영역에까지 확대하여 설명하였다. 콜버그는 이러한 주장을 도덕분야에서 체계화하였다. 그가 주장하기를, 도덕적 신념의 내용에 있어서 문화 간에 차이가 있기는 하지만, 그 **형식**의 발달은 문화를 초월하여 변하지 않는다는 것이다. 달리 말해 건전하게 살아야 할 것인가 아니면 혼외 성관계를 가질 것인가에 대해서는 문화 간에 차이가 있을 수 있지만 그러한 규칙을 어떻게 인식하느냐 ―예컨대, 처벌을 피하기 위한 방식 혹은 권위에 따른 규칙의 제정 방식― 와 관련해서는 문화를 초월하는 불변성*이 있다는 것이다. 콜버그의 주장에 의하면, 아이들은 처음에 규칙들을 힘과 외부 강압에 의한 것으로 인식한다. 그런 다음 규칙들을 자신들의 욕구를 보상해 주거나 만족시켜 주는 도구로 여기며, 규칙들을 사회적 승인이나 존경을 얻기 위한 방법으로, 또 그것들을 어떤 이상적인 질서를 지지하기 위한 것으로, 결국 다른 사람들과 함께 살아가는데 필요한 사회적 원리들을 규정해 놓은 것으로 인식한다. 규칙에 부여된 다양한 내용들은 규칙 인식의 불변적 형식에 맞춰지게 된다. 물론 문화에 따라서는 최종 단계에 이르지 못하는 경우도 있고, 발달의 속도가 문화마다 다를 수 있으며, 같은 문화라고 할지라도 개인차가 큰 경우도 있을 수 있다. 이러한 그의 모든 것이 받아들여지거나 설명될 수 있을 것이다. 하지만 콜버그 주장의 핵심은 규칙 인식의 수준에서 이러한 계열이 도덕발달을 구성한다는 것과 문화적 불변성을 가진다는 것이다. 뿐만 아니라 역할 수행 단계와 관련이 있는 개념상의 관련성 때문에 그것이 다른 어떤 순서로는 나타나지 않을 수 있다는 것이다.

그것이 가르침의 결과가 아니라면, 콜버그는 이와 같은 형태의 발달이 어떻게 이루어진다고 생각하였는가? 그는 성숙이론(成熟理論)들**을 별로 쓸모없는 것으로 거부하고 있다. 그는 다양한 형태의 사회이론을 논박하기 위한 증거를 제시하고 있다. 또한 그는 규칙을 인식하는 형식이란 특

---

* cross-cultural uniformities
** maturation theories

정 경험에 주어지는 본유적 틀*이라는 칸트의 견해를 거부하고 있다. 피아제와 마찬가지로 그는 규칙이란 아동과 사회 · 물리적 환경과의 상호작용의 결과라고 주장한다. 따라서 발달이란 개인이 물리적이고 사회적인 환경에 대한 지각에 의해 주어지는 내용을 인식하는 방식을 재구성하는 특징을 가진다. 인식구조에서의 이러한 변화는 인식 대상과의 접촉뿐만 아니라 다른 사람들에게서 받은 자극에 의해 일어난다. 그러나 이러한 변화는 직접적인 수업에 의해 일어날 수 없는 것이다.

　발달에 관한 이러한 상호작용 이론은 도덕분야에도 적용된다. 콜버그는 발달단계가 아이들에게 사회생활을 구성하는, 자신과 타인과 규칙에 관한 그들의 개념 형성에 있어서 문화적으로 불변의 계열을 나타내고 있다고 생각한다. 사회 도덕적인 이해란 다른 인지발달 형식과 **보조를 맞추어**** 발달한다. 아이가 물리적 환경과 접촉하면서 시공간 안의 다른 대상들과 인과적 관계를 가지는 대상의 맥락에서 그 환경을 구성하도록 자극받고, 실제적인 것과 현상적인 것을 구별하게 되며, 나아가 점차 세계의 질서를 소개하는 추상적인 방식을 파악해 나가듯이, 도덕영역에서도 아이는 사회 규칙들을 원리들, 특히 정의의 원리와 연결시키게 된다. 이러한 규칙들이란 한 개인이 다른 사람과 유사하기도 하고 혹은 다른 사회적 존재로서 함께 살아가기도 하고 자신의 주장을 만족시키려고 할 때 획득하게 되는 것들이다. 발달과정에서 나타나는 단계들은 내용에 있어서의 큰 변화보다는 사회적 관계를 규정하는 규칙들에 관한 사고의 **형식들**** 안에서의 변화에 의해 영향을 받는다.

　도덕발달에 영향을 주는 요인들에 대한 콜버그의 이론은 도덕발달의 기초가 되는 수업과 발견을 조화시키는데 상당한 기여를 하는 교수에 관한 중요한 입장을 설명하고 있다(제2장, 제3절을 보라). 그는 정신발달이란 내부에서 저절로 생겨나는 것도 아니요, 마음이나 생각을 무엇인가에 새

---

* innate moulds
** *pari passu*
*** *forms* of thought

기는 것도 아니라고 주장한다. 오히려 정신발달이란 인간이 놓인 환경이
나 상황을 분류하고 구분하는 능력의 맥락에서 특징지어지는 마음의 상호
작용 문제라는 것이다. 물론 경험 내용 대부분은 문화의 영향을 받기도 하
고 범례나 가르침에 의해 전달된다. 발달단계를 특징짓는 내용의 형식은
외부에서 부과되는 것이 아니다. 그것은 개인이 다른 사람들이나 구체적
인 상황에서 비롯되는 적절한 '자극'을 받아 스스로 발달시켜야 하는 무엇
이다. 콜버그는 이러한 발견을, 소크라테스의 교육에 관한 개념, 즉 학습
자는 우연이 아닌 빈틈없이 구조화된 상황에서 점차 사물의 이치를 깨우
친다는 심리학적 근거로 바라보고 있다. 그런데 '가르침'과 '인지자극' 간
의 차이를 받아들이기 전에 '가르침'에 관한, 그리고 '인지적 자극'에 관한
설명이 더 많이 이루어져야 할 것으로 보인다.

　우리는 이러한 특수한 도덕발달의 경우를 다음 두 가지 이유를 가지
고 설명할 수 있다. 첫째, 그것은 정신발달을 인식할 수 있는 방식을 보다
잘 설명해 준다. 이것은 얼마나 많이 아는가 혹은 개인적인 자기표현을 얼
마나 잘 하는가의 문제가 아니다. 오히려 그것은 여러 단계들이 그것의 특
정 내용과는 다른 경험양식에 의해 계획되는 공적 경험양식에 따른 이행*
의 문제이다. 단계의 순서는 뒤의 것이 앞의 것을 전제로 하고 있으며 서
로 위계적으로 관련을 맺고 있다는 점에서 논리적인 이유만 가지고는 설
명할 수 없다. 예컨대, 우리는 논리적인 이유만 가지고 과학적 사고의 논
리-연역적 단계가, 피아제가 과학적 발달을 설명할 때 언급한 구체적 조
작단계의 분류를 앞서는 것이라고 생각할 수 없다. 즉, 사람들은 자신의
자율적인 도덕성 단계가 선험적(先驗的) 단계**를 앞서는 것이라고 생각할
수 없다.

　둘째, 우리는 이러한 계열 과정의 개념을 수학이나 과학과 같은 보다
분명한 학문영역을 참고해 설명하기보다는 도덕적 발달양식을 참고해 설
명하게 되는데, 이는 이러한 발달의 특징이 '지적인' 영역들에 국한된다고

* progression
** transcendental stage

생각하기 때문이다. 하지만 이것들은 그렇게 제한적이지는 않다. 왜냐하면 과학과 수학이 인간발달의 보편적인 형식이듯이, 도덕 또한 그러한 형식으로 설명될 수 있기 때문이다. 다른 경험양식들도 그러한 것들을 구별해 주는 개념을 조직하는 특정 구조에 비추어 구별하고 있는 것 같다(제4장 1절 b를 보라). 이러한 '발달'관에 비추어볼 때, 제2장 말미에서 언급한 바 있는 공적인 경험양식들을 중요하게 다루어야 한다. 왜냐하면 이것들은 교육의 권위주의적인 접근과 아동-중심적인 접근을 종합하는 데 필요하기 때문이다.

그러나 특수한 개념들과 같은 인지적 요인들을 강조하는 것은 발달을 지나치게 주지주의적 방식으로 설명하는 것이 아닌가 하는 생각을 가져올 수 있다. 정서 발달에 관해서는 무어라고 말할 수 있을 것인가? 이것이 간과되지는 않았는가? 그리고 인간발달을 이렇게 개념화하는 방식은 교육의 발달론적 접근을 지지하는 사람들이 가진 보편적인 주장과 불일치하는 것은 아닐까? 이런 형태의 비판은 중요하긴 하지만 경험의 양식과 인간 마음의 본질에 대한 오해에 기반을 두고 있는 것이다. 따라서 이러한 비판에 대해 간략하게 답을 할 필요가 있다는 생각이 든다.

b. 발달에 대한 기존의 분류

아동발달을 다룬 대부분의 저술들은 발달을 신체적, 지적, 사회적, 정서적 발달로 분류하고 있다. 도덕발달을 사회적 발달에서 분리시키면서 제5의 차원이 있음을 내세우는 경향이 있기는 하지만 아동발달에는 4가지 측면이 있는 것으로 여겨지고 있다. 하지만 이것이 발달을 개념화하는 방법으로 타당하며 의의가 있다고 할 수 있는가? 신체발달을 논외로 할 수 있는데, 그것은 신체발달이 중요하지 않기 때문이 아니라 개념적인 어려움을 불러일으키지 않기 때문이다. 하지만 정서발달을 사회발달로부터 어떻게 구별할 수 있을 것인가? 또 지적 발달을 그것들과 각각 어떻게 구별할 수 있는가? 이러한 질문 안에 함축된 의미는, 인간이란 감정과 분리되는 지력(知力)*을 가지고 있으며, 따라서 지력과 정서는 사회적인 것과는

---

* intellect

전혀 다르다는 것이다. 이러한 가설은 옹호하기 매우 어려운 것이다.

이제 먼저 정서발달에 관해 고찰해 보자. 역설적이게도 공포, 질투(嫉妬)*, 연민 등과 같이 우리가 '정서'라고 부르는 마음 상태의 주요 특징은 사정(査定)**이라고 부르는 인식의 형태이다. 어떤 상황은 유쾌감이나 불쾌감, 이익과 손해의 측면에서 이해된다. 예컨대 두려움을 느낀다는 것은 상황을 위험한 것으로 보는 것이다. 자존심(自尊心)***을 느낀다는 것은 우리가 가지고 있는 것이나 우리가 해낸 것을 만족스럽게 여긴다는 것이다. 시기(猜忌)****란 우리가 원하는 것을 남이 가지고 있을 때 가지는 감정이며, 질투란 우리가 가질 권리를 누군가가 가지고 있을 때 가지는 감정이다. 이것 각각의 경우에 사정은 그것에 해당하는 감정적 측면을 가지고 있다. 만약 공포를 느낄 때, 무언가를 위험한 것으로 본다는 것은 그것을 3피트로 보거나 녹색으로 보는 것과는 다른 것이다. 이러한 감정은 중립적일 수 없다. 물론 녹색이나 높이는 어떤 맥락에서 우연하게도 우리에게 큰 영향을 줄 수 있을 것이다. 하지만 환경의 특징이 이러한 방식으로 우리에게 중요하다는 점을 이해하려는 것은 아니다. 오히려 우리가 정서라고 부르는 마음의 상태에서 끄집어낸 특징이란 감정과 관련된 것으로 그것은 개념적인 것이라는 점이다. 이 점이 바로 정서의 인지적 핵심내용*****이 왜 판단과 관련된 것이 아니라 사정과 관련되어 있는가 하는 이유이다. 하지만 감정이란 인지와 분리될 수 없는 것이다. 왜냐하면 감정을 불러일으키는 상황에 대한 이해 없이는 그 감정을 확인할 수 없기 때문이다. 상황 대부분은 사회적인 것이다. 따라서 정서발달을 사회적인 발달과 분리하는 것은 터무니없는 것이다. 질투, 죄책감, 연민, 시기와 같은 정서들은 규칙, 소유, 권리와 같은 도덕적이고 사회적인 개념을 참고하지 않고는 이해될 수 없는 것이다. 정서발달의 중요한 특징 중의 하나는 성격상 기본적으로 사회적

---

* jealousy
** appraisal
*** pride
**** envy
***** cognitive core

이라고 할 수 있는 개념 체계의 맥락에서 다른 사람과 자기 자신을 사정하는 방법이 무수히 많다는 점을 학습하는 것이다. 정서교육이란 일반적으로 도덕적이고 심리적인 기준들의 맥락에서 적절하며, 나아가 우리가 어떤 위치에 처해 있는가 하는 실제적 믿음에 기반을 둔 이런 종류의 사정발달로 이루어진다.

　이와 같은 영역에서 인지의 중요성을 무시하는 것은 자신이나 타인에 대한 정서와 동기를 인식하는 데 있어서 중요한 경험양식으로서 개인 상호간의 이해*의 특징을 무시하는 것이다. 이 영역은 늘 분명하지도 명확하지도 않은 애매한 분야로 여겨지고 있다. 따라서 이 영역은 주로 '나'와 '너'를 신비스러운 방식으로 말하는 사람들과 정신분석의 여러 분야에 종사하는 사람들에 의해 연구되어 왔다. 그 결과 개인 상호 간의 이해에 있어 단계의 발달은 정확하게 정리되지 않은 채 남겨져 있다. 뿐만 아니라 정서와 동기의 발달도 이와 다르지 않다. 믿음의 영역과 개념적 필요요건의 영역에서는 이루어진 것이 아무것도 없다. 예컨대, 사람들은 연민이나 존경심을 가지고 행동하기 전에 무엇을 논리적으로 가정하고 있는 것일까? 사람은 다른 사람과 자기 자신에 관련된 이러한 일들을 실천에 옮기기 전에 어떤 믿음과 개념을 가지고 있는 것일까? 도덕적이고 상호 개인적인 경험양식의 발달에 있어서 다양한 정서와 단계 간의 관계는 어떤 것인가? 이러한 특수한 발달양식은 과학적, 수학적, 도덕적 양식이 피아제와 다른 연구자들에 의해 이루어진 것과 같은 방식으로 연구되어야 한다.

　정서발달로부터 지적 발달을 분리시키는 것은 정서발달을 마치 인지의 역할에 대해 아무런 설명 없이 연구하려는 것과 같다. 이는 마음의 특정한 부분, 즉 연습으로 갈고 닦을 수 있는 지력(知力)이 있다는 이야기를 계속 해 대는 것일 따름이다. 교재 안에 담긴 연습의 경우 '지적 발달'이란 수학과 과학, 나아가 '문제해결'이라는 이름으로 불리는 능력의 발달에 해당하는 것이다. 하지만 왜 '지적인 것'이 이런 좁은 방식으로 받아들여지는지 이해할 만하다. 왜냐하면 '지적인 것'이란 정교한 상징체계의 맥락에

---
* interpersonal understanding

서 이론화하고 구성하고 사고하는 성향에 보다 많이 관련되어 있기 때문이다. 이러한 성향은 수학과 과학에서 눈에 훨씬 많이 뛰다. 하지만 이러한 성향은 감정의 측면과 관련된 진리에 대한 관심* 없이는 이해하기 어려운 것이다. 사물의 본질에 관해 관심을 가지는 사람은 중립적이라고 할 수 없는 논의와 고려사항이 과연 설득력이 있고 일관되고 적절한지를 사정할 수 있어야 한다. 정서교육의 어떤 중요한 부분은 이러한 '합리적 정열'**의 발달로 이루어진다.

지적 발달을 사회적 발달로부터 분리시키는 것 또한 지지받기 어렵다. 철학, 과학, 수학과 같은 분야에서는 이론 정립이 광범위하게 이루어지는 경향이 있다. 하지만 사회적으로 발달한 사람은 교제를 잘 하거나 사회문제에 대한 많은 것을 알고 있거나 동료와의 경쟁에서 이기고 사람들에게 영향을 주는 기술을 가진 사람이기보다는 차라리 자신을 사회적 사실로부터 어느 정도 거리를 두거나 동료들과 거리를 두면서 그러한 사회적 사실을 이론적으로 다루려는 사람일 수 있다. 지성인들***이란 『새로운 정치인』**** 그리고 『새로운 사회』*****와 같은 주간지를 읽는 사람으로 규정되기도 한다. 또한 이들은 사회적 사건을 사회변화의 경제적 결정 요인에 관한 이론의 맥락에서 해석을 하거나 친구의 약점을 프로이트 이론의 관점에서 해석하는 경향을 가지고 있는 사람들이다. 도덕발달 역시 한편으로 행동과 관련이 깊은 타인에 대한 배려 및 정의감과 같은 감정의 측면에서 이해되어야 하며, 다른 한편으로 문학, 역사, 과학에서 얻은 이해력을 바탕으로 '그름'과 '선함'에 대한 사정의 폭과 깊이를 부여하는 능력의 측면에서 이해되어야 한다. 사회적 발달과 도덕적 발달 이 두 가지는 감정과 지식의 발달 두 가지를 모두 포함하고 있는 것이다.

발달을 경험양식들의 관점에서 분류하는 것은 그 형태가 같다고 해서

---

* concern for truth
** 'rational passions'
*** intellectuals
**** *New Statesman*
***** *New Society*

동일하다고 할 수 없다. 왜냐하면 경험의 양식 각각은 고유한 인지적이고 정의적인 측면을 가지고 있으며, 이러한 측면에서의 발달이란 한편으로 적절한 사정이 어느 정도 개인적 견해의 부분이 될 수 있는가에 의해 구성되거나 다른 한편으로 이론을 구성하고 이해의 폭을 넓히는 능력에 따른 깊이와 폭에 의해 구성되기 때문이다. 따라서 피아제의 연구는 지적이거나 도덕적인 발달에 관한 연구만으로 보아서는 안 될 것이다. 오히려 과학적, 수학적, 도덕적 경험 양식들에 대한 보다 폭 넓은 이해를 하기 위한 중요한 근거를 제공해 주는 것으로 봐야 할 것이다. 프로이트(S. Freud)와 그 동료들의 연구는 단순히 ‘정서발달’에 관한 연구로만 봐서는 안 될 것이다. 오히려 타인과 자신에 대한 중요한 이해 형식들의 발달에 대한 연구, 나아가 이러한 이해의 형식을 방해하거나 왜곡시키는 마음의 특징과 아동기의 경험에 관한 연구로 이해해야 할 것이다. 이미 이 장 서두에서 지적한 바 있듯이, 이러한 접근방식은 어떤 식으로든지 통달해야 할 수학, 과학, 역사와 같은 딱딱한 교과와 삶을 살아가는데 필요한 정서 및 ‘개인적 관계’*와 관련된 경험을 이분법적으로 나누어 생각하는 경향을 완화시킬 수 있을 것이다. 왜냐하면 과학적이고 역사적으로 사고하도록 학습시키는 일이 감정과 동기를 발달시키는 문제와 관련이 있듯이, 우리 자신을 이해하고 정서적으로 발달시키는 일은 인지적인 문제와 관련이 훨씬 더 깊기 때문이다.

그러므로 발달의 계열과정을 설명하는 데 있어서 공적인 경험양식**이 가지는 중요성이 바로 여기에 있다고 할 수 있다. 발달을 이러한 방식으로 인식하는 것은 아동중심적인 접근과 교과중심적인 접근을 조화시키는 것이다. 하지만 네이글(E. Nagel)이 제시한 인간 차원에서의 세 번째 ‘발달’ 기준인 최종 도달 상태에 이르게 하는 것은 무엇인가? 인지단계이론은 우리의 문화적 기호 표현이라고 할 수 없는 최종 도달 상태에 대해 어떤 것을 말해 줄 수 있을까?

---

* ‘personal relationship’
** public modes of experience

3 최종 도달 상태*

'최종 도달 상태'라는 개념을 인간발달에 적용했을 때 문제가 생긴다. 물론 각각의 경험양식 안에서 우리는 다소간에 발달을 이룬, 예컨대 수학적으로, 도덕적으로, 과학적으로 발달한 사람들에 관해 지엽적인 방식으로 말을 할 수 있다. 그렇게 함으로써 우리는 장차 이르게 될 단계를 특징짓는 표준들에 대해 말할 수 있을 것 같다. 하지만 그것들 중 어떤 것이 최종적인 단계인지를 말하는 것은 경솔한 것일 수 있다. 일반인에게 적용하는 '인간발달'의 개념을 특수한 발달형식으로 구별되는 인간의 개념에 적용할 수 있을까?

우리는 생물학적 기준을 가지고 다양한 경험의 형식을 통합하는데 성공한 사람이, 의식이 그렇게 다양하게 분화되지 않은 사람보다도 더 많은 발달을 이루었다고 말하는 경향이 있다. 확실히 과학적이고 도덕적인 정당성(正當性)**의 개념을 혼합한 방식으로 세상을 '전체'***로 바라보는 사람은 이러한 다양한 정당성의 형식을 식별할 줄 알며 마땅히 해야 할 것에 관한 판단과 과학적 일반화를 사용하는 가운데 이러한 형식들을 결합할 줄 알았던 17세기 후반의 사람보다 덜 발달되었다고 주장할 수도 있을 것이다. 또한 우리는 다양한 경험양식 분야에서 오랫동안 이해력을 높여온 사람이 특정 분야에서 발달이 이루어져 왔거나 다른 분야에서 다양한 경험을 해 보지 못한 사람보다 더 발달한 사람이라고 말할 수 있을 것이다. 그러면 이러한 경우에 해당하는 것에는 어떤 것들이 있을까? 우리는 원만한 방식으로 발달을 이룬 것으로 여겨지는 흄(D. Hume)과 같은 사람이, 의식이 제대로 분화되지 않은 크롬웰(O. Cromwell)이나 과학과 수학 분야에서 능력이 부족했던 간디(M. Gandhi)보다 발달이 더 잘 이루어졌다고 말할

---

* *The end-state*
** lawfulness
*** 'whole'

수도 있을 것이다. 우리는 수학분야에 능통한 사람이 훈련받은 엔지니어보다 발달이 더 잘 이루어졌다고 말할 수도 있을 것이다. 그러나 이렇게 말하는 것은 오히려 이상하게 들릴지도 모른다.

이러한 말들에서 불편한 감정이 생기는 까닭은 무엇인가? 이 수준에서 사용한 '발달한'이란 말은 결코 기술적으로 사용될 수 없는 것이라고 주장할 수 있다. 왜냐하면 이 말은 어떤 종류의 시인(是認)*을 암시하고 있기 때문이다. 사람은 수학적으로 혹은 과학적으로 발달해 갈 수 있다고 할 수도 있는데, 이는 사람들이 밟아가야 할 단계들을 규정하는 기준들과 관련이 있다. 그러나 우리는 여전히 수학적 발달을 높이 평가하지 않을 수도 있다. 하지만 우리가 일반적으로 인간발달에 관해 말할 때 이는 불가피하게도 문화의 제한을 받는 인간에 관한 어떤 가치 개념과 관련될 수밖에 없을 것이며, 따라서 보편적인 의의를 가지지 못한다고 말할 수 있을 것이다.

그러나 이와 같이 결론은 너무 성급한 것이라고 할 수 있다. 왜냐하면 단계이론은 어떤 이상(理想)들의 형식이 특정 발달 양식에서 어떤 단계들로 나아가고 있는 사람에게 유용할 뿐이며 그러한 이상들은 특정 문화 내용에 의해 결정되지 않는다는 시사를 던져 주기 때문이다. 그러한 이상들이란, 예를 들면 비판적이고, 창조적이며 자율적인 것들이다. 그러한 이상들은 인지발달의 어떤 수준에 이른 사람에 의해서만 성취될 수 있는 것이긴 하지만 믿음체계와 도덕규범 내용에서 차이를 보이는 사람에 의해서만 이루어질 수 있는 것이다. 이와 같은 이상들은 마지막 장에서 다룰 진보주의 교육에 대해 설명할 때 중요하다는 점을 기억해 둘 필요가 있을 것이다.

a. 인간적인 탁월성**

이와 같은 이상들은 특정 경험양식 안에서의 최종적인 발달 종착지점이라기보다는 개인적인 발달의 이상을 이루는 본질적인 조건이라고 할 수

---

* approval
** *human excellence*

있을 것이다. 즉 이러한 이상들은 '인간*'이 된다는 것이 무엇을 의미하는가와 밀접한 관련을 맺고 있기 때문에 '개인적인 발달'의 개념에서 매우 중요한 위치를 점하는 인간적 탁월성과 관련이 있다는 것이다. 우리는 '그는 유쾌한 인간이다'라고 말할 때처럼, 직접적으로 확실한 언질을 주지 않으면서 '인간'에 대해 말할 수 있다. 혹은 우리가 인간존중을 요구할 때처럼 보다 넓은 의미에서 '인간'에 대해 말할 수 있다. '인간'이라는 말을 이렇게 사용하는 것은 개념적으로 확실한 견해, 평가, 결정, 선택과 관련되어 있으며 나아가 어느 정도는 자신의 운명을 스스로 결정할 수 있는 사람이 된다는 것과 관련되어 있다. 달리 말하자면, 그것은 다양한 측면에서의 이성의 발달**과 관련이 있다. 인간적 탁월성이란 충분히 발휘된 합리적 능력의 발달로 이루어지는 것처럼 보인다. 예컨대, 비판적 사고란 평가, 선택의 자율성, 자아를 실현하려는 노력과 그러한 노력을 결과로 만들어 내려는 창의성이 발달한다는 것을 의미한다. 성실성(誠實性)***이란 유혹에 직면하여 원칙을 일관되게 유지하려고 할 때 나타나며, 상상력의 발달이란 풍부한 감수성과 연민의 정을 가능하게 해 준다. 이러한 것들은 어느 정도 인지발달의 수준에 이른 사람에게나 가능한 탁월성의 예들이며, 이 두 번째 의미에서 이것들은 '인간'이 되는 것과 관련된 능력의 발달과 직접 관련된 예들이다. 우리는 흔히 어떤 사람을 보고 '그는 진실한 인간이다'라고 말할 때가 있다. 이 때 우리는 이 말을, 그 사람이 정상적인 사람이라는 사실을 강조하기 위해 사용하는 것이 아니다. 오히려 인간이 된다****는 풍부한 의미와 직접 관련된 마음의 자질*****, 예컨대 상상력, 독립심 혹은 성실성을 가지고 있다는 점에 주의를 기울이게 된다. 그러므로 간디나 크롬웰과 같은 사람을 발달한 인간으로 생각하는 한 우리는 그 사람을 자기가 헌신하는 분야에서 이러저러한 탁월성을 발휘한 사람으로 생각하게 된

---

* 'person'
** development of reason
*** integrity
**** being a person
***** quality of mind

다. 그는 모든 분야에서 발달을 이룬 사람이 될 수는 없겠지만, 자기가 헌신하기를 바라는 분야에서 인간이 된다는 것과 직접 관련된 어떤 탁월성을 발휘한 사람이다.

그렇다면 이러한 탁월성들은 수학이나 도덕과 같은 특수한 발달양식들을 만들어내는 독특한 경험양식들과 어떻게 관련을 맺고 있는가? 왜냐하면 마음의 힘이란 진공상태에서 이루어지는 것이 아니기 때문이다. 오히려 이것들은 이것들이 이루어진 방식과 관련을 가진다는 점에서 활동과 경험양식들에 밀착되어 있는 것이다. 사람들은 이론을 창의적으로 만들어내고 표현하며 구성한다. 또 사람들은 상상력을 통해 또는 객관적으로 또는 성실성을 가지고 연민을 느낄 수 있다. 또 사람들은 다른 사람들에 대해 깊이 생각하기도 하고 그들을 대할 때 자율적이기도 하고 비판적이기도 하다. 이러한 탁월성들이란 그것들이 단순한 자기-표현이나 비암시성(非暗示性)*과 구별되는, 즉 나름대로 특수한 표준을 지닌 활동들 안에서 발휘되는 마음의 자질들이다. 또한 특정 기술들이란 이러한 탁월성을 충분히 발휘하기 위해 통달해야 할 것들이다. 그렇지만 이는 다른 영역에서 나타나는 이러한 탁월성들의 실현과정에 어떤 공통된 바가 없다는 점을 지적하려는 것이 아니다. 만약 공통된 바가 없다면 그것은 정말 이상한 것이다. 왜냐하면 비슷한 용어들을 어떻게 알기 쉽게 사용할 수 있을 것이냐 하는 문제가 생겨나기 때문이다. 예컨대, 비판적인 사람은 자신이 무슨 소리를 들었다는 이유만으로 그가 들은 바를 받아들이지 않을 것이며, 권위있는 사람의 주장을 너무 심각하게 받아들이지 않을 것이며, 일을 스스로 검증해 보려고 할 것이다. 하지만 쟁점이 과학적인 것이냐, 철학적인 것이냐, 혹은 미학적인 것이냐에 따라 서로 상이한 내용들이 이러한 일반적인 공식(公式)** 안에 들어갈 수 있다. 진리의 기준은 서로 다르며 따라서 각기 다른 검증절차를 가지고 있다. 하지만 '비판적인 사람이 된다'는 것은 다양한 내용을 가지는 일반적인 진행절차의 맥락에서 이해될 수 있다. 물

---

* contra-suggestibility
** general formula

론 어떤 개인이 모든 부분에서 이런 방식으로 접근해 가는 것이 최선의 것이라고 할 수는 없다. 왜냐하면 그것에 걸맞는 훈련과 기술이 결여되어 있을 수 있기 때문이다. 이와 비슷한 방식으로 우리는 어떤 사람이 일반적으로 자기가 하고 있는 것을 목적에 연결함으로써 상황을 다룰 수 있는 능력을 갖추었다는 점에서 그 사람을 지적인 사람이라고 부를 수 있을 것이다. 하지만 그에게 자기가 하는 일을 마무리하려는 기술이 결여되어 있을 수 있다. 지적인 목수나 골프 선수는 훌륭한 목수나 골프 선수가 되기에는 너무 부족한 기술을 가지고 있을 수 있다. 그러나 이와 같은 경우 '지적인 것'*이란 말에 덧붙일 수 있는 의미가 있다면 그것은 어떤 사람이 손수 해보려는 활동의 전문성에 의존하지 않거나 그가 실제로 하려고 할 때 필요한 기술에 의존하지 않는다는 점이다. 상상력, 비판능력, 창의성과 같은 마음의 자질들에 대해서도 이와 같이 말할 수 있다.

그러나 탁월성으로 불리는 이러한 일반적인 마음의 자질들이란 경험의 양식과 분리하여 어떤 사람의 일반적인 '마음의 힘'**으로 여길 수 없다. 따라서 개인적 발달이 다른 경험의 양식들 안에서 이루어지는 발달과 불일치하는 것은 아니다. 오히려 개인적 발달은 다른 경험의 양식들을 전제하고 있다. 말하자면 이러한 탁월성들은 형식적인 글로 표현하자면, 특정 경험양식들을 꿰뚫는 개인적 발달의 최대공약수(L.C.M.)를 제공한다. 하지만 그것들은 경험의 양식들 안에서만 실현될 수 있을 따름이다.

b. 개인적 발달***과 정신건강

이와 비슷한 메타포가 최소공배수(L.C.M.)를 구성하는 일반적인 인간발달 수준을 다루는 데 사용될 수 있다. 아리스토텔레스(Aristoteles)는 인간의 본질이란 합리적이며, 그러한 인간에게 어떤 일반적인 환경이 주어지면, 목적을 이루기 위한 수단을 계획하고 자기의 욕구를 통제하는 데 있어서

---

* 'intelligence'
** 'powers of mind'
*** personal development

이성을 사용하는 능력을 발휘할 줄 아는 존재라고 주장하였다. 이러한 주장은 프로이트(S. Freud)가 발달단계에 방향을 부여하는 것으로 생각한 자아의 발달* 이상의 것을 언급한 것이다. 프로이트는 만족을 지연하는 능력이나 목적을 이루기 위한 수단을 계획하는 능력은 지각기관**과 현실원리***를 따르는 사고작용의 발달과 관련이 있다고 이해하였다. 피아제는 이와 같은 기본적인 현실 개념의 발달에 내포된 것과 아이들이 사고의 형식들을 발달시켜 나가는 단계들을 보다 신중하게 고찰하였다. 말하자면 사고의 형식들 안의 대상들은 시·공간 체계 안에서 다른 대상과 인과적 관계를 맺고 있다고 주장하였다. 또한 그는 어떻게 우리가 목적-수단의 맥락에서 행동을 이해하게 되었으며, 어떻게 우리가 우리 자신과 유사하기도 하고 다르기도 한 다른 사람들을 인식하게 되었으며, 어떻게 우리가 관찰 가능한 행동에 숨겨진 의도와 목적을 구별할 수 있게 되었는지를 추적하였다. 이러한 개념이 없이는 이성과 현실감의 발달을 생각해 볼 수 없는 일이다. 이러한 개념이 없이는 인간이 되기 위한 우리의 잠재능력이 발달할 수 없다.

인간발달의 집단적 혹은 개인적 이상이 무엇이든지간에 **어느** 문화 안에는 어느 개인에게 요구되는 최소한의 역할 수준이 있다. 각 개인은 가사나 직업에 관한 일들을 수행하고 있다. 개인이 어떤 문화 안에서 살아가려면 환경과 타인에 대한 최소한의 이해력을 가져야 한다. 사실, 정신질환의 대부분은 합리적 동물로서 이러한 일상적인 역할을 수행하는데 필요한 기본적인 능력을 갖추지 못했다는 것과 관련이 있다. 물론 문화에 따라서는 이러한 영역에서의 가벼운 일탈이 허용되기도 하고 심지어는 경이로운 일로 다루어지기도 한다. 하지만 개인이 자신의 실제적인 목적을 계속해서 효과적으로 수행해 내지 못할 뿐만 아니라 환각(幻覺)에 빠지고, 정신분열적이며, 편집적(偏執的) 망상(妄想)에 빠지게 된다면, 그 문화 속에서 발달

---

* development of ego
** perceptual apparatus
*** reality principle

이 지체되거나 결함이 있는 사람으로 취급받을 것이다. 그러므로 이보다
좀 더 유력한 주장이 제시될 필요가 있는데, 그것은 바로 어느 개인적 발
달의 개념이 이와 같은 최소한의 의미에서 규정되는 인간의 합리성에 대
한 언급을 포함해야 한다는 것이다. 그것은 인간경험의 기본적인 형식을
제공해 주는 바, 이러한 일이 이루어지지 않고는 그 어떤 독특한 발달의
형식도 유지될 수 없는 것이다.

요컨대, 우리가 특수한 발달양식과는 구별되는 것으로서 개인적 발달
의 최종 도달 상태에 관해 질문을 받는다면, 우리는 개인적 발달의 최대공
약수(H.C.F.)와 최소공배수(L.C.M.)에 관한 공식적인 설명을 할 수 있을 것이
다. 후자는 합리적 동물로서 인간의 기본적인 구조를 유지하는 것이며, 전
자는 이러한 합리적인 능력을 최대로 발휘하도록 하는 것이다. 하지만 이
러한 식으로 인식되는 개인적 발달은 다양한 경험양식 안에서 이루어지는
발달과 구별되지 않는다. 오히려 그것은 그러한 양식 안에서 구현되는 마
음의 발달 자질들로 구성되어 있다. 또한 지혜(智慧)*와 같은 마음의 자질
들이 있을 수 있는데, 이것들은 상이한 경험양식들로부터 비롯되는 숙고
(熟考)를 이끌어낼 수 있도록 하고 나아가 그러한 숙고를 특정 문제 해결
에 적용하는 자질들이다. 따라서 우리는 '개인적 발달'의 기준과 그것이
보다 특수한 발달형식과 가지는 관계에 관한 논의를 시작했을 때 제기되
었던 문제에 대해 답을 해야 할 것이다.

또한 '최종 도달 상태'를 특징짓는 가치 있는 마음의 자질 상태가 분
명해 질 수 있다. 한편으로 인간적 탁월성의 최대공약수(H.C.F.)가 구별되
고 있다. 이러한 것들에는 다양한 측면에서 이성의 발달과 관련이 있어 보
이는 이상들이 있다. 다른 한편으로 정신건강의 최소공배수(L.C.M.)가 있다.
이것은 어떤 개인적 발달 형식의 필수조건**인 합리적 기능의 수준이다.
따라서 가치란, 최소한의 의미로 규정을 한다고 할지라도 개인적 발달 형
식의 조건인 인간의 합리성과 조화를 이루어야 한다. 그러나 인간적 탁월

---

* wisdom
** *sine qua non*

성과 관련된 이러한 마음의 자질들에 대한 정당화(正當化)*에 대해서는 논의된 것이 아무 것도 없다. 이는 이 책의 계획과 어긋나는 것이 아니다. 왜냐하면 앞 장 끝에서 지적하였듯이, 여기서 시도된 분석이란 다른 철학분야에서 논의해야 할 여러 가지 문제들을 불러일으키기 때문이다.

4 발달과 교육

그런데 '발달'에 대한 이러한 분석으로부터 생겨날 수는 있지만 그것을 다루기 위해 또 다른 철학분야에서 접근할 필요까지는 없는 흥미로운 질문이 있다. 그것은 다음과 같은 것이다. 만약 우리가 신체발달을 제외시킨다면, '인간발달'의 개념은 특수한 교육개념과 전혀 다른 것인가? 과거에 발달이론이 내적 성숙을 강조하는 성숙이론으로 다루어지고, 교육이 수업**, 훈련, 다양한 '각인'(刻印) 절차의 형식***과 밀접히 관련을 맺고 있었을 때에는 이들을 서로 비교하기가 수월하였다. 하지만 오늘날에는 그 어떤 논쟁도 정신발달에 관한 성숙이론의 형태를 옹호하지 못하고 있으며, 교육이론에서도 역시 잠재력을 '계발하는 것'****을 강조하는 사람들과 수업과 훈련을 강조하는 사람들 간에 논쟁이 끊이지 않고 있다. 이러한 이유로 인간발달을 결정하는 요인이 무엇인가에 대한 논쟁과 적절한 교육절차가 무엇인가에 대한 논쟁을 구별할 수 없게 되었다.

그러므로 발달의 두 번째 기준, 즉 계열적 변화의 기준에 비추어 볼 때 '발달'과 '교육' 간에는 차이가 없어 보인다. 기본구조를 강조하는 첫 번째 기준은 그렇게 중요한 것으로 보이지 않는다. 그러므로 만약 이들 간에 차이가 있다면, 그 차이란 '최종 도달 상태'라는 세 번째 기준과 관련이 깊다. 그렇다면 어떤 차이가 있다는 것인가?

---

* *justification*
** instruction
*** various forms of 'stamping in' procedures
**** 'leading out'

앞에서 밝힌 바 있듯이(제2장을 보라), '교육한다'라는 말의 특수한 의미
에 비추어 볼 때, 우리가 사람을 교육하는 일에 관심을 가지는 한, 우리는
이해의 깊이와 폭으로 특징지어지는 바람직한 마음의 상태를 기르는 일에
관심을 가질 수밖에 없다는 것이다. 이미 논의했던 바대로, 교육목적은 이
러한 바람직한 마음의 상태가 무엇인지를 상술하고 있다. 따라서 자율성,
창의성, 성실성과 같은 인간적 탁월성은 발달의 최고점일 뿐만 아니라 교
육의 목적으로 여겨진다. 이것들은 '교육받았다'*는 것의 바람직한 조건**
을 분명히 만족시켜 주는 것들이다. 하지만 이것들이 지식의 조건을 반드
시 만족시켜 준다고 할 수 있을까? 반드시 만족시켜 주지는 않는다. 왜냐
하면 어떤 사람은 그러한 탁월성을 보여주기는 하지만 그것에 대한 이해
의 폭이 결여된 경우가 있기 때문이다. 비판적 사고***와 같은 인간적 탁월
성은 어떨지 모르겠으나 인간적 탁월성 모두가 교육받은 사람****을 특징짓
는 것은 아니다. 따라서 교육받은 사람의 성실성이나 자율성은 교육받지
않은 사람의 그것들과 다르다고 해야 할 것이다. 왜냐하면 전자는 후자에
비해 폭 넓은 이해*****를 가지고 있기 때문이다. 교육받은 사람과 발달한 사
람과의 차이는 우리가 이것을 어떻게 표현하는가에 따라 나타난 것이다.
앞에서 이미 살펴본 바와 같이, 우리는 간디(M. Gandhi)와 고갱(G. Gauguin)
이 인간적인 탁월성을 보여주었다는 점에서 발달한 사람이라는 점을 밝힌
바 있다. 하지만 그들이 반드시 교육받은 사람이라고는 할 수 없다. 그들
이 어떤 인간적인 탁월성을 실현했다는 사실은 그들이 전반적인 이해를
가지고 있는가에 관한 의문을 제기함이 없이도 그들을 발달한 인간으로
기술하는 데 충분할 것이다. 하지만 우리가 그들을 교육받은 사람으로 기
술하기 위해서는 그들이 전반적인 이해력을 가지고 있었는가에 관한 또
다른 질문을 던질 수밖에 없다. 이와는 반대로 우리는 어떤 사람이 인간적

---

* 'being educated'
** desirability of condition
*** critical thinking
**** educated men
***** all-round understanding

탁월성을 발휘하지 않았다고 하더라도 그를 교육받은 사람으로 기술할 수 있을 것이다. 그는 인간적인 탁월성을 발달시키지 않고도 다양한 경험 양식들을 골고루 성취할 수도 있을 것이다. 그는 도덕적으로 결함이 없이 삶을 살아갈 수 있고, 심미적인 감각을 발달시키고 로마문명 타락의 원인뿐만 아니라 열역학의 제2법칙을 이해할 수도 있다. 그는 개인적 관계에 대해서도 민감하며, 우주 안에서의 인간이 겪는 역경(逆境) 속에서 종교적 외경심(畏敬心)을 가질 수도 있다. 물론 소박한 직업에 종사하는 조용한 인간으로서 정원을 사랑스럽게 가꾸고 원예(園藝)의 유익한 점을 이해하면서 교외에서 살아갈 수도 있을 것이다.

교육받은 사람과 발달한 사람 간의 이러한 차이점에 대한 견해는 너무 사변적이어서 심각하게 다루어져서는 안 될 것 같다. 이것은 분명히 탐구할 만한 가치가 있는 개념상의 차이라고 봐야 할 것이다. 하지만 이 두 개념 어느 것도 보편적인 동의를 받아낼 수 있을 만큼 충분하다고 할 수 없다. 앞에서 여러 차례 지적한 바 있듯이, 그 어떤 것도 그러한 분석에 의존할 수는 없다. 분석이란 어떤 맥락에서 중요성을 가지는 유사성과 차이점을 밝히는 유용한 방법일 뿐이다. 하지만 이러한 분석을 통해 분명해지는 것은 '교육'과 같은 '발달'의 개념이 불가피하게 가치 지향적인 것이라는 점이다. 즉, 여기에는 인간존재에 대한 어떤 이상적인 생각이 전제되어 있다. 가르치는 내용과 방법이 인간발달과 밀접히 관련되어야 한다고 주장하는 진보주의적 성향을 가진 교사는 이러한 경험적 사실만을 기초로 교육해서는 안 된다. 왜냐하면 그의 선택은 인간발달을 구성하는 마음의 자질이 무엇인가에 관한 윤리적 관점의 맥락에서 이루어져야 하기 때문이다. 그러므로 자신의 과업에 대한 생물학적 접근은 자극이 될 만한 유추들을 제공할 따름이다. 결국 다른 교사와 마찬가지로, 그는 가치 지향적인 문제들에 관한 자기 스스로의 마음가짐을 확립해 나가야 한다.

'인간발달'에 관한 분석으로부터 얻게 된 다른 중요한 관점은 우리가 공적 경험의 양식들*이라고 부른 것이 중요한 역할을 한다는 점이다. 이

---

* public modes of experience

것에 대한 논의는 인간발달의 다양한 측면을 설명할 때뿐만 아니라 '인간*으로서의 발달에 관한 애매한 개념을 설명하는데 필요한 것이다. 이제 이러한 경험양식들을 좀 더 자세히 검토해 보고 이것들이 교육과정(敎育課程)과 어떻게 관련을 맺는지를 탐색해 보자.

---

* 'person'

제 4 장

교육과정

1 교육과정의 목표
2 교육과정의 조직

THE · LOGIC · OF · EDUCATION

교육과정

서 언

우리는 앞의 두 장에서 적절하게 계획된 교육실천이 직면할 수밖에 없는 논리적인 요구 조건 중 두 가지를 제시하였다. 그 첫째는 어떤 식으로든지 목적과 목표를 결정해야 한다는 것이고, 둘째는 전통주의자들이 추구했던 것과 마찬가지로, 진보주의자들이 추구한 중요한 목표들의 특성을 면밀하게 검토를 해 볼 때, 우리는 그것들이 공적 경험의 양식, 이해 그리고 지식이라고 부르는 어떤 근본적인 형식의 획득과 관련되어 있다는 점을 발견하게 된다는 것이다.

이미 지적한 바와 같이, 이 책의 목적은 앞서 말한 요구조건 중 첫 번째 것을 다루는 데 있지 않다. 교육이 이러한 종류의 결정을 필요로 한다는 것은 철학적인 관점이다. 하지만 그 자체의 실제적인 결정은 철학적인 고려만 가지고는 이루어질 수 없다. 심리적, 사회적, 경제적 그리고 다른 요인들도 마찬가지로 중요하다. 우리의 관심사는 적절한 철학적 고려를 하는 것인데, 이 두 번째 요구조건이 바로 이러한 고려를 해야 할 것에 해당한다. 따라서 이제 이러한 철학적 고려가 가지는 중요성을 보다 특수한 교육과정 계획의 맥락에서 다루어 보고자 한다.

1 교육과정의 목표

a. 목표의 필요성

우리는 '교육과정'(教育課程)*이란 용어를 바람직한 목표가 무엇이든지 간에 학생들이 달성해야 할 수단으로 구성된 활동의 프로그램 혹은 과정(過程)**으로 생각한다. 앞선 논의를 바탕으로 생각해 보건대, 실현하고자 하는 목표가 무엇인지를 명료화하지 않고는 교육과정을 계획하거나 그 일부를 계획하려는 노력은 논리적으로 무의미한 것처럼 보인다. 이러한 수준에서 목적***에 대한 진술은 교육과정이 지향하는 세분화(細分化)된 목표****에 대한 진술로 설명되어야 한다. 이와 같은 세분화는 용이하지 않으며, 이것을 세분화하기 위한 보편적인 범주에 대해서도 아직 합의된 바가 없다. 블룸(B. S. Bloom)과 그의 동료들은 『교육목표분류학』*****두 권을 출간한 바 있는데, 이것은 교육목표를 분류하기 위한 최초의 종합적인 시도를 한 중요한 저작이라고 할 수 있다. 이 분류학은 전체 영역을 인지적 영역, 정의적 영역, 기능적 영역으로 나누고 이들 각 영역을 세부 목표로 분류하여 나열하고 있다. 예컨대 인지영역에서의 분류는 정보, 용어, 관례, 분류 및 일반화 등 세분화된 항목의 지식으로 이루어져 있다. 서로 상이한 지적 능력과 기술들이 구분되고 있다. 예컨대, 정의적 영역에서 묵인(黙認)†으로부터 감상(鑑賞)††에 이르기까지 서로 다른 형태의 속성과 가치를 가진 것들이 있다. 어떤 의미에서 이러한 시도는 가치가 있을 수 있지만, 구분되는 다양한 목표들 간의 근본적이고 필연적인 관계를 보여주지는 못하고 있다. 용어의 의미에 대한 지식은 확실히 경험적 사실이나 행동 규칙의 수

---

* curriculum
** programme or course of activities
*** aims
**** objectives
***** *Taxonomy of Educational Objectives*
† acquiescence
†† enjoyment

용과 같은 지식과는 다른 범주 안에 속하는 것으로 보인다. 하지만 어느 경우에 이러한 범주 안에 속한 어느 하나의 성취는 다른 것들의 성취와 밀접히 관련되어 있다. 말하자면 날씨에 관한 사실과 관련된 지식 대부분은 적절한 용어의 의미에 관한 지식을 전제하고 있다는 점에서 어떤 행동의 규칙을 받아들이는 일은 그러한 사실에 기초해서만이 정당화될 수 있다. 따라서 우리가 추구해야 할 교육과정의 목표를 정할 때 우리는 그것들을 특성화할 수 있을지는 모르나 각각 따로 따로 성취할 수 있는 독립적인 요소로 취급해서는 안 된다. 이것은 다만 제3장에서 논의되었던 것, 즉 특수한 의미를 가지는 교육이 주로 관심을 가지는 바람직한 마음의 상태의 본질이 무엇이냐를 또 다른 형태로 표현한 것에 지나지 않는다. 여기서 바람직한 마음의 상태란 다른 어떤 것들의 근본이 되는 것으로서 사람이 성취하고자 하는 공적 경험과 지식의 양식들*이다 우리가 만족할만한 교육과정 계획을 할 때 필요한 것은 우리가 관심을 가지는 목표들 간의 패턴과 구조를 파악하는 일이다. 이러한 방법으로 목표들을 도식화하는 일은 인식론과 마음의 철학 분야에서 매우 상세한 분석 작업을 요하는 아주 복잡한 철학적 작업이다. 안타깝게도 이러한 작업이 아직 이루어지지 않고 있다. 하지만 이러한 작업을 통해 우리는 교육과정 결정에서 매우 중요한 구조를 이끌어낼 수 있는 한 두 가지의 잠정적인 결론을 발견할 수 있다.

앞에서 논의한 바 있듯이, 자율성, 창의성, 비판적 사고와 같은 보다 복잡한 목표들에 전제되어 있는 생각은 객관적인 경험, 지식 그리고 이해의 성취를 필연적인 조건으로 한다는 점이다. 이러한 주장이 옳다면, 논리적으로 가장 중요한 목표들이란 인지적인 것들로서, 다른 것들의 기초가 되거나, 그것으로부터 다른 것들이 계발되어 나오거나 그것들과 관련하여 계발되어 나온다는 것을 암시한다. 즉 적절한 지식과 추론의 형식을 가지고 있는 한에 있어서, 말하자면 원자물리학에 대해서도 창의적이고 비판적인 사람이 될 수 있다는 것이다. 다른 사람들을 이해할 때 그들을 배려

---

* public modes of experience and knowledge

하게 되고 그들에게 좋은 것이 무엇인지를 알게 된다. 예술을 감상하고 평
가한다는 것은 미적 경험을 의미 있게 해 주는 개념들이 없이는 불가능한
일이다. 그러므로 목표의 기본적인 구조는 객관적 경험과 지식의 영역 안
에 존재하는 것처럼 보인다. 우리가 여기서 목표 달성 여부를 파악하려고
한다면, 이것들의 수립을 가능하게 해 주는 요소의 복잡한 패턴을 파악할
수 있을 것이라는 희망을 가져야 한다. 그렇다면 객관적인 경험과 지식에
필요한 기본적인 성취내용은 무엇이며, 이러한 영역 안에는 어떤 구조가
존재하는가?

b. 지식과 경험의 양식들

적절한 개념들*의 획득 없이는 경험이나 지식을 얻을 수 없다는 점
을 지적하면서 논의를 시작해 보고자 한다. 나아가 경험과 사고가 어떤 종
류의 개념 활용을 반드시 포함하고, 공적 세계 안에 공유(公有)된 개념을
포함할 때에 비로소 우리의 관심사가 성취될 수 있을 것이다. 공유된 경험
이 없이는 사실과 공상(空想), 진리와 오류 간의 차이를 구별할 수 없다.
경험과 사고에 대한 분류와 범주화에 대한 공적인 동의가 이루어진 곳에
서만이 그것 안에 존재하는 객관성(客觀性)**을 찾을 수 있다. 하지만 공유
된 개념들은 우리가 객관성이라고 생각하는 것을 성립시키는 데 충분하지
않을 수 있다. 이러한 개념들과 연결이 되기 위해서는 경험되고 알려지고
이해된 것에 대한 객관적 검증이 이루어져야 한다. 과학이 객관적인 진리
만을 추구한다고 생각할 만한 충분한 근거가 있다고는 할 수 없겠지만, 이
러한 검증은 이미 과학분야에서 관찰법에 의해 가장 잘 이루어졌다고 할
수 있다. 여기서 중요한 것은 객관적인 판단이 동의를 받은 개념들 없이는
불가능하기는 하지만, 판단 그 자체는 더 큰 동의를 필요로 하지 않는다는
점이다. 500만이 넘는 사람들이 영국 런던지역에서 살고 있는 사람들의
요구를 이해할 수 있는 것은 거기에 사용된 단어의 의미에 동의하기 때문

---

* relevant concepts
** objectivity

이다. 하지만 그 요구가 사실이냐 아니면 사실이 아니냐 하는 문제는 동의를 받아야 할 것이 아니라 객관적으로 검증해야 할 문제이다. 이러한 요구에 관해 우리들끼리 동의를 할 수 있겠지만 이것은 우리가 결정할 문제가 아니라 그 경우가 어떠한가에 따라 조치해야 할 문제이다. 우리가 세계, 신, 예술작품, 도덕적 행위에 관해 어떤 관심을 가지건, 오직 남는 것은 진실 뿐이다. 그러므로 객관적 검증과 관련이 깊은 공적 개념들의 체계를 통달(通達)함으로써만이 객관적 경험과 지식을 성취할 수 있다. 만약 이러한 주장이 옳은 것이라면, 우리가 나중에 갖게 될 목표의 기본구조는 사람들이 오랫동안 개발해 온 개념체계 및 관련 검증방법을 통해 이루어진 것이라고 할 수 있을 것이다.

이러한 구조를 탐구할 때에 우리가 가르치기를 원하는 특정 개념들 간의 관계를 너무 상술하는 것은 적절하지 않은 것 같다. 왜냐하면 교육과정 계획에서 중요하다고 생각하는 관계의 특징들에 보다 많은 관심을 가지고 있기 때문이다. 이러한 일반적인 수준에서 우리가 실제로 알고 싶은 것은 객관적인 경험과 지식의 영역이, 예컨대 상호 관련된 개념의 복합체인지, 어떤 종류의 통일체인지, 각 영역의 개념들과 동등한 관계를 이루는 유사한 경험과 지식의 형식인지 혹은 다른 내적 조직을 가지고 있는지 하는 점이다. 이 질문에 대한 답은 우리가 행하는 공적 표현의 여러 양식들 안에 내재하고 있는 개념적 관계의 검토를 필요로 하며 나아가 이런 것들과 관련이 있는 객관적 검증에 대한 진지한 요구의 검토를 필요로 한다. 이 영역에서의 검토는 여기서 이루어지기 어렵다. 이 점에 대해서는 다른 곳에서 언급하겠다. 이 영역에서의 작업 대부분은 논쟁적이기는 하지만 이것은 아직까지 성격상 근본적으로 다른 경험과 지식의 양식들의 분화(分化)를 보여주고 있는 것 같다.

보다 구체적인 연구는, 그 영역이 약 일곱 가지로 구분되며, 이들 각각은 특수한 종류의 개념 사용을 포함하며, 그것의 객관성을 밝히기 위한 특수한 형태의 검증방법을 가지고 있다는 것을 보여주고 있다. 형식논리학과 수학의 진리는 추상적인 성질의 관계를 축출하는 개념들을 포함하고 있으며, 이들 학문에서는 공리체계(公理體系)* 안의 연역추론방법**이 진리를 검증하는 방법이다. 이와는 달리 물리과학은 감각에 의한 관찰실험의 결과에 따르는 최종 분석을 통해 진·위를 결정하는 진리에 관심을 가진다. 물리과학이 사용하는 이론적 개념들이 비록 추상적이긴 하지만, 이 과학은 여전히 보고, 듣고, 느끼고, 만지거나 냄새 맡는 것과 관련이 있는 개념들을 사용하고 있다. 왜냐하면 물리과학이 관심을 가지는 것은 감각적인 세계에 대한 지식과 이해이기 때문이다. 이러한 물질세계의 지식 및 이해와 분명하게 구별되는 것은 우리 자신과 타인들의 마음에 대한 인식과 이해이다. 개인 상호 간의 경험과 지식에 꼭 필요한 '믿음', '결정', '의도', '욕구', '행동', '희망', '즐거움' 등과 같은 개념들은 감각에 의한 관찰만으로는 직접 획득할 수 없는 것이다. 사실 '관찰 없는 지식'***이라는 문구는 바로 이러한 관점에서 생겨난 말이다. 다른 검증 형태로의 환원가능성(還元可能性)****이 우리의 마음 상태에 대한 판단을 할 때 가장 잘 보일 수 있을지 모르겠으나 이러한 영역에서의 객관적 판단 근거의 정확성은 아직 충분히 이해되지 않고 있다. 도덕적 판단과 인식은 또 다른 개념군들, 즉 '당위', '그름', '의무'와 같은 개념들을 필요로 한다. 행동이나 상태가 이러한 맥락에서 이해되지 않을 것 같으면, 그것들은 우리가 알고 있는 도덕적 특성을 띠는 것이라고 할 수 없다. 도덕적 판단에 있어서 객관성이 있어야 한다는 주장은 오랫동안 있어 왔던 논쟁거리로서 도덕의 객관성을 설명하고자 하는 시도가 있어 왔다. 또한 도덕을 다른 어떤 지식의 형식으로 바꿀 수 없다는 주장은 이 분야가 독립적인 지위를 가져야 한다는 진지한 요구로 받아들여지고 있다. 이와 같이 언어에 제한을 받지 않는 상징적 표현 형식을 사용하는 객관적인 심미적 경험의 독특한 양식에 대한 주장은 철학적 작업을 충분히 해야 할 것으로 남겨둘 필요가 있는 것으로, 진지하게 다루어져야 한다. 전통적인 형식 안에 담긴 종교적

---

* axiom system
** deducibility
*** 'knowledge without observation'
**** irreducibility

인 주장은 성격상 환원될 수 없는 개념들을 사용한다. 확신에 대한 객관적인 근거가 있느냐 혹은 없느냐 하는 것은 더 많은 논의를 해 봐야 할 문제이다. 이러한 경우는 단순하게 논의할 수 있는 것 같지는 않다. 결국 제1장에서 지적한 바와 같이, 철학적 이해란 독특한 이차질서 개념들*과 일차질서 개념들**로 환원될 수 없는 객관적 검증 형식들을 포함하고 있는 듯하다.

    이들 7개 영역의 차이는 우리가 가진 개념들 대부분이 철학적 분석을 통해 명료화하려는 뚜렷한 범주들***중의 하나에 속하는 것 같다는 주장에 기초하고 있다. 이러한 범주들은 각각의 경우에 범주 안에 담긴 다른 개념들이 전제하고 있는 가장 일반적인 종류의 근본적, 궁극적 혹은 범주적인 개념들****에 의해 확연하게 구별된다. 제3장에서 경험의 '형식'과 '내용'*****간의 차이란 경험의 양식들을 설명하는데 매우 중요하다는 점을 기억할 것이다. 서로 다른 양식들 안에 담긴 경험의 양식을 제공하는 것은 바로 이러한 범주적 개념들이다. 예컨대, 물질세계에 대한 우리의 이해는 '공간', '시간', '원인'과 같은 범주적 개념들을 포함하고 있다. '산'(酸), '전자', 그리고 '속도'와 같은 개념들은 모두 이러한 범주적 개념들을 전제하고 있다. 종교 영역에서 '신' 혹은 '초월'과 같은 개념은 범주적인 것인 반면에 '기도'(祈禱)의 개념은 이보다 낮은 수준에서 작용한다. 도덕 영역에서 '당위'라는 용어는 범주적 상태를 나타내는 개념이며, '의도'(意圖)라는 용어는 다른 사람을 이해할 때 사용하는 개념처럼 보인다. 각각의 영역에서 요구되는 객관적인 검증의 형태는, 특수한 검증형식이 보다 낮은 수준의 개념에 의존한다고 할지라도 이러한 범주적 용어들의 의미와 연결되어 있다. 이는 특별히 비슷한 범주적 개념들을 상정하는 다른 과학, 다른 검증과정에서 찾아볼 수 있는 것이다.

---

* second order concepts
** first order kind
*** categories
**** categoreal concepts
***** 'form' and 'content'

    경험과 지식의 양식 구분은 근본적인 범주적 구분으로, 이것은 우리
가 현재 가지고 있는 환원 불가능한 범주들에 기초하고 있다. 다른 영역들
도 구분되어야 하는 것이 아니냐 하는 주장은 결코 앞서 판단할 일은 아
니다. 왜냐하면 인간 의식(意識)의 역사란 진보적인 분화의 일부로 볼 수
있기 때문이다. 현재 제시된 범주화는 사실 부정확한 것처럼 보인다. 그렇
다고 해도 좋다. 우리가 제안하고자 하는 것은 바로 객관적인 경험과 지식
의 영역 안에는 어떤 형식의 경험과 지식이 다른 형식의 경험 및 지식과
는 결코 같다고 할 수 없으며, 환원될 수도 없는 전혀 다른 종류의 것들이
있을 수 있다는 점이다. 각각의 경우에 적절한 개념들을 파악하고 개인에
게 유용한 그런 종류의 경험과 지식을 검증함으로써만이 가능하다. 어떤
영역에서의 성취란 다른 영역에서의 성취와는 근본적으로 다른 것으로 인
식되어야 한다. 어떤 한 영역에서 사용된 개념과 제기된 객관적인 주장은
특수한 관계의 망(網)*을 형성한다. 어떤 경우에 개념들은 의존적인 형태
로 짜임새 있게 연결되어 있다. 또 어떤 경우에는 관계가 더욱 복잡하여
명시적으로 드러내기가 어렵다. 이와 마찬가지로 정당화(正當化) 양식들도
서로 다르다. 따라서 어떤 영역에서 사용되는 개념과 주장은 그것들의 다
양한 관계 안에서만이 파악될 수 있는 것이다.

    하지만 이러한 양식들 각각이 다른 것들과의 관계에서 갖는 독립성은
오직 상황의 한 측면에 불과하다. 또한 중요한 것은 이들 사이에 존재하는
상호관계의 패턴이다. 언뜻 생각해 봐도, 과학의 영역이 아무리 독립적인
영역이라고 할지라도 물질세계에 대한 우리의 이해는 우리가 가진 수학적
지식에 상당히 많이 의존한다고 할 수 있다. 과학적 탐구가 우리를 새로운
도덕적 딜레마에 빠트린다는 것은 진부한 이야기에 속한다. 이와 마찬가
지로 어떤 종교적 주장은 역사적 사실을 전제하고 있는 반면에 다른 주장
은 도덕적 이해를 전제하고 있다. 하지만 이러한 상호 관계가 어떤 측면에
서 위에서 언급한 바 있는 독립성에 대한 주장을 약화시키는 것으로 여겨
져서는 안 될 것이다. 한 영역에서의 경험과 지식이 다른 영역에서의 경험

* network of relations

과 지식에 **필요하다**[*]는 것은 그것이 결코 **충분하다**^{**}는 것을 뜻하진 않는다. 모든 수학적 지식이 과학적인 문제를 해결하는데 충분한 것은 아니다. 또한 과학이 도덕적인 이해를 제공하는 것도 아니다. 우리가 알아야 할 것은 어떤 영역에서의 지식과 경험의 발달이란 다른 영역의 이해와 인식의 요소들을 사용하지 않고는 이루어지기 어렵다는 것이다. 하지만 이것들이 또 다른 영역에 통합되는 일이 있을지라도 이러한 요소들은 그 자체의 독특한 성격과 타당성을 계속 유지하고 있다는 것이다. 관찰할 수 있는 사건이란 그것에 대한 어떠한 종교적 해석이 이루어진다고 하더라도 남게 된다. 어떤 경험적 사실에 대한 호소가 도덕적 원리를 정당화하는데 필요하다는 것은 도덕적 이해를 하기 위해서는 과학적 선행조건^{***}이 있어야 한다는 것을 의미한다. 하지만 이러한 선행조건이 적절한 과학적 표준^{****}과 그 제정을 통해 판단되어야 한다는 것은 숙고 중에 있는 도덕적 원리와 별개의 것이다. 과학적 사실을 당연한 것으로 받아들인다고 할지라도, 그것이 도덕적 원리에 어떤 의의를 가지는가 하는 점은 오직 도덕적 규범^{*****}에 따라서 판단될 수 있는 것이다. 이러한 관점에서 과학적 표준이란 이제 관련이 없는 것이 된다. 따라서 지식과 경험의 독립적 영역들 간의 상호관계의 형식은 우선 이들 간의 기본적인 차이점을 인식함으로써 이해될 수 있으며, 다음으로 그 각각의 독립적인 특성을 잃지 않으면서 한 영역 안에 다른 요소들을 포함시킬 때 그것들이 어떻게 통합되는가를 통찰함으로써 이해될 수 있는 것이다.

c. 목표의 선정

앞에서 간략하게 살펴본 기본적인 구조 관계는 교육과정(敎育課程)에 도움을 줄 교육목표 선택에 여러 가지 시사를 준다. 이러한 시사들 중 가

---

* *necessary*
** *sufficient*
*** scientific prerequisite
**** scientific canons
***** moral canons

장 중요한 사실은, 교육을 지식과 이해로 특징짓는 바람직한 마음 상태의 발달로 이해할 경우, 근본적으로 다른 지식과 이해의 형태가 무엇이냐를 결정해야 한다는 점이다. 이런 방식으로 누군가를 교육하는 것은 우리가 추구하려고 체계적으로 준비해온 발달형식을 제한하는 것이다. 편협한 전문화와는 구별되는 교육에 있어서 폭의 문제는 사람들에게 열려져 있는 상이한 객관적인 경험과 지식의 형태 각각에 제대로 안내를 받았는가 하는 문제이다. 학생들을 어떤 영역에 소개하지 않거나 소개가 어렵다고 해서 포기하는 것은, 이러한 영역에서 학교가 관련되는 한 개개 학생을 더 이상 개발하지 않겠다는 점을 인정하는 것이다. 확실히, 어떤 영역에서 성취될 수 있는 것은 정도의 문제이다. 하지만 어떤 영역에 특별한 관련 개념, 추리패턴 그리고 판단을 위한 검증방법에 주의를 기울인다면 이러한 사고의 요소들이 분명하고도 일관된 방식으로 작용한다는 점을 경험은 말해준다. 그러므로 일반교육*이 중등학교 단계 전 과정을 통해 이루어져야 한다는 주장을 하는 것은 그리 놀랄만한 일이 아니다.

그러나 일반교육은 그것이 추구하는 이해 및 지식의 범위를 분명하게 하지 못하고 있을 뿐만 아니라 일반교육의 정확한 목적이 무엇인지 그리고 동일한 지식 및 경험의 영역 안에서 특수교육**의 목적이 무엇인지를 구별해 내지 못하는 어려움을 당하고 있다. 초보 전문가는 주어진 영역 안에서 종합적인 이해를 제공해 줄 개념, 기술, 그리고 진리검증 방법에 관한 상세한 지식을 필요로 한다. 이러한 영역에서 그의 지식과 경험은 일상적인 범위를 넘어 확장되어 나갈 것이다. 하지만 일반교육은 그러한 철저한 숙달을 목표로 하지 않는다. 일반교육이 관심을 가지는 것은, 학생들이 지식과 경험의 특성을 음미(吟味)하고, 그것의 주요 요인들을 일상적인 삶에 적용할 수 있는 각각의 이해 형식에 충분히 몰입(沒入)하도록 하고, 이러한 각각의 영역에서 더 큰 가능성을 인식시키며, 그러한 가능성을 추구할 수 있도록 시간과 관심을 기울이는 것이다. 분명히 어떤 영역 안에는

---

* general education
** special education

이 두 가지 관심사가 서로 혼합되어 있는 다양한 과정(過程)들이 존재한다. 하지만 우리가 필요로 하는 것은 의심할 바 없이 영문학에서 말하는 과정을 위한 세부 목표를 세우는 일이며, 그것을 한편으로 16세의 평균능력 졸업자*를 위하여, 다른 한편으로 이 영역에서 더 큰 전문성을 신장시키려 하거나 그렇지 않은 16세의 기능수준('O'수준) 지원자**를 위해 적용하는 일이다. 이와 마찬가지로 우리는 18세에 공과대학의 엔지니어 학과에 입학하려 하거나 종합대학교에서 영문학을 전공하고자 하는 학생들에게 적용할 필요가 있다.

우리는 철학적 근거를 가지고 학생의 발달을 돕기 위해서는 다른 무엇보다도 교육목표의 선택이 중요하다는 점을 강조해 왔다. 목표를 선택함으로써 우리는 학생의 과학적, 심미적 혹은 종교적 발달이 왜 중요한지 혹은 중요하지 않은지를 결정할 수 있다. 처음에 언급한 바 있듯이, 목표 선정에 있어서 간과해서는 안 될 것은, 지적 계획을 세울 때 무시할 수 없는 특수 목적에 대한 정당한 사회적 요구가 있다는 점이다. 어떤 제한된 영역 안에서 전문적인 지식과 기술의 수준은 우리 모두에게 필요한, 말하자면 개인적 선(善) 뿐만 아니라 공동체 전체의 선의 필요에 따라 결정되는 것이다. 오늘날까지도 우리 사회에서 요구되는 균형 잡힌 전문가 훈련 형식은 아직도 공론(空論) 수준에 머물고 있다. 교육목표를 선정할 때에 우리는 학습능력 및 동기유발과 관련이 있는 심리학적 지식을 고려하지 않으면 안 된다. 오늘날 우리가 사용하는 교수와 양육방법으로 우리가 어느 한 개인의 발달 패턴을 어느 정도 결정할 수 있을 것이냐 하는 것은 논쟁을 불러일으키는 문제이다. 현재로서는 아무리 최선을 다한다고 하더라도 뉴턴(I. Newton)이나 아인슈타인(A. Einstein)과 같은 사람을 길러낼 수는 없다. 합리적으로 옹호받을 수 있는 교육과정은 철학적인 관점에서 뿐만 아니라 지지받는 목표에 도달할 수 있도록 계획되어야 한다. 철학은 목표의 본질과 상호관계를 밝힐 수 있다는 점에서 일관된 선택이 왜 필요한지를

---

* sixteen-year-old school leaver
** sixteen-year-old 'O' level candidate

제시할 수 있다. 또한 철학은 인간의 발달과정에서 어떤 선택의 중요성을 제시할 수 있다. 하지만 철학만으로는 그 이상의 것을 해 낼 수 없다.

2 교육과정의 조직

a. 수단-목적 모형*

일단 성격이 다양하고 상호 관계가 복합적인 바람직한 목표가 주어지게 되면, 이제 교육과정을 계획할 때 해야 할 일은 그러한 목표를 달성하기 위한 최선의 수단을 조직하는 것이다. 하지만 상황을 이런 식으로 표현하는 것은 오해를 가져오기 쉽다. 왜냐하면 수단-목적 모형은, 목표가 다른 어떤 것에 앞서 논리적으로 결정된다고 할지라도, 그 어떤 특수한 수단도 설정된 목표를 실현하는 데 필요한 것이 아니며, 목표와 수단이란 완전히 독립적으로 특성화될 수 있는 것이라는 점을 함의하고 있다. 만년필은 종이 위에 어떤 형태를 그려내는 수단이지만 완전히 다른 수단으로 사용될 수 있으며, 그려진 형태는 사용된 만년필의 속성과는 전혀 다른 논리적 관계를 가질 수 있다. 하지만 어떤 입장에서 볼 때 교육과정에 있어서는 수단이 목표와 밀접하게 관련되어 사용되거나 흔히 밀접하게 관련되어 있다. 만약 어떤 사람이 대수방정식(代數方程式)**을 푸는 방법을 이해하고 있다면, 뉴턴의 역학(力學)으로 유성 운동(遊星運動)***의 문제를 해결할 수 있을 것이다. 그러므로 대수기법을 배운다는 것은 유성 운동을 이해하는 수단이라고 생각해도 무방할 것이다. 하지만 이것은 여러 가지 대안적인 수단들 중 하나라고 볼 수 없는데, 이것들 중 최선의 수단은 어디까지나 경험적 탐구를 통해 결정될 수 있을 것이다. 뉴턴 역학을 이해하기 위해서는 논리적으로 이러한 방정식에 대한 이해가 있어야 한다. 여기서 수단과 목

---

* the mean-ends model
** algebraic equations
*** planetary motion

표는 분리될 수 없는 것이기 때문에, 후자는 전자 없이 규정될 수 없다. 사실 여러 경우에 어떤 궁극적인 목표를 이루기 위한 수단은 필요한 목표 이외에 부수적인 목표를 성취하도록 분류될 수 있지만, 이것은 그 자체로서 가치가 있는 목표이며 나아가 논리적으로 궁극적인 목적 성취에 필요한 것이다. 이러한 관점에서 목표들 간의 상호 관계가 교육과정 안의 계열 구성에 필요하다.

다른 관점에서 보면, 교육과정의 목표를 실현하기 위한 수단은 발달 형식을 성립시키기 위해 구체적으로 선정하고 조직한 활동 프로그램으로 구성된다. 이러한 교육활동의 두드러진 특징은 다음 장에서 자세하게 논의하게 될 것이다. 하지만 이 시점에서 우리가 관심을 가지는 것은, 교육과정 조직을 포함하는 단원의 형태에 관한 것이다. 그 까닭은 그러한 활동이 우리가 개괄해 온 목표의 구조와 밀접히 관련을 맺고 있다고 생각하기 때문이다.

b. 학교 '교과목'*의 성격

현대 교육에서 추구하는 다양하고 복잡한 목표들을 성취하기 위한 실제적인 시도는 어떤 식으로든지 다룰 수 있는 분량의 제한된 과업으로 나누지 않을 수 없다. 전통적으로 이러한 일은 소위 수학, 역사, 영어, 종교, 목공 등과 같은 학교 '교과목'(敎科目)*으로 불리는 교육과정의 조직에 의해 이루어졌다. 목표의 범위를 제한하는 각각의 이름하에 다른 것들을 제외시키고, 특히 이러한 목표를 성취하는데 적합한 활동들이 각각의 단원(單元)** 안에서 계획된다. 각각의 경우 목표가 지닌 중요성에 따른 활동에 정규 시간이 할당된다. 그렇다면 어떤 원리에 따라 이러한 단원이 구성되는 것인가? 이것이 학습을 조직하는 유일한 혹은 최상의 방법이라고 생각할 만한 이유가 있는가? 우리는 그것이 또 그것만이 객관적인 경험과 지식의 독립적인 양식의 근본적인 차이점을 드러내는 것이라고 여기는 생각에 근거하

---

* school 'subject'
** unit

여 이러한 조직을 옹호하려고 한다. 하지만 교과목들의 목차를 검토하다 보면, 분명한 것은 교과목들이 하나같이 그러한 양식 안의 목표군(目標群) 모두를 추구하는 것은 아니라는 점이다. 일단 영어, 지리, 종교와 같은 교 과목에서 몇 가지 이해의 형태를 찾아볼 수 있다. 이러한 단순한 사실은 교육과정 단원의 성격이 과목이건, 주제이건, 과제이건, 그리고 기타 다른 무엇이든지 간에 교육목표를 달성하기 위해 구성되는 단원으로 이해되어 야 한다는 중요한 관점을 보여주고 있다. 이런 단원들은 이러한 맥락 밖에 서는 아무런 본질적 가치를 가질 수 없다. 우리의 경험과 지식은 여러 가 지의 독특한 형식들로 분화되기 때문에, 그러한 지식과 경험을 발달시키 는 최선의 방법이란 이러한 맥락에서 교육과정을 조직하는 것이라는 주장 을 전적으로 받아들일 수는 없다. 왜냐하면 그러한 패턴에 대해서 논의할 만한 학습 및 동기유발 등 다수의 심리학적 요인들이 있기 때문이다. 교육 과정에 대한 사회적 요구는 다른 양식들로부터 지식과 이해를 모으는데 도움을 줄 수 있을 것이다. 철학적 근거에 비추어볼 때 하나의 양식 안에 서 목표로 설정된 각 교과를 구성하는 교육과정은 이미 지적한 바 있는 양식들 사이의 복잡한 상호 관계를 정당화하기에는 부족한 점이 있다. 사 람의 지식과 경험의 계발은 반드시 다른 양식 안에 담긴 교과의 발달을 포함하고 있지만, 그렇다고 해서 교과를 서로 독립된 상태로 분리해서 그 자체에만 관심을 가져야만 한다는 것을 의미하지는 않는다. 도덕적인 문 제에 대한 이해는 심미적 감상을 위한 관심이 별로 없는 맥락에서는 추구 될 수 없는데, 그 이유는 이 두 가지 양식이 전혀 다른 종류의 것이기 때 문이다. 사실 이 두 가지 양식은 어떤 영문학 작품을 통해서 최소한 부분 적으로 계발될 수 있다.

　구분되기는 하지만 서로 관련이 깊은 경험과 이해의 양식들을 개발하 는 과정은 마치 조각 맞추기*와 유사하다. 조각 맞추기를 하는 어떤 절차 가 다른 색의 조각들을 차례로 맞춰 작품을 만드는 것이듯이, 우리는 교육 과정 안의 독립적인 경험양식들을 그런 방식으로 다룰 수 있을 것이다. 이

---

* jigsaw

와 마찬가지로 색깔이 무엇이든지 간에 표면에 그려진 다른 대상과 특성의 윤곽을 생각하면서 조각 맞추기를 해 갈 수도 있다. 나이가 어린 단계에서는 외곽선을 이루는 조각들을 배치하는 방식으로 조각 맞추기를 했을지도 모른다. 사실 조각 맞추기에는 여러 가지 다른 절차들이 있을 수 있으며 이것들 대부분은 서로 맞물리고 구조화되어 이루어진다. 교육과정도 이와 유사하다고 할 수 있다. 전혀 다른 종류의 교육과정 단위가 사용될 수 있지만, 그것이 효과가 있다면 반드시 구조화된 목표를 진일보하게 성취하는 결과를 가져올 수 있을 것이다. 효과적인 절차의 측면에서 보면 조각 맞추기는 여러 색깔의 조각들이 짝을 이루어야 하듯이 이해 및 경험의 독립된 양식들도 교육과정에서 여러 가지 요소들이 서로 맞물려 만들어지는 것이다. 그러므로 우리가 관심을 가지는 목표가 독립적인 경험 및 지식의 양식들의 구조 안에서 서로 관련을 맺고 있는 것처럼 보이지만, 다양한 교육과정 단원 안에서 이러한 목표들을 추구하는 것이 가능한 것처럼 보인다. 예컨대, 산수 공부에서와 같이, 어떤 단원은 단일 양식 내의 목표와 관련이 깊다. 지리교과나 지방산업(地方産業)에 관한 과제의 경우처럼 몇몇 다른 양식들로부터 설정된 목표들과 관련된 것들도 있다.

　　이러한 것들을 성취하는 보편적인 방법이 없다고 할지라도 그것들 간의 상호 관련 구조 속에서 도달하게 될 바람직한 목표가 무엇이든지 간에 수립된 구조의 본질로부터 생겨나는 효과적인 교육과정 단원 설계에는 모종의 제약이 있을 것 같다는 생각이 든다. 결국 결코 조각을 맞출 것 같지 않은 조각 맞추기를 할 수 있는 체계적인 방법을 생각해 볼 수 있을 것이다. 예컨대, 1평방 인치의 면적을 가지는 조각 모두를 우선 배치한 후 이것들을 1.2평방 인치의 면적을 가지는 조각들 가까이 움직이려는 사람들이 있다. 교육과정을 계획할 때 반드시 관련지어야 할 다른 목표들을 고려하지 않으면서 목표들을 서로 묶어 단원을 만들려는 사람들이 있다. 단일의 경험 및 지식의 양식에 도움을 주는 단원들이 가지는 강점은, 관련되어 있는 목표의 특성을 근본적으로 제한함으로써 그 단원들이 서로 관련이 깊은 개념들, 추리 패턴, 마음의 자질(資質)을 발전적으로 숙달(熟達)하도록 관심을 기울인다는 점이다. 다른 양식의 요소들이 그러한 '교과들' 안에서 사용된다고 할지라도 이러한 요소들에 대한 숙달은 다른 곳에서 다루어져 왔다고 생각해 볼 수 있다. 물론 이러한 단원들은 상이한 양식의 독립성을 강조하고 있다.

c. 교육과정의 통합

한 가지 양식 이상의 목표들과 관련이 있는 보다 잘 정립된 교과들, 예컨대 지리나 영어는 상대적으로 그것들을 포함하고 있는 양식들 안에서 제한을 받아 왔다. 그러나 최근에 이 교과목들이 관심 영역을 좀 더 넓혀야 한다는 요구가 이루어지고 있다. 예컨대, 현재로선 영어라는 표제에서 심미적이고 언어적 요소뿐만 아니라 타인 및 도덕적인 문제 이해에 대한 관심사를 어렵지 않게 찾아볼 수 있다. 그러한 교과들은 서로 독립적인 영역들 사이에 존재하는 관련성(關聯性)을 강조한다는 점에서 중요한 것들이다. 이것과 관련된 중요한 과제는 이것들에 관해 각각 지속적이고도 체계적으로 관심을 가지기보다는 관련을 맺고 있는 서로 다른 형태의 경험과 지식 안에 내재하는 요소들을 적절히 계발하는 것이다. 대체적으로 이것들이 체계적으로 추구될 경우 여기에 포함된 다양한 양식들에 속하는 상이한 측면에 대한 연구가 자세하게 이루어질 수 있을 것이다. 해결하기 어려운 것은 아니지만, 이러한 문제는 여러 양식들의 목표가 제시하는 교육과정 단원의 주제 및 구안(構案)* 형태의 문제와 더불어 심각한 것이다. 목표들이 이런 방식으로 효과적으로 이루어지고 주제나 구안이 추구하는 이것들 간의 상호 관계가 진지하고 자연스러울 때 이러한 단원들이 중요한 기능을 하게 되는 것이다.

하지만 이러한 일이 성공적으로 이루어지기 위해서는 이에 참여하는 교사가 풍부한 지식과 능력을 소유하고 있어야 한다. 별로 능력이 없는 사람이 구안과 주제를 다루게 되면, 그것이 비록 흥미를 끄는 것이 될 수는 있겠으나 교육적으로 가치가 거의 없거나 전혀 없는 것으로 변질되기 쉽

* project

다. 만약 다른 영역들에서 축출된 목표들이 이들 각각의 영역 안의 구조와
적절히 관련을 맺지 못한다면 아무 것도 성취될 수 없을 것이다. 만약 목
표들이 아무런 의미 없이 그냥 그룹만 지을 경우 이것을 실행해 옮기는데
초점이 사라져버릴 것이며, 이것은 단지 분리된 양식들 안에서 목표들이
반드시 가져야 할 상호 관계와는 거리가 먼 것에 주의를 기울이게 하는
결과를 가져올 수 있다. 즉 사람들은 생리학과 관련된 손, 공장의 근로 조
건으로서의 손, 그리고 손에 부여된 종교적 의미에 대한 구안을 해 거기서
무엇을 얻을 수 있다는 것인지 의아해 한다. 게다가 이런 형태의 교육과정
조직은 그것이 교육목적에 기여해야 할 것이 무엇인지를 결정하도록 할
위험이 있는 것처럼 보인다. 양식 안의 요소들을 배우는 효과적인 방법을
제공하는 주제나 구안은, 그것이 의미 있게 관련을 맺고 있는 다른 양식의
요소들이 이미 알려진 것이거나 이 단계에서 학생들에게 교육적으로 중요
하지 않거나 부적절한 것이라고 한다면 교육적으로 폭넓은 가치가 있는
것이라고 하기 어려울 것이다. 또한 수단의 조직이 그것이 기여할 목적보
다 더 중요한 것이라고 여기는 교육형식에는 상당히 잘못된 무엇인가가
있는 것처럼 보인다.

　　하지만 통합교육과정(統合敎育課程)단원*에 대한 공리공론적인 주장이
교육적으로 그릇된** 것일 수 있지만, 그럼에도 불구하고 이러한 단원은
실제로 교육과정을 계획할 때 중요한 위치를 점하고 있는 것처럼 보인다.
전통적인 교과교육과정은, 지리나 일반과학과 같은 복합교과에 있어서나
수학 및 물리학과 같이 상호 관련된 교과를 유지함에 있어서 때로는 어떤
영역을 인위적으로 분리하려는 시도를 막으려는 방안을 마련하고 있다.
그런데 이와 같은 방안이 성공적으로 이루어질 수 없는 것은 통합적 접근
을 요구하는 논리적 속성을 띤 교육목적을 실현하기 위한 계획을 수립하
는 것이다. 이는 실천적인 판단, 특히 도덕적인 판단을 내리는 과정에서
적절한 교육의 요구가 무엇인지를 생각해 볼 때 가장 두드러지게 나타나

---

* integrated curriculum units
** miseducative

는 경우이다. 개인적이고 사회적인 업무를 수행할 때 해야 할 것이 무엇인가에 대한 판단은 상당한 지식, 즉 물리적인 세계, 사회, 타인의 관심과 감정, 객관적인 도덕적 판단의 근거가 되는 원리들에 대한 지식을 토대로 타당하게 이루어질 수 있을 뿐이다. 기술적인 상황*에서뿐만 아니라 일상생활 속에서 이루어지는 효율성(效率性) 판단**은 여러 가지 상이한 요인들에 대한 주의를 요구한다. 따라서 이러한 영역에서 이루어지는 적절한 교육은 최소한 다양한 상황에 맞게 숙고(熟考)***를 할 수 있는 능력과 책임 있는 실천적인 판단을 할 수 있는 능력의 계발을 필요로 한다. 이것을 계발하는 일은 결코 쉽지 않다. 하지만 이러한 맥락에서 중요한 것은 그러한 교육이 여러 가지 다양한 영역으로부터의 지식과 이해의 통합을 반드시 요구한다는 점이다. 그렇기 때문에 주제와 구안의 사용을 여기서 어떻게 피할 수 있을 것이냐를 이해하기 어렵다. 판단을 내리는 것 이외에도 결정을 할 때 필요한 실천적인 방법과 기술이 객관적인 것으로 받아들여진다면, 교육과정에서의 주제와 구안에 대한 논의는 대단히 중요한 것처럼 보인다.

교육과정이 독립된 교과목들로 구성되어야 하느냐 또는 다른 것들과의 통합된 단원으로 구성되어야 하느냐의 문제는 단순히 이 두 가지 접근이 가능한 영역에서 교수와 학습의 가장 효과적이고 효율적인 수단이 무엇이어야 하는지의 문제는 아니다. 통합단원은 여러 가지 복합성을 가지고 있다는 점에서 여러 가지 상이한 종류의 가치 있는 학습 수단이 될 수 있으며, 동기유발의 관점에서 볼 때 상당히 권장할 만한 것들이 될 수 있다. 하지만 이러한 논의의 이면에는 추구해야 할 목표의 본질이 무엇이냐에 대한 생각이 전제되어 있다. 논리적으로 구분되는 지식 및 경험의 양식들을, 이것들에 대한 체계적인 관심이 없이는 이해하기 어렵듯이, 적절하게 계획된 통합 단원의 사용 없이는 그 범위 내의 복잡한 상호 관계를 적절히

---

* technical situations
** efficiency judgments
*** considerations

평가하기 어렵다. '전통적인' 교과 옹호론자들과 '진보적인' 통합 옹호론자들 간의 대립 속에서 생겨난 교육과정 논쟁의 부적절한 양극성(兩極性)*은 다른 곳에서뿐만 아니라 이곳에서 적어도 양 측면의 철학적 오해(誤解)에 기인하는 듯하다. 교육목적의 속성은 학생이 독립적이면서도 서로 밀접히 관련되어 있는 경험과 지식의 양식을 체계적으로 파악할 수 있도록 주의를 기울이게 하는 것이다. 실수로 인해 혹은 지식의 통일성에 대한 그릇된 이론으로 인해 이러한 측면들에 대해 관심을 기울이지 못하는 것은 전체 계획을 왜곡시키는 것이다.

　교육과정 조직에 대한 논의 과정에서 우리는 논의의 범위를 일련의 목표들로 이루어진 단원들의 속성에 국한시켰다. 이러한 단원들은 모든 교육과정 계획에서 필연적으로 실천적인 속성을 띠는 것처럼 보인다. 하지만 이러한 단원들을 어떻게 적용할 것인가 하는 점이 고려되지 않았다. 전통적으로 40-45분의 시간이 다른 교과들에 배정되어 왔다. 하지만 때에 따라서 그러한 시간 배정을 무시하고 교사나 학생 개개인에게 세부적인 시간을 위임하는 경우도 있었다. '통합적인 수업시간'**내에서 운영되는 교육과정 단위는 실제로 대부분의 전통적인 문법학교 교육과정 안의 교과들처럼 구조화된 것들이다. 교육과정의 변화는 한눈에 볼 수 있는 것처럼 항상 분명한 것이 아니다. 이는 다른 측면에서도 마찬가지이다. 즉, 교육과정에 대한 요구란 학습 및 교수 활동의 새로운 형태의 도입에 대한 요구와 자주 혼동되기 때문이다. 실제로 우리는 때로 새로운 교수방법의 도입과 함께 교육과정 단원 조직과 관련된 불필요한 부담을 받아들이도록 요청받고 있다는 점을 인식하는 것은 중요한 일이다. 교육과정 단원이 경험과 지식의 독립된 양식에 기반을 둔 교과이건, 그러한 몇몇 양식과 관련된 교과이건, 어떤 종류의 주제이건, 이 모든 것들의 조합이건, 현대적인 방법으로 폭넓게 사용할 수 있다. 팀 티칭, 개별 혹은 그룹토론, 교수기계***,

---

* unfortunate polarization
** 'integrated day'
*** teaching machines

영화, 견학, 판서 및 토론의 활용 등 이러저러한 모든 것들은 다른 어떤 교육과정과 마찬가지로 교과 중심적 교육과정*에서 활용될 수 있는 것이다. 합리적인 교육과정 계획을 세울 때 교육과정 구조에 대한 문제는 적용해야 할 활동과 방법에 관한 문제와는 분명히 구별되어야 한다. 후자에 관해서 우리는 아직까지 아무 것도 언급하지 않았다. 그러므로 우리는 이제부터 교육활동의 특성에 대해 관심을 기울여 보고자 한다.

---

* subject structured curriculum

제 5 장

교 수

THE · LOGIC · OF · EDUCATION

교 수

서 언

지금까지 '교육'의 목표를 일반적인 용어의 측면에서 그리고 교육과정 계획의 맥락에서 집중적으로 다루었다고 할 수 있지만, 이미 '교육'이라는 용어가 흔히 목표 자체의 수준에서 뿐만 아니라 이러한 목표에 기여하는 활동의 수준에서 빈번하게 사용되었다. 이제 우리는 교육적인 활동들이란 어떤 것이며 이러한 활동들이 어떻게 목표에 기여하는지를 고찰하고자 한다.

가장 피상적인 수준에서 생각해 보더라도 '교육한다는 것'은 양치질을 하거나 자전거를 타는 것과 같은 특정 활동이나 과정은 아니라고 할 수 있다. 이 용어는 오히려 '정원 가꾸기'*처럼 일련의 활동들을 포함하고 있다. 누군가를 정원사라고 부른다면, 그는 땅을 파고 호미질을 하고 나뭇가지를 치는 등의 일을 할 수 있을 것이다. 어느 시간에 그가 하고 있는 일이 분명하게 명시되지는 않지만, 화초나 나무를 가꾸기 위해서는 이러한 일들 중 어떤 것인가를 해야 한다. 왜냐하면 정원 가꾸기는 이러한 일들과 분리될 수 없는 것이기 때문이다. '교육'이란 말이 좀 더 추상적인 용어이

---

* 'gardening'

기는 하지만 이와 유사하다고 할 수 있다. 이와 마찬가지로 우리는 아침에 정원을 가꾸거나 요리를 하면서 시간을 보낸다고 말하는 것은 자연스러워 보인다. 하지만 교육을 하면서 시간을 보낸다고 말하거나 '가서 교육을 추진해 달라'고 말하는 것은 어딘가 부자연스러워 보인다. '개혁하다', '개선하다', '개량하다'*와 같이 '교육한다'는 것은 여러 활동들이 통합의 원리**에 따라 일관되게 따라야 할 표준(標準)***에 주의를 기울이는 것처럼 보인다. 따라서 우리는 이 같은 높은 수준에서 교육받은 사람****의 육성이라는 일반적인 목표를 성취하는데 기여하는 활동들을 소개해 보고자 한다.

1 '학습'의 개념

a. 숙달

숙달(熟達)*****만으로 교육의 과정(過程)들†을 모두 설명할 수 있는가 아니면 그 이상의 어떤 것으로 설명할 수 있는가? 이 점에 대해 말할 수 있는 분명한 사실 하나는 이 교육의 과정이 학습(學習)을 포함하고 있다는 점이다. 예컨대, 자연스런 생리적 혹은 성숙과정에 의해 일어나는 변화가 아무리 바람직한 것이라고 하더라도 그것을 교육으로 기술(記述)할 수는 없다. 하지만 우리가 요구하는 것이 보다 적극적일 때 이것은 단지 교육과 학습이라고 할 수 없는 것이 무엇인지를 예증하는 것에 지나지 않는다. 어려운 일이긴 하지만 최소한 다음 두 가지가 논리적으로 필요한 학습조건이요, 교육조건인 것처럼 보인다. 첫째, 학습이란 늘 대상을 가지고 있다는 것이다. 사람들은 특정한 X를 반드시 학습하고 있으며, 그 학습과정도

---

* 'reform', 'improve', 'ameliorate'
** principle of unity
*** standards
**** educated person
***** *mastery*
† processes of education

특정한 X의 숙달, 성공, 혹은 성취와 늘 관련되어 있다. 일단 학습이 끝나고 나면 과거에 몰랐던 사실을 알게 되거나 어떤 기능을 숙달하게 되는 등의 일정한 수준에 도달하게 된다. 여기서 성취할 수 있는 것들은 마지막 장에서 예시할 목표들만큼이나 다양하다. 따라서 학습을 가능하게 하는 형식들 또한 다양하다는 것은 놀랄 일이 아니다. 읽기, 암송, 관찰, 그림그리기, 다양한 신체 운동 등은 보다 분명한 학습활동들이라고 할 수 있다. 사실 학습활동이라고 할 수 있는 것은 무수히 많다. 과연 학습과 관련되지 않은 활동이 있을 수 있는가?

b. 경험

앞에서 성숙(成熟)의 형식들을 학습의 개념에서 제외시켰듯이, 숙달(熟達)*도 학습을 설명하기에는 부족한 점이 있다. 사람이 태어날 때부터 무엇인가를 알고 있고 어떤 기술을 가지고 있다는 사실은 적어도 이론적으로 가능한 이야기이다. 하지만 우리는 이것을 학습이라고 부를 수 없다. 우리가 여기서 강조하고자 하는 것은 숙달이나 성취란 사람이 과거에 행했던 경험의 산물이라는 것이다. 이런 말을 하면서 우리가 알아 두어야 할 것은 학습이란 자신이 이룬 숙달의 특정 형식을 분명하게 인식하지 못하는 상태에서도 일어난다는 사실이다. 하여튼 어떤 상태의 변화가 모종의 경험을 통해 계속 일어난다는 것이다. 하지만 우리는 경험에 대해 논할 때 의식적인 세계만을 논의하는 것은 아닐까? 수면학습(睡眠學習)**이나 약물투여(藥物投與)로 인한 지식획득의 가능성은 어떻게 설명할 수 있을 것인가? 이와는 반대로 우리가 의식 세계를 강조하지 않는다면, 수면학습이나 최면(催眠)***의 경우에서처럼 학습 자료를 마치 의식이 있는 것처럼 배우는 과정과, 수면이나 최면상태는 아니더라도 약물을 사용하여 배우는 과정 간에는 어떤 차이가 있는 것인가? 심리학자들은 성숙의 결과라고 할

---

* mastery
** sleep learning
*** hypnotism

수 없는 행동변화를 '학습'이라는 용어로 설명하는 경향이 있다. 어떤 심리학자는 약물에 의해 일어난 행동변화가 분명히 경험을 통해 일어나는 변화가 아님에도 불구하고 '학습'의 범주에 포함시키고 있다. 또한 심리학자는 잠재의식적인 '경험'과 학습자가 전혀 의식하지 못하는 여러 가지 형태의 적극적인 또는 소극적인 강화에 의해 일어나는 변화를 학습으로 보고 있다. '학습'을 이런 의미에서 사용할 것인가 아니면, 의식적 경험에 상응하는 어떤 적절한 성취를 이끄는 좁은 의미에서 사용할 것인가 하는 것은 별도로 결정해야 할 일이다. 어떤 측면에서 보면, 양자 간의 차이가 분명하고 이 양자를 모두 포함하는 일반적인 학습원리가 반드시 있어야 한다고 생각하지 않는다면 그것이 어떤 개념으로 사용되건 그리 중요한 문제는 아니다. 다만 주어진 관계 속에서 이 양자를 구별하는 것이 중요하다. 이 문제는 더 이상 논의하지 않기로 하겠다. 우리는 대부분 심리학자가 아니기 때문에 '학습'이라는 용어를 일반적인 수준에서 다루고자 한다. 왜냐하면 어떤 성취에 도달하는데 필요한 의식적 혹은 무의식적 경험의 형식을 아직까지 학습으로 보고 있기 때문이다. 학습을 교육적 맥락 속에서 바라볼 때 사람에 따라서는 더 중요하다고 생각하는 측면이 있을 수도 있기 때문에 학습의 개념을 좀 더 명확하게 구분할 수 있는 여지를 남겨놓는다.

c. 교육과 학습

만약 모든 교육과정(敎育過程)이 학습의 과정이라면, 모든 학습과정이 교육과정은 아니라는 점을 받아들일 필요가 있다. 교육의 가치 기준에서 생각해 볼 때 학습된 것들 중 성적 도착(性的倒錯)*과 같은 바람직하지 않은 것이나 귀를 움직이는 것과 같은 하찮은 일 등은 교육에서 제외되어야 한다. 앞에서 말한 성취들이 교육에서 제외된다면, 이러한 결과를 자아낸 활동들 역시 보다 가치 있는 것들을 만들어내고 교육적으로 바람직한 목표를 실현해 낼 수 없는 경우라면 마찬가지로 제외된다. 하지만 그것들이

---

* sexual perversion

가져온 성취들과는 관계없이 과정 그 자체에 대한 이의가 제기될 수 있다. 왜냐하면 '교육'의 가치 기준은 결과 판단에 적용될 수 있을 뿐만 아니라 과정 판단에 적용될 수 있기 때문이다. 이러한 이유로 어떤 학습과정은 '교육적인' 학습의 형식으로 받아들이기 어려운 것들이 있다. 이것을 보여 주는 적절한 예로 학습자를 한 인간으로 대우하지 않는 어떤 과정을 들 수 있다.

2 '교수'의 개념

a. 교육과 교수

흔히 교육의 과정은 학습을 포함하고 있을 뿐만 아니라 교수(敎授)*를 포함하고 있다. 그러나 이 경우 교육과 교수가 반드시 논리적인 연관성이 있는 것은 아니다. 왜냐하면 교육이란 교수 없이도 이루어질 수 있기 때문이다. 만일 누군가가 스스로 보트를 저을 수 있게 되었다면, 다른 사람의 도움 없이도 바람직한 무엇인가를 배웠다는 점에서 이것을 '참된 교육'**이라고 말할 수 있을 것이다. 교수 없이도 이루어지는 여러 가지 학습형식들이 있을 수 있으며 또 '교육적인' 학습***이라고 해서 반드시 교수상황(敎授狀況)****에서 일어나야 한다는 추가적인 기준을 내포하고 있지도 않다. 경험적 사실에 비추어볼 때, 교육적 상황이 교사에 의해 조직될 때 학습이 보다 빠르고 믿음직하게 이루어진다. 어쨌든 '학습'이나 '교육'이 '학습'을 포함하고 있다는 것은 확실히 개념적 진리*****가 아니라는 것이다.

오늘날 교육 분야에서 교수보다는 학습에 더 관심을 기울이는 것은

---

* teaching
** 'real education'
*** 'educative' learning
**** teaching situation
***** conceptual truth

논리적으로 볼 때, 학습은 교육에서 필수적인 것인데 반해 교수는 그렇지 않다는 중요한 원리를 배경으로 하고 있다. 하지만 학생이 바람직한 목표를 배우는데 필요한 것을 희생시키면서까지 교수를 도외시하게 되면 그릇된 교육*을 낳을 수 있다. 사실 이러한 교육목적 대부분은 교수 없이 현실적으로 성취할 수 없는 것이기 때문에 그러한 활동의 본질이 무엇인지를 분명하게 하는 일도 중요하다. 앞에서 논의한 바 있듯이, 객관적인 경험의 상이한 형식들 안에 담긴 개념들과 진리 검증 유형들이 중요한 교육목표들이다. 이와 같은 교육목표와 우리가 관심을 가지는 마음의 자질들은 수천 년을 거쳐 다듬어 온 복잡한 언어구조, 사회제도, 전통의 적극적인 정련(精鍊)의 과정을 통해 이룩된 것들이다. 또한 아이들은 교육목표와 마음이 스미어 있는 복잡한 인위적인 환경을 통달했을 때 비로소 이것들을 흔쾌히 받아들이게 된다. 이러한 목표들의 추상적인 속성과 복잡한 구조를 학생들이 효율적이고 효과적으로 내면화할 수 있는 유일한 길은 우리가 이들에게 문화유산을 신중하고도 체계적으로 소개하는 것이다. 물질적인 맥락에서건 사회적인 맥락에서건 단순하게 생활하고 자유롭게 탐구하면서 옳고 그르고 타당하고 부당한 것을 판단할 수 있는 복잡다단하고 규칙 지배적인 원리나 절차**를 학습할 수 있을 것이라고 여기는 것은, 그럴듯하게 꾸미지 않는 한 웃음거리에 지나지 않을 것이다. 적절한 계획이 없기 때문에 이런 방식으로 행동한다는 것은 목표에 담긴 복잡한 속성을 제대로 이해하지 못하고 있음을 나타내는 것이며, 우리들 대부분의 사고나 행동에 있어서 아무런 도움 없이 성취할 수 있는 것이 많지 않다는 점을 보여주는 것이다.

그러므로 학생이 배우고자 하는 것들을 심사숙고하여 체계적으로 가르치는 것, 이것이 바로 학교의 핵심적인 기능으로 보인다. 비록 교수가 교육과 학습의 모든 형식에 필요한 것은 아닐지라도 그것은 학교교육***에

---

* miseducation
** rule-governed principles and procedures
*** schooling

필요한 것이다. 학교가 관심을 가지는 교육과 학습의 이러한 요소들이란 권위를 가진 교사와 전문가들이 의도적으로 계획한 목표들이요 활동들이다. 어떤 의미에서 교수에 관심을 기울이지 않는 기관들은 설령 그 나름의 독특한 방법을 가지고 있다고 하더라도 사실상 학교라는 이름을 가질 자격이 없다. 또한 아무리 가치있는 것이라고 하더라도 교수의 기능을 소홀히 하는 교육기관이 있다면, 우리는 그 기관의 책임자에게 학생의 학습을 위해 해야 할 일이 무엇인지를 요구해야 할 것이다.

b. 학습유발의 의도

그러나 교수는 어떤 특징을 가지고 있으며, 어떻게 그러한 활동을 다른 것들과 구별할 수 있는가? 앞서 언급한 학습과 정원 가꾸기의 경우에서처럼 분류할 수 있는 특정한 활동은 없다. 하지만 어떤 식으로든지 공통된 특징이 나타날 수 있다. 왜냐하면 대부분의 활동 배후에는 학습을 불러일으키는 의도가 내재해 있기 때문이다. 대부분의 경우에 교수란 누군가가 반드시 무엇인가를 배운다는 것을 의미하는 것이 아니라 오히려 교사가 학습을 불러일으키려는 의도를 가지고 있다는 것을 의미한다.

교수를 이러한 의도를 가진 활동으로 바라보게 되면 우리는 그 활동이 어떤 형식을 취하든지 간에 교수를 수업(授業)이나 예시(例示)와 같은 전통적인 방식으로 제한하려는 편협한 견해에서 벗어나는데 큰 도움을 받을 수 있다. 앞에서 지적한 바와 같이 학생들이 배워야 할 것은 개념, 믿음, 기술, 습관, 태도 등 매우 다양하다. 마찬가지로 학습의 과정들 또한 다양하다. 그러므로 이러한 다양한 학습의 형식들을 가능하게 하는 활동들이 다양해 질 수 있다는 것 또한 놀랄 일은 아니다. 우리가 원하는 학습이 자신의 활동 계열을 결정하고 스스로 사물들을 탐구하며 이것들을 조직할 수 있는 기회를 가진 학생에 의해 가장 잘 성취될 수 있다면, 이것은 어떤 의미에서 교수 전체라기보다는 일부는 될 수 있을 것이다. 왜냐하면 교수가 학습에 비해 아무런 관점이나 의도도 가지지 않는다면, 이와 같은 계획이 이 용어의 의미 속에 잘 드러나지 않을 것이기 때문이다.

학교교육*에 필요한 부분으로서 상호 관련된 교수활동을 이해하지 못한 채 학습활동을 강조하는 것은 학교의 본래 과업(課業)**을 왜곡시킬 수 있다. 예컨대, 탐구, 발견, 연구 그리고 시행착오 등은 모두가 학습의 형식들***이다. 하지만 이것들의 근원은 사람이 스스로 공부하는 곳, 사실상 교사가 없거나 교사가 있을 수 없는 학습환경과 관련이 있을 수 있다. 왜냐하면 배워야 할 내용이 아직 밝혀지지 않았기 때문이다. 정확하게 말해서, 이러한 활동들은 가르침을 받지 않고도 배울 수 있는 것들이다. 그러나 이와 대조적으로 학교교육의 일반적인 특징은 최선의 방법을 통해 학습을 가능하게 해 주는 역할을 담당하고 있는 교사가 있다는 것이다. 이런 맥락에서 탐구, 발견, 연구 그리고 시행착오는 학교교육의 한 부분을 차지하고 있지만 학교교육 전체를 구성할 수는 없다. 이 요소들이 학교교육 안에서 활용될 때에는 어떤 특정 목표들을 달성하기 위한 가장 좋은 방법으로 인정을 받는 통제된 상황에서 신중하게 사용되어야 한다. 다만 여기서 이것들은 계획된 교수안(敎授案)****이나 수업 및 예시활동으로 받아들여져야 할 것이다. 학교교육은 가능한 한 허용할 수 있는 학습활동을 제한하지 않는다. 오히려 학교교육 안에서의 활동들은 의도적인 교수 계획의 일부가 될 수 있으며, 이것들은 실현하고자 하는 목표들을 결정하는 일에서부터 시작하여 이것을 성취하는 최선의 수단들을 계속 조직해 나가도록 해 준다. 일단 이러한 점들을 받아들인다면, 학생들이 처음에 사물을 발견하는 방법이 한때 그들이 알고 있던 것을 배우는 가장 좋은 방법이라고 생각할 하등의 이유가 없다는 점을 기억해야 한다. 여기서 덧붙일 말이 있다면, 그것은 자신들이 참여하고 있는 학습활동에서 학생들이 아무런 선택도 할 수 없는 것은 아니라는 점이다. 교육과정의 목표를 설정하고 교육과정을 조직할 때에 중요한 것은 대부분의 경우 최종 결정이 교사의 손에 맡겨져야 한다는 것이다. '설정한 목표를 가장 잘 실현할 수 있는 최선

---

* schooling
** enterprise
*** forms of learning
**** planned scheme of teaching

의 학습활동은 무엇인가?'라는 문제는 교사의 판단과 관련될 수밖에 없는 것이다. 최선의 학습활동이란 무엇인가에 대한 잦은 논쟁은 목표들에 대한 의견이 불일치하고 있다는 점에서 구심점을 잃고 혼란에 빠질 수도 있다.

c. 학습내용의 선정

교수활동의 주요 의도가 학습을 불러일으키는 것이라는 사실 이외에 무엇을 더 이상 말할 수 있을 것인가? 우리는 학습을 특징짓는 두 가지 특징과 관련된 두 가지 사실에 대해 분명하게 말할 수 있다. 앞에서 지적한 바와 같이, 그 한 가지는 어떤 특정 사실을 학습하는 경우이고, 다른 하나는 어떤 의미에서 그 학습과정이 특정 학습자의 경험을 포함하는 경우이다. 교수가 이루어지는 곳에서 중요한 것은 무엇인가가 누군가에게 반드시 가르쳐지고 있다는 점이다. 첫 번째의 경우 가르치고 있는 사람이 가르치고자 하는 내용을 어떤 방식으로든지 정확하게 제시하지 않는다면 무엇인가를 가르쳤다고 말하는 것은 이상해 보인다. 예컨대, 수영을 가르칠 때 이것을 가르치는 의도가 아무리 철저하다고 할지라도 영어 문법구조의 분석을 생각하고 있다거나 유체역학(流體力學)*의 어떤 등식을 해결하기 위한 방법을 제시한다면 이는 아주 어리석은 일이 아닐 수 없다. 가르치는 사람은 확실히 가르쳐야 할 내용을 학습자에게 외현적인 것이 아니라도 의미상으로 전시, 표시, 표현 혹은 설명**으로 나타낼 수 있는 활동을 전개할 필요가 있다. 배워야 할 여러 요소들을 여러 가지 형식으로 표현하는 기술, 즉 수업설계를 계획하고, 시범을 보이며, 발견학습의 환경을 조성하는 일 등은 교수에 있어서 본질적인 요소들이다. 그러나 이런 제시 방법들은 모두가 그런 것은 아니지만 대부분은 다른 맥락, 특히 이것을 받아들이는 입장에서 보면 매우 중요한 것이라는 점을 알아 둘 필요가 있다. 교수의 과정에서 분명히 해 두어야 할 것은 학생들이 일찍이 가지지 못했던 어떤 숙달의 형식을 성취하도록 하는 것으로서 이것은 장난이나 웃음소리

---

* hydrodynamics
** exhibit, display, express or explain

를 자아내는 것과는 혼동되어서는 안 된다는 것이다.

학생들이 배우려고 하는 어떤 내용을 제시하거나 표현하는 교수활동에서 이와 같이 본질적으로 교수라고 할 수 있는 활동들과 그러한 상황에서 아무리 가치가 있다고 할지라도 교수라고 할 수 없는 활동들을 구분하는 데 도움을 준다. 예컨대 프랑스어를 가르칠 때에 학생들에게 언어의 부분이 어떤 방식으로든지 제시됨으로써 그들이 말을 듣고 글을 읽을 수 있도록 해 줘야 한다. 공부를 잘 하는 학생들을 칭찬하고 보상하는 것은, 마치 방안 온도를 적절히 유지해 주는 것이 프랑스어를 가르치는 데 있어서 중요한 것이 아니듯이 본질적인 부분이라고 할 수 없다. 사실상 이와 같은 조건들은 외적인 보조 기능으로서 학생의 학습을 촉진시킨다. 하지만 이것들은 우리가 '학습'이라고 부르는 것의 일부도 아니며, 적어도 엄밀한 의미에서 우리가 '교수'라고 부르는 것의 부분도 아니다. 물론 '교수'가 보다 일반적인 용어로 사용될 수도 있는데, 이것은 구체적인 교수활동은 물론이고 부차적으로 그러한 과정을 돕는 활동들까지도 포함한다. 실제로 교수활동을 돕는 활동들은 매우 중요하며 교수가 무엇인가를 이해하는데 도움을 주지만 교수에 필요한 활동들과 혼동해서는 안 된다. 이상적인 조건들과 외적 동기는 그것들이 아무리 학습을 돕는 데 효과가 있다고 하더라도 교수나 학습의 필요조건도 충분조건도 아니다.

d. 학습자의 인지상태

지금까지 언급해 온 바를 받아들인다고 하더라도 학생들이 배우려고 하는 것을 분명하게 드러낸 어떤 활동을 '교수'로 보기에는 아직까지 어려움이 있다. 왜냐하면 그런 활동들은 실제로 학생들이 배워야 할 것을 분명하게 보여주지 못하기 때문이다. 예를 들어, 러시아어를 모르는 학생들에게 러시아어로 되어 있는 시(詩)를 낭독하도록 하는 것이 그들에게 시를 감상하도록 가르쳤다고 할 수 있는가? 또는 대학생들이 수강해야 할 미분(微分)* 강의를 평균 10세 정도의 아이들로 구성된 교실에서 행했다면 과

---

* differential calculus

연 그것을 교수라고 할 수 있을까? 앞의 경우에, 문제는 대부분의 교수란 최소한 원리상 무엇을 가르친다는 것뿐만 아니라 누군가를 가르친다는 논리적 관점을 고려하지 않은 채 활동이 이루어졌다는 점이다. 또한 특정 활동이 가르쳐야 할 특정 내용을 반드시 제시해야 하듯이, 이것을 특정 학생들에게 적절한 방법으로 제시해야 한다. 학생들이 배워야 할 내용을 인식하지 못하는 것은 그 활동이 '교수' 영역 밖에 있기 때문이라고 주장하는 것은 너무 지나친 주장인 것처럼 보인다. 분명히 우리는 용어를 사용하는 데 있어 이 같은 관점에 주의를 기울이지 않고 있다. 하지만 어떤 상황에서는 이런 문제가 고려되어야 하며, 이미 우리가 2장과 3장에서 논의한 바 있듯이, 교수에 대해 보다 '진보주의적인' 접근을 지지하는 사람들은, 교사란 학생에 대한 현재의 인지상태를 기초로 가르쳐야 한다고 강력히 주장함으로써 이 같은 입장을 분명히 하고자 했다. 보다 '전통적인' 접근을 하는 사람들은 학생의 인지상태에 대한 지식을 고려하면서 학습내용을 정확하게 제시하는 것만을 중요하게 여기는 경향이 있다. 이러한 분석이 옳다면, '교수'란 이 두 측면에 대해 주의를 기울여야 하며, 이와 관련하여 좋은 교수와 나쁜 교수가 구별될 수 있을 것이다.

앞에서 지적한 바 있듯이, 오늘날 '학습'이라는 용어를 사용하는 데 있어서 어떤 종류의 활동이나 과정이 학습에 포함되어야 하는가에 대한 여러 가지 해석이 이루어지고 있다. 어떤 때는 이 용어를 비인과적이고* 의식적인 과정에 제한되기도 하고, 또 다른 때에는 무의식적인, 심지어는 좀더 넓게 인과적인 과정까지도 포함시키는 경우가 있다. 만약 우리가 '교수'의 의미를 분명하게 규정하지 못한다면, 오늘날 여러 가지 의미로 사용되고 있는 것들이 모두 인정되어야 할 것이다. '교수' 활동의 중요한 논거로서 지적할 수 있는 세 가지의 논리적인 조건들**을 제시하면 다음과 같다. 즉 (i) 교수활동은 학습을 불러일으키려는 의도를 가지고 이루어져야 한다. (ii) 교수활동은 학습내용을 제시하거나 보여주어야 한다. (iii) 교수활

---

* non-causal
** logical conditions

동은 이러한 것을 지적 수준과 능력에 맞게 제시해야 한다. 이 조건들 중의 하나를, 심지어는 두 가지를 경시하는 '교수'의 사례들이 얼마든지 있을 수 있다. 하지만 이것들이 여전히 '교수'의 사례들로 이해되고 있다. 앞 절에서는 마지막 두 가지 조건들 각각을 경시하는 일에 대해 언급한 바 있다. 그러나 첫 번째 조건을 경시하는 것은 그 활동이 때로 교육에서 중요한 것이라는 점에서 주의할 필요가 있다. 확실히 학습을 불러일으키는 것과는 아무런 관계가 없는 개인의 활동이나 의도가 학습하고자 하는 사람에게는 수단이 되는 경우가 종종 있다. 이런 경우 전자(학습을 불러일으키는 것과 관계가 없는 개인적인 활동)는 후자(학습하고자 하는 사람)를 가르쳤다고 말할 수 있다. 특정한 신체 기능을 펼쳐 보이거나 어려운 수학문제를 풀고 있는 사람을 관찰해 보면 우리는 그가 누군가에게 상당한 것들을 가르칠 수 있는 사람이라는 점을 알 수 있다. 이 경우 '교수'라는 말을 사용하는 것은 적어도 다음과 같은 경우에 타당하다고 할 수 있다. 즉, 어떤 활동이 의도된 것은 아니지만 그 활동이 사실 다른 사람이 아직 숙달하지 못한 것을 제시하였고, 또 자신의 인지수준에서 그것을 배울 수 있었다는 점에서 타당하다고 할 수 있다. 우리들 주변에서 일어나고 있는 학습 대부분은 이와 같은 방법으로 이루어지곤 한다. 사실 어떤 경우, 특히 예능과 및 사회적 학습의 경우에 학교 공동체에서 지속적으로 이루어지는 어떤 활동 이외에 우리가 가르칠 수 있는 것이란 거의 없다. 하지만 분명히 말하건대, 다른 사람들이 배울 수 있도록 그런 활동을 신중하게 계획한다는 것은 교수를 의도적으로 전개하기 위한 첫 단계라고 할 수 있다. 분명한 것은 이러한 교수란 활동 그 자체가 공부하려는 학습자들의 속 깊은 생각*에 영향을 주었을 때 비로소 일어날 수 있다는 점이다.

e. 내용과 방법

지금까지 우리는 한편으로 교수를 구성하는 특정 활동들의 폭넓은 범위와 다른 한편으로 만족되어야 하는 필요 불가결한 조건들 사이의 균형

---

* consideration

을 유지하는 일이 어렵다는 점을 밝혔다. 어떤 경우 가장 적절한 활동들의 선택은 철학적 성격과는 별로 관계가 없는 여러 가지 요인들의 영향을 받는다. 하지만 특정한 활동 계획을 고려해야 할 때는 다음과 같은 두 가지의 철학적인 숙고(熟考)*를 할 필요가 있다. 첫째, (a) 계획된 교수-학습 활동으로서의 학습내용, (b) 학습내용을 제시할 때 사용되는 교재, (c) 학습내용의 제시 방법이나 형식을 구별하는 것이 중요하다. 이것들 중 첫 번째에 대한 관심은 추구해야 할 목표들을 분명하게 해야 할 필요성을 다시한 번 환기시켜 준다. 나머지 두 가지는 이러한 목표들을 달성하는데 요구되는 서로 다른 수단들을 제시하고 있다. 어떤 목표들을 학습을 통해 달성할 수 있을 것이라고 가정한다면, 이것을 여러 가지 형식의 내용으로 제시하거나 표현하는 일이 그리 어려운 것은 아닐 것이다. 특히 이것은 추상적인 개념들, 말하자면 민주주의나 고전 교향악 형식은 그 표현이 다양하지만 이것들을 가르치는 것이 그리 어려운 것은 아니다. 특정한 내용이 더 많이 주어지게 되면 그것을 표현하는 방법도 다양해지기 마련이다. 민주주의를 이해시키기 위해서 고대 그리스 국가들에서 비롯된 개념의 역사적 발달을 소재로 사용할 수도 있겠지만 현대 영국의 정치적 절차들을 소재로 하여 이러한 절차를 분석적으로 서술해 보도록 하기도 하고, 직접 관찰해 보도록 하며, 학교에서 모의시험도 쳐 보도록 하고, 영화를 통해 설명하도록 하는 방법을 사용할 수도 있지 않을까? 또는 모차르트의 교향악을 소재로 선택하였다면, 학생들이 그것을 감상한 후 개별적으로 분석하도록 하거나 악보(樂譜)를 가지고 가르치거나 교사가 칠판에 요점을 적어 분석해 주거나 '주제를 찾는'** 음악 퀴즈로 설명을 해 줄 수도 있는 것이 아닐까?

이미 제4장에서 지적한 바와 같이, 실제적인 교수계획을 짜는 데 있어 이러한 수단-목표의 관점***은 그것이 조잡한 도구적인 방식으로 해석될 경우 상황을 왜곡하게 된다. 만약 내용과 방법이 그 자체로서 목표를

---

* philosophical considerations
** 'hunt the theme'
*** means-ends picture

표현하고 이를 구체화한다면, 사용된 내용과 방법은 **사실상** 목표와 관련을 맺지 못하고 있는 것이다. 내용 그 자체가 숙달되고 나면, 만약 그것이 기본적으로 다른 목표를 위해 숙달되고 나면, 그런 숙달은 일반적으로 어떤 목표로 여겨진다. 방법도 이와 마찬가지로 교육적 가치를 가지는 기능연습*을 포함하는 이중적 의미를 가지고 있다. 물론 이와 같은 숙고는 신중하게 계획된 교육이 사용하는 내용과 방법을 어느 정도 제한한다. 과거에 가장 보편적이었던 교수방법보다 더 효과적인 방법을 찾기 위해서는 일반적으로 목표의 선택이 사용되어야 할 정확한 내용과 방법 모두를 결정하지 않은 채 남겨 둔다는 점을 알아둘 필요가 있다. 전통적인 문법학교 교육에서 활용되었던 특정 내용과 형식적인 방법이 능력이 부족한 학생들에게 효과적이지 못하다고 해서 능력이 부족한 학생들을 위한 교육목표를 거부할 정당한 이유는 없는 것이다. '보다 천천히 가르치시오'라는 것이 유일한 대안이 될 수는 없는 것이다. 만약 그 목표가 모두에게 가치가 있는 것이라면 이러한 조건하에서 사용된 내용과 방법을 근본적으로 재검토해 볼 필요가 있다는 것이다.

　　이러한 계획의 수준에서 일차적으로 고려해야 할 두 번째 관점은 목표들 간의 복잡한 상호관계가 실제로 교수계열(敎授系列)**을 어느 정도 결정한다는 점이다. 앞에서 간략히 소개한 바 있는 객관적인 경험과 지식의 양식들 각각이 그 자체의 논리적인 구조를 가진다는 논의는 때로 그 중심 개념과 명제를 배우는 순서에 일련의 잠정적인 계열이 있음을 뜻하는 것이다. 만약 그렇다면 이것은 가르쳐야 할 것들의 순서를 결정하게 될 것이다. 이와 같은 견해는 여러 가지 경험 양식들 간의 논리적 구분***을, 교육과정을 몇 가지 교과목으로 조직하는 근거로 여기는 교육과정 계획 전문가의 그릇된 견해와 유사하다고 할 수 있다. 그러나 다시 한번 말하건대 목표나 성취의 유형이 수단의 유형과 혼동되어서는 안 된다. 개념이나 명

---

* exercise of skills
** teaching sequence
*** logical distinctions

제를 배우는 데 있어서, 매우 특수한 경우를 제외하고는 이러한 요소들 간의 상호 관계가 그것들을 보다 잘 이해하도록 하는 위계적인 상호의존성*을 명확하게 드러낸다는 것은 사실이 아니다. 만약 이런 경우가 있다면, 교수-학습을 위한 독특한 계열이 있을 수 있을 것이다. 하지만 지식과 이해는 일반적으로 위계적 유형에 따라 축적되는 것이 아니다. 대부분의 경우 용어의 의미를 파악하고 주장의 정당화를 이해하는 일은 상호 관련된 개념이나 사실을 정립함으로써 이루어질 수 있다. 또한 이들 간의 관계는 다양한 내용 및 방법과 더불어 이루어지듯이 다양한 서열 안에서 이루어진다. 이러한 논의가 전부가 아니라는 것은 앞에서 언급한 계열, 즉 콜버그와 피아제 그리고 다른 사람들이 범주적 개념 및 원리들의 획득과정에서 발견한 계열에 의해 확인된다. 여기서 계열이란 때로 이해의 정도**를 결정하는 어떤 논리적 우선성***을 반영하는 것처럼 보인다. 하지만 이러한 입장에 대한 구체적인 결론을 내리기는 어렵다. 여기서 꼭 언급해야 할 것이 있다면 개인과 사례에 따라 교수-학습에 대한 제약 조건들이 검토되어야 한다는 것이다. 만약 우리가 그러한 계열을 면밀히 분석해 보면, 모든 학습 배후에 단일의 혹은 유일한 계열이 존재한다는 아이디어는 교수에 대한 우리의 접근방식을 너무나 오랫동안 제한해 온 또 다른 형태의 그릇된 신화(神話)****이다.

3 교수-학습의 구체적인 활동

교수-학습을 논의하는 데 있어서 보다 특수한 형식들에 관심을 기울이지 않았으나 독자들은 이러한 점들을 고려하기 위해 어디서든지 주의를 기울여야 한다. 앞으로의 논의가 이러한 것을 기본적으로 특징지을 수 있

---

* hierarchical interdependence
** intelligibility
*** logical priorities
**** myth

는 준거의 틀을 마련하는 데 도움을 주기를 희망한다. 앞서 원리를 이용한 구별이 이루어졌고, 가장 폭넓은 학습의 범위 안에서 여러 가지 활동들이 특정한 숙달의 형태 또는 특수한 경험 형태 또는 인과적(因果的) 과정에 따라 구별되었다. 어떤 학습의 형식이 적어도 부분적으로 교수 없이도 이루어질 수 있다는 점을 지적한 바 있다. 마찬가지로 교수와 관련해서도 교수 활동의 구별은 목표, 내용 또는 방법의 형태를 관찰함으로써 이루어질 수 있다. 보다 간단한 방법으로 교수의 형태들이 그것이 목적으로 하는 학습의 형태를 참조하여 구별될 수 있다. 예컨대, '수업'*과 '훈련'이 무엇을 의미하는가를 정확하게 명료화하는 일은 어떤 맥락에서 그러한 용어를 적용하는 것이 적절한지, 또 어떤 요인들을 그것에 적용하는 것이 좋은지를 밝히는데 도움을 줄 수 있다. 그것들에 대한 필요조건이 충분히 갖춰지지 않았을 때 이러한 용어를 느슨하게 사용하는 것은 부주의한 교사를 의도치 않은 결과를 낳는 부적절한 활동형식으로 유도해 갈 수 있다. '놀이'와 '탐구'라는 이름이 붙은 어떤 활동은, 학습이 가능한 한, 상황에 필요한 요소가 사라졌을 때 비로소 학습이 될 수 있을 것이라는 생각을 가져볼 수 있다. 아주 빈번하게 사용되고 있는 '사회화'라는 용어는 때로 어떤 목표를 제시하거나 때로는 어떤 학습절차들을 설명하거나 때로는 교수형식으로 여겨지거나 때로는 교수와 대조를 이루는 것으로 사용하고 있는데, 이것은 교육의 과정에 대한 논의에서 상당히 큰 혼란을 가져올 수 있다. 따라서 교수의 맥락에서 이러한 용어들이 가진 의미가 정확히 무엇이냐 하는 점을 명료하게 분석하는 일이 매우 중요하며 이미 상당한 결실을 맺고 있다.

4 교수, 학습 그리고 교육

지금까지 이 장은 교육의 특정 맥락에서 교수-학습이 가지는 어떤 형

---

* 'instruction'

식보다는 일반적으로 교수-학습 활동에 대해 관심을 가져왔다. 결론적으로 우리는 엄밀한 의미에서 교육이 이런 수준에서 이루어지는 광범위한 활동에 제한을 두어야 하는가를 물어야 한다. 만약 교육이 지식과 이해를 포함하는 바람직한 마음의 상태를 개발하는 것에 초점을 맞추고 있다면, 이것은 블룸(Bloom)이 제시한 인지적, 정의적, 그리고 신체적 영역에 걸친 매우 다양한 목표들을 포함하고 있다는 점을 이해해야 한다. 예컨대, 신체적 기능의 발달이 사람의 삶 속에서 나름대로 의미와 중요성을 부여하는 이해 및 정신 특성의 발달과 관련되어 있는 것임에도 불구하고 이를 제외시키는 것은 정말 이상한 일이다. 이런 의미에서 교육이란 특정한 신체운동 영역에 있어 교련(敎鍊)*이 매우 제한된 성취를 이룬다는 점에서 그와 같은 활동들에 제한된 자리를 내주게 될 것이다. 교육은 그와 같은 활동들을 제외시켜서는 안 된다. 이러한 점을 분명하게 인식하고 있을 때 우리는 교육에 포함된 다양한 목표란 다름이 아니라 대부분의 교수-학습의 형태가 교육활동 전반에 걸쳐 어떤 위치를 차지하고 있음을 이해하게 된다.

그러나 여기서 제외되어야 할 것은 '교육'의 개념이 내포하고 있는 '가치' 및 '지식' 기준에 부합하지 않는 활동들이다(제2장을 보라). '지식' 기준의 맥락에서 볼 때 교육이란 전혀 사고과정 없이 이루어지는 행동반응을 의도적으로 불러일으키려는 교수-학습의 주변적인 과정(過程)** 모두를 제외할 것이다. 만약 이와 같은 교수-학습 과정이 자기가 하는 일을 이해하고, 비판적으로 사정하고, 행동을 변화시킬 수 있는 가능성을 제외시키려고 한다면, 이러한 활동들은 지식 기준에 모순이 될 것이다. 다른 관점에서 볼 때, 이러한 행동형식들은 가치를 가지며, 사실 때로는 단순한 신체적 생존을 위해 필요할지도 모른다. 하지만 이것들을 교육적 성취로 보기는 어렵다. 보다 논란거리가 되기 때문에 더욱 관심이 가는 것은 의도적으로 사고, 비판, 그리고 신중한 행동을 증진시키나 이것이 일어나는 인지구조를 제한하는 몇 가지 핵심적인 교수-학습 과정이다. 비록 성취된 것이

---

* drill
** peripheral processes

다른 가치를 가지고 있으며 심지어는 이 과정들이 제한된 교육적 가치를 발전시킨다고 할지라도 이 과정을 통해서 추구되는 주요 목적은 지식 기준과는 양립할 수 있는 것으로서 다시 한번 거부되어야 한다. 어떤 관점에서 이해와 지식의 획득을 방해하는 것은 반교육적인* 것임에 틀림없다. 바로 이러한 이유 때문에 '교화'(敎化)**라는 애매한 용어는 제외되어야 한다. 이해의 성취를 방해하지는 않지만 그것을 고무시키지도 않는 그러한 활동들은 여하튼 모호한 상태에 있다. 그러한 활동들이 부정적인 교육적 가치를 가지지 않는다고 해서 이것들을 긍정적으로 바라보기는 어려운 일이다. 위에서 언급한 활동들은 교사의 편에서 볼 때 전적으로 의도적이고도 사려 깊게 이루어진 것이다. 하지만 어떤 활동들을 특징짓는 목표들이 교사의 의도와는 관계없이 성취된 것이라면, 그것들은 교육적인 관점에서 볼 때 그러한 의도는 제외되어야 한다. 이러한 이유 때문에 교사의 의도에 따르는 결과와는 관계없이 교수활동의 결과에 대한 경험적 탐색이 이루어져야 할 필요가 있다. 이러한 방식을 사용해서만이 우리는 교육적 의도에서 이루어졌다고 볼 수 있는 그릇된 교육***을 통제할 수 있다.

'지식' 기준보다도 더 일반적이라고 할 수 있는 '가치' 기준은 덜 중요하다고 할 수 없겠지만 보다 제한적인 의미를 가진다. 여러 차례에 걸쳐 언급한 바 있듯이 목적과 수단 간의 복잡한 상호 관계는 교육의 과정들이 공리적 관점에서 평가되어서는 안 된다는 점을 뜻한다. 교육의 내용과 방법이 그 자체로서 부차적인 목표로 숙달되어야 한다면 교육적 근거에서 볼 때 보다 직접적인 목표로 받아들여져야 할 것이다. 학습하는 방법과 탐구에 의한 학습은 사실 최근에 중요한 교육과정 목표로 받아들여지고 있다. 그 까닭은 교육의 도구적 측면에 지나치게 가치를 부여하려는 경향에 대해 의미를 덧붙이려는 모종의 변화가 일어나고 있기 때문이다. 그러므로 교육활동은 다른 목표에 기여하는 공리적인 효율성****의 차원에서가 아

* anti-educational
** indoctrination
*** miseducation
**** utilitarian efficiency

니라 교육적인 차원에서 평가되어야 한다. 실제로 이러한 평가는 우리가 부분적으로 서로 상이한 교수-학습 활동에 대한 경험적 사실들에 대해 무지하기 때문에 어렵다. 나아가 우리가 교육적으로 가치가 있다고 여기는 것들에 대해 합의(合意)할 수 없기 때문에 더더욱 평가가 어렵다. 우리는 교육분야에서 교육목적 및 교육목표뿐만 아니라 교수-학습 과정까지도 분명하게 지배하는 가치판단의 중요성을 누차 강조한 바 있다. 그런데 현재 우리의 교육적 가치는 여러 가지 교수-학습의 형식들을 지배하지 못하고 있다. 제외된 교수-학습 형식들은 일반적으로 도덕적으로 받아들이기 어렵다는 이유로 거부되고 있다.

결론적으로 교육의 과정은 지식과 이해를 포함하는 바람직한 마음의 상태를 발달시키는 학습의 과정으로, 이것은 교수를 통해 촉진된다. 이러한 과정에는 경험, 시범, 개인적인 수업, 교수기계*에 의한 학습 등이 있다. 최근에 이러한 과정에 대한 논의는 '전통적인' 교수중심 접근과 '진보적인' 학습중심 접근으로 양극화되고 있는 경향을 띠고 있다. 이 두 가지 '모형들'**은 하나같이 일방적이다. 좀 더 충분히 분석해 보면 교육의 과정들이란 어느 한쪽에서 제안하는 것보다 훨씬 복잡하며 제한된 범위의 활동에 대한 교조적(敎條的)인 주장***은 아무런 소득도 없는 하나의 제약조건일 따름이다.

---

* teaching machines
** 'models'
*** doctrinaire insistence

제 6 장

교수와
개인적인 관계

THE · LOGIC · OF · EDUCATION

교수와 개인적인 관계*

서 언

제2장에서 논의했듯이, 교육에 있어서 진보적인 운동이 제시한 목적과 내용이 막연하다는 점에서 비판을 받긴 했지만 방법과 관련해서는 도덕적이고 심리학적 계발**을 중시했음을 논한 바 있다. 통칭 '학생중심'이라는 것은 일반적으로 이러한 계발에 초점을 맞추고 있다. 또한 교사란 학생들을 마치 지식과 기능의 잠재적인 수용자인 것처럼 취급해서는 안 되며 학생들과 개인적인 관계***를 맺어야 한다고 주장한다. 교실은 신병들이 훈련에 임하여 마지못해 제구실을 하게 만드는 연병장과 같은 곳이어서는 안 된다. 오히려 교실은 서로 좋은 개인적 관계를 통해 나타나는 행복한 분위기로 충만해야 한다. 대학 수준에서도 교수는 자신의 연구에만 몰두하거나 자신의 연구를 돕는 학생들에게만 관심을 가져서는 안 된다. 교수는 상아탑(象牙塔)****에서 뛰쳐나와 학생들과 보다 많은 시간을 가져야 한다. 교육이란 지식만을 전수하는 것이 아니다. 왜냐하면 교육은 인격적 만

---

* teaching and personal relationships
** moral and psychological enlightenment
*** [역자주] 여기서 personal relationships를 개인적인 관계로 번역하였지만 때로는 문맥에 따라 사적 관계 혹은 인격적 관계로 번역하였다.
**** ivory tower

남의 과정이기 때문이다.

　　이와 같은 권고(勸告)는 교육기관들이 계속해서 확장되어 가고 있고 교수와 학생 비율이 증가하고 있는 오늘날에도 여전히 유효한 것처럼 보인다. 거대 규모의 학급들이 계속해서 생겨남에 따라 교수는 텔레비전의 연기자처럼 가능하면 매력적인 방법으로 자신의 상품을 진열해야 한다. 이 같은 상황에서 학생과 의견을 나누고 개인적인 접촉을 한다는 것은 매우 어려운 일이다. 또한 학교의 규모도 점차 커지고 있어서 교사가 학생들에 관한 지식을 얻는다는 것이 불가능해지고 있다. 이런 이유로 철저히 비개인적인 상황*에서 상담교사들이나 상담사들은 개인적인 관심**을 가져야 한다는 요구를 받고 있다. 교사는 교과만을 가르치는 강사가 되어 가고 있으며 학생들에게 직업 구조의 사다리를 올라가는데 필요한 지식을 전수하는 사람으로 인식되고 있다. 교육기관이 성공하기 위해서는 그 기관이 추구하는 교육목적이 학생의 내재적 동기를 불러일으키는 것이어야 한다. 그러나 기관의 규모와 비인간화가 내재적 동기를 불러일으키는데 좋지 않은 영향을 미친다. 교사들은 세대를 이어주고 이러한 교육목적 실현을 용이하게 해 주기도 하지만 학생들을 자기 또래집단 문화***내에서 소외시키고 부적응을 조장하는 비개인적인 명령****을 내리는 사람으로 취급받기도 한다.

　　이러한 상황에서 교사가 학생들과 개인적인 관계를 유지해야 한다는 제안이 과연 가능한 일인가? 또한 이것이 지식과 이해의 발달에 관심을 가지고 있는 교사의 역할과 과연 양립할 수 있을 것인가? 교사는 40명이 넘는 학급 아이들과 어떻게 개인적인 관계를 가질 수 있을 것인가? 그렇다면 10명의 아이들과는 개인적인 관계를 유지해 **갈 수 있을까?** 이 같은 질문은 비현실적인 감상에서 비롯된 것은 아닐까? 이것들은 모두 온당한 질문이지만, '개인적인 관계'라는 것이 무엇을 의미하며 그 관계가 교사와

---

* depersonalized situation
** personal attention
*** peer-group culture
**** impersonal order

학생 간의 역할 관계*와 어떻게 구별되고 어떤 관계를 맺는가를 분명하게 하지 않고는 답할 수 없는 것들이다. 이제 교사가 학생과 맺는 다양한 관계들을 구별해 봄으로써 이러한 문제를 다루어보자. 먼저 '개인적인 관계'란 무엇을 의미하는지를 생각해 보자. 이러한 분석의 과정에서 독자는 때로 개인적인 관계에 대한 자신의 무분별한 생각에 당혹감을 느끼게 될지도 모른다. 결국 그는 "나는 '개인적인 관계'가 어떤 의미를 가지는지 모르겠다."라고 말할지도 모른다. 하지만 이 말은 일상적인 용어로서 매우 모호하지만, 날카로운 분석을 통해 이해와 의사결정에 대한 구분이 분명하게 될 수만 있다면 이와 같은 당혹감은 없앨 수 있을 것이다. 왜냐하면 우리가 앞에서 강조한 바 있듯이, 개념분석의 목적은 일상 언어가 내포하고 있는 어떤 본질을 드러내는 데 있는 것이 아니라 사물이 어떻게 존재하는지** 그리고 이루어진 것이 무엇인지***를 보다 명료화하는 데 있기 때문이다.

1 교수와 인간존중****

어떤 기관이건 사람들은 각자 다양한 방법으로 자기의 역할에 따라 행동할 수 있는 위치를 점유하고 있다. 우리는 버스 차장이 사람들을 어떤 식으로든지 승객으로 대해야 한다고 기대하듯이, 교사는 학생을 어떤 식으로든지 학습자로 대하길 기대한다. 달리 말해서 교사에게 기대되는 것이 무엇이든지 간에 적어도 가르치는 일만큼은 제외될 수 없다.

---

* role relationship
** how things are
*** what is to be done
**** teaching and respect for persons

a. 교수의 성립 요건들*

학습자가 없는 교수활동이란 상상도 할 수 없는 일이다. 교사가 학습자인 학생에 대해 가지는 견해는 학생을 다루는 전 영역, 즉 영화 구경에 대한 대화로부터 학습에 필요한 조건들을 마련하기 위해 벌을 주는 일에 이르기까지 일관된 통일성**을 지녀야 한다. 이것은 또한 학생 개개인의 흥미도(興味度)를 나타내는 것이기도 하다. 교수란 학생들이 배워야 할 여러 가지 내용을 계획하고, 설명하고, 제시하는 일들을 포함하고 있기 때문에 교사는 가르치기 전에 학생들이 어떤 단계에 있는지를 고려해야 하며 학생의 현재 수준을 넘어서는 생각을 제시해서는 안 된다. 달리 말해서 교사는 개념구조와 학생의 동기에 큰 관심을 가져야 하고 그 결과 학생들이 이미 숙달할 것과 앞으로 숙달해야 할 것 사이의 조화가 잘 이루어지도록 해야 한다. 하지만 이러한 역할관계에서 특히 '개인적'일 필요는 없을 것이다. 왜냐하면 학생들은 매우 '비개인적인' 방식***으로 다루어질 수 있기 때문이다. 동물들을 여러 가지 복잡한 기법으로 가르치는 서커스의 조련사가 동물들을 학습자로 생각할 경우 그는 자기 자신의 행동에 대해 이와 유사한 태도를 가질 수 있다.

b. 도덕적 원리-특히 인간존중

교사들은 항상 교육에 관심을 가지고 있으며 이것은 교수에 대한 추가적인 제약조건과 필수조건****을 갖추도록 한다. 교사들은 빙고*****와 같이 사소한 놀이 또는 도둑질이나 사기와 같은 사악한 것과는 분명하게 구별되는 가치 있는 것을 가르치도록 요구받고 있다. 또한 교사들은 학생들을 다룰 때 어떤 도덕적 기준을 부과하거나 전달하도록 요구받고 있다. 여기

---

* requirements
** unity
*** 'impersonal' way
**** additional restrictions and requirements
***** Bingo [역자주] 빙고는 숫자를 기입한 카드의 빈칸을 메우는 놀이. 주로 영국에서 유행하고 있는 놀이임.

서 특히 중요한 것은 그들의 역할에만 해당하지 않는 자비(慈悲), 공정(公正), 그리고 자유와 같은 도덕적 원리들이다. 물론 이러한 원리들은 교사가 학생들과 맺는 특수한 관계에서 적용될 때 구체화되고 바뀔 수 있다. 예컨대 자비나 이익의 고려는 교사가 **부모의 입장에 서서*** 특수한 관계를 맺을 때에 한하여 부분적으로 구체화된다. 자유의 원리는 학생들의 욕구가 아직 결정되어 있지 않고 또 아이들을 학습시키는데 여러 종류의 제약들이 필요하기 때문에 이를 적용할 때 수정되어야 한다. 그러나 이러한 원리를 지지하는 이유가 순전히 교사의 역할에 기초하고 있지는 않으며 그 적용 영역은 그러한 역할을 훨씬 넘어서고 있다. 예컨대 교사는 자기 팔을 부러뜨린 소년이 학습자로서 자신을 방해하거나 돕거나, 아무런 관계없이 그 소년에게 관심을 가져야 한다.

이와 같은 광범위한 도덕적 원리들 중에 인간존중의 원리가 있다. 이 원리가 다른 사람과 개인적인 관계를 맺는데 겹치게 됨에 따라 이 원리는 이 장의 맥락에서 볼 때 교사의 제도적 역할과 교차하는 다른 도덕적 원리들보다 자세하게 다루어져야 할 필요가 있다.

무엇보다 추상적인 차원에서 말하는 인간존중의 원리와, 누군가가 어떤 지위를 차지하거나 어떤 구체적인 맥락에서 일을 효과적으로 해 냈을 때 쓰는 '존중'이라는 말의 의미를 구별하는 것이 중요하다. 예컨대, 누군가가 사람을 존중하는 마음이 없는 사람이라고 말할 때 그것은 종종 그가 서열상 높은 자리를 차지하고 있는 또 다른 사람에게 존경의 마음을 표하고 싶지 않는다는 것을 의미한다. 아마도 그는 상관이 사무실에 들어왔을 때 의자에서 일어나지 않을 것이다. 아마도 그는 상관에 대한 비서의 행동이 어떠한가를 자기가 느낀 대로 비서에게 말하는 것처럼, 비서에 대한 상관의 행동이 어떤가를 상관에게도 말하게 될 것이다. 이와는 달리 우리는 어떤 사람이 일을 훌륭하게 해 내는 사람이라는 점을 인식하고 그에게 존경심을 보이는 사람에 대해서도 말할 수 있다. 어떤 권투선수는 가공할 만한 라이트 훅을 칠 수 있는 상대선수에 대해 존경심을 가지기도 하고, 어

---

* *in loco parentis*

떤 정치인은 논쟁에서 핵심을 찌르는 정적(政敵)에게 비슷한 존경심을 가지기도 한다.

어떤 경우에 특정 지위나 성취와 관련된 이와 같은 존경은 불행하게도 일반화될 때가 있다. **일반적으로** 사람들은 인간존재를 높게 혹은 낮게 생각하는 경향이 있으며 보다 일반화된 존중 혹은 경멸의 태도를 가지고 있다. 예컨대, 영국에서 일레븐 플러스시험*이 가져온 불행한 결과들 중의 하나는 시험에 실패한 아이들이 스스로 지적으로 열등한 것이 아니라 인간으로서 하등하다고 생각하거나 그렇게 여기고 있다는 점이다. 그들을 그렇게 취급할 때 우리는 존엄하게 대우받아야 할 만한 자격을 가진 사람까지도 존경심이 결여된 사람으로 대하게 된다. 이러한 것을 언급할 때 비로소 우리가 관심을 가지는 보다 추상적인 인간존중의 개념이 적용될 수 있다.

보다 추상적인 의미에서 인간 존중감을 느낀다는 것은 다른 사람도 자기와 마찬가지로 한 인간이며 또 어떤 권리를 가지고 있으며 사려 깊게 대우받아야 한다는 생각에서 비롯된 것이다. 그렇다면 보다 추상적인 사례의 경우, 존중감을 구체적으로 적용하려고 할 때에 어떤 이를 서열상 상급자 혹은 업무수행 능력이 우수한 사람으로 여기는 견해와 상응할 수 있는 것은 무엇이란 말인가? 그것은 확실히 누군가가 살아 있어서 고통을 느끼고 그가 바로 욕구와 기대의 중심이라는 생각에서 비롯된 것은 아니다. 왜냐하면 우리는 토끼나 쥐가 의식의 형식**을 가지고 있다고 말할 수 있겠지만, 그렇다고 해서 그것들을 인간처럼 존중해야 한다고 말하지는 않는다. 인간으로서 한 개인을 말함에 있어 동물이 인간과 공유하고 있다고 할 수 없는 인간적 특성, 즉 주체적인 관점을 가지고 있다는 특성에 관심을 기울이게 된다. 우리는 개인이란 가치판단과 선택을 할 수 있고, 목적을 구체화할 수 있으며, 어느 정도 자신의 운명을 결정할 수 있는 의사

---

* [역자주] 11-plus selective examination은 중학교 진학을 위해 영국 지방당국이 실시하는 적성시험을 말한다.
** modes of consciousness

결정을 내릴 수 있는 존재로 생각한다. 우리는 개인을 자신의 성취에 대해 자부심(自負心)*을 가지고 결점에 대해서는 양심의 가책을 느끼는 존재로 생각한다. 동물은 이 같은 섬세한 의미에서 말하자면, 이 같은 관점을 가지고 있지 않다. 우리가 개인을 관점을 가진 존재로 생각하는 한 그리고 이것이 우리에게 무차별의 문제가 아닌 한 우리는 개인을 한 인간으로서 존중해야 한다. 말하자면 인간존중감이 결여되어 있다는 것은 우리가 그를 순전히 우리 자신의 목적을 실현하기 위해 이용할 때 그의 관점을 무시하는 것이며 그의 관점에 대한 견해를 고려함이 없이 운명을 스스로 해결하도록 하는 것이거나 합리적인 존재로서 그의 일반적인 지위를 무시한 채 역할 봉사자로만 다루는 것이다.

그렇다면 이러한 인간존중이 교수상황**에서는 어떻게 받아들여질 수 있는가? 인간으로서 다른 사람을 대하는 이런 일반적인 태도와 학습자로서 그를 대하는 교사의 보다 특수한 태도는 어떤 관계가 있는가? 분명히 한 개인의 개념구조와 동기구조에 따라 가르쳐야 할 것이 무엇인지를 파악하는 일은 한 개인을 단지 학습자로 이해하고 관심을 가지는 것보다 더 많은 것들을 필요로 한다. 왜냐하면 그는 단지 학습자로서의 역할에만 관심을 가지는 것은 아니기 때문이다. 하지만 자신을 한 학습자로 바라보는 견해, 성취한 일 속에서의 열망과 자부심을 가지는 것은 사소한 것 같이 보이지만 실제로는 인간을 존중하는 마음을 가진 사람에게는 매우 중요한 문제이다. 그는 단지 교과를 다루는 사람 혹은 여러 가지 기능을 갖출 수 있는 잠재력을 가진 사람으로만 생각해서는 안 된다.

한편, 교사는 합리적인 존재일 뿐만 아니라 가르치는 사람이다. 또한 그는 자신이 가르치는 것에 내재(內在)해 있는 가치에 관해서도 관심을 가져야 한다. 교사는 다른 사람들이 분명하게 표현해 내지 못하거나 논의 중에 있는 문제와는 아무런 관계가 없는 것을 제대로 지적해 내지 못하는 다른 사람의 생각에 압도되어서는 안 된다. 미적인 기준에는 아무런 관심

---

* pride
** teaching situation

도 없으면서 아이들이 스스로를 표현하도록 하는 일에 만족감을 드러내는 예술 교사는 인간을 존중하는 사람으로서 어떤 장점을 가지고 있던지 간에 그는 교사로서 결함이 있는 사람이다. 실제로 자신이 가르치는 교재의 표준들에 관심을 가지고 있을 뿐만 아니라 사람을 존중하는 교사들은 개인 학생에게 상대적이라고 할 수 있는 표준을 관찰함으로써 이러한 두 종류의 가치를 염두에 두면서 일을 하게 된다. 교사들은 자신들이 전하고자하는 기능이나 경험의 형식에 내재하는 객관적인 표준들과 학생의 관점 모두에 주의를 기울인다. 그들은 학생이 "최선을 다해야 한다"라고 요구한다. "최선을 다한다"라는 개념은 논의 중에 있는 기술의 표준이나 경험의 양식, 학습자의 능력과 발달단계, 그리고 인간존재로서 그의 관점을 고려한다는 것을 의미한다.

이제 많은 이들이 교사란 그가 단지 강의만 하는 것이 아니라 가르치고 있는 한 그는 학생들과 개인적인 관계를 맺기를 요구한다. 왜냐하면 그는 개인적 속성*인 학습자의 동기와 개념적 구조를 고려해야 하기 때문이다. 또 그가 학생을 한 인간으로 존중하는 한 학생의 일반적인 특성에 대해서도 관심을 가져야 한다. 따라서 도덕적으로 받아들일 수 있는 방법으로 **가르치는** 교사는 정의(定義)상 학생과 인격적인 관계를 맺어야 한다. 그러한 관계는 교사의 역할로 요구되는 것이기도 하다. 물론 이러한 관계를 교사의 역할로 이야기 할 수도 있다. 그러나 이것은 대다수의 사람들이 내세우는 중요한 구분을 무시하는 '개인적 관계'라는 말의 용법이다. 왜냐하면 그러한 역할과 도덕적 요구조건을 만족시키는 대다수의 교사들은 그들이 학생들과 개인적인 관계를 맺고 있다는 점을 부인할 수도 있기 때문이다. 말하자면 그들이 말하는 개인적인 관계란 그들이 친구나 아내와 즐겁게 지낼 때 맺는 관계를 말한다. 그들이 학생과 맺는 관계란 이것과는 판이하게 다른 것이다. 그렇다면 교사들이 개인적인 관계라는 말을 사용할 때 이는 구체적으로 무엇을 의미하는 것인가? 말하는 방법이 보편적인 것이냐 하는 점은 그리 중요한 것이 아니다. 철학적으로 말하자면, 보다

* personal attributes

중요한 것은 그들이 이러한 방식으로 언급하는 관계의 특징이 무엇이냐를
보다 분명히 하는 일이다.

2 개인적인 관계란 무엇인가?

우선 인간적인 관계*와 개인적인 관계**간의 차이를 임의적으로 구별
해 보자. 교사가 학생과 어떤 인간적인 관계를 맺고 있는가 하는 질문을
받게 되면 그가 학생에게 친절한가 아니면 냉담한가, 또한 학생들이 그를
좋아하는가 아니면 싫어하는가, 그를 신뢰하는가 아니면 불신하는가, 그를
시기하는가 아니면 찬양하는가 하는 것들을 알아야 한다. 교과에 대한 지
식, 상세한 설명, 효율적인 학급운영 등과는 구별되는 학생에 대한 교사의
태도와 교사에 대한 학생의 반응에 관심을 가져보자. 일상적인 용법으로
사용할 때에는 ‘관계’***라는 말 대신에 ‘관계성’****이라는 말을 사용해도 큰
문제가 될 것은 없다. 그러나 보다 구조적이고 상호적인 것을 이해하고자
할 때는 일반적으로 관계성이라는 말을 사용하는 경향이 있다. 우리는 소
비자와 좋은 인간관계*****를 맺은 판매원에 대해 말할 수 있다. 하지만 그가
소비자들과 원만한 개인적인 관계†를 맺고 있다고 말하는 것은 매우 부적
절하다. 인간적인 관계는 규모가 큰 백화점에서 일하는 판매원보다 시골
구멍가게에서 일하는 잡화상인에게서 더 잘 찾아볼 수 있다. 텔레비전에
서 시청자들을 사로잡는 정치인은 헤아릴 수 없는 많은 사람들로부터 찬
사를 받기도 하지만 미움을 사기도 한다. 하지만 그는 그러한 사람들 중
누군가와 개인적인 관계를 맺을 필요는 없어 보인다. ‘관계성’이라는 말은
관계를 맺고 있는 사람들 사이에서 발생하거나 이들에 의해 이루어지는

---

* personal relations
** personal relationships
*** ‘relation’
**** ‘relationship’
***** good personal relations
† good personal relationships

보다 구조화되고 또한 그러한 것들 사이에서 자라는 것으로, 거기에는 어떤 호혜성(互惠性)*의 요소가 담겨 있다는 의미를 가지고 있다. 이러한 관계성이란 그 역할, 관습, 도덕성이 무엇이든지 간에 비개인적인 명령에 의해 성립되는 것이 아니라 관여하고 있는 개인의 진취적인 생각에 의해 일어난다.

a. 개인적인 관계의 내용

그렇다면 개인적인 관계는 어떤 특징을 가지는가? 몇 가지 특징을 제시할 수 있을 것이다. 그것들 중 가장 큰 특징 중의 하나는 사람들이 서로 만나게 되는 제도화된 공적 맥락과 관련된 문제와는 구별되는 사적인 문제**에 대한 상호 이해적인 지식을 포함하고 있다는 점이다. 이를 통해 사람들의 사생활을 상세히 알 수 있고 그들의 동기, 태도, 그리고 열망을 알 수 있게 된다. 충분히 발달된 개인적 관계를 통해 이러한 점들이 어느 정도 드러나게 되며 그들은 서로 공유하는 공통의 세계***를 구성하게 된다. 이것은 공유된 경험을 통해 이루어질 수 있을 뿐만 아니라 여러 가지 사적인 문제를 알게 됨으로써 나타나는 공통의 지식****에 의해 이루어진다. 그들이 이제 서로 아는 사이가 되면 경우에 따라 상세한 사적인 세계를 계속해서 유지하게 된다.

이것이 충분히 발달한 개인적 관계의 특징이다. 또 어떤 사람은 자기의 사적인 일을 충분히 털어놓지 않은 상태에서 다른 사람과 개인적인 관계를 맺고 있다고 말하는 경우가 있다. 평소에 전혀 알지 못하던 A와 B가 어떤 모임에 참석했다고 가정해 보자. 그런데 싫증나는 토론이 계속되는 동안 A가 식당을 찾기 위해 〈좋은 음식점 안내서〉를 뒤적이기 시작했다고 가정해 보자. A가 미안함을 느끼며 안내서를 뒤적이고 있을 때 B가 자기에게 쪽지를 보내며 아는 체를 한다는 점을 알아차렸다. 그 쪽지에는 근처

---

* reciprocity
** private matters
*** common world
**** common stock of knowledge

에 있는 식당의 이름이 적혀 있었다. 그는 감사하다는 뜻으로 목례를 하면서 그 쪽지를 받았다. 그 후 A와 B는 서로 만날 일이 없어, 그 이상의 관계로 발전할 일은 없겠지만, 확실히 이 둘의 관계는 개인적인 관계의 초기 단계로 볼 수 있을 것이다.

이와는 반대로 개인적인 관계가 성립되었거나 이를 누리고 있다고 이야기할 수 없는 사람들에 의해 여러 가지 사적인 사실들이 노출되는 상황이 있을 수 있다. 또한 이러한 종류의 지식을 찾거나 드러내는 국면에 무엇인가를 덧붙일 수 있다. 이 경우 우리는 개인적인 관계와 기관 및 반공식적인 활동*의 맥락에서 이루어지는 사적 지식의 공유를 구별하기가 어렵다. 예컨대 문학시간에 소설이나 시에 관한 토론에 참여한 사람들은 그 저작의 의도를 보다 잘 이해하기 위하여 자신들의 사적인 경험을 토론의 장에 털어놓게 될 것이다. 하지만 그러한 이유로 그들이 개인적인 관계를 맺고 있다고 말할 수는 없다. 교사 역시 요점을 설명하기 위해 자신의 사생활을 회상해 볼 수도 있고 학생을 보다 잘 가르치기 위해 그 학생의 가정배경을 자세히 들여다볼 수 있다. 하지만 학생을 학습자로 다루는 과정에서 사적인 것이 상세히 드러나고 밝혀진다고 해서 우리는 교사가 학생과 개인적인 관계 —우리가 다루고 있는 '개인적인 관계'의 의미— 를 맺고 있다고 말하기 어렵다.

이러한 일이 생긴 것은 우선, 회합 장소에서 있었던 경우와 같이 관계가 호혜적인** 것이어야 하나, 사적인 지식이 너무 많다보니 그것이 초기의 개인적인 관계의 사례들을 포함시키지 못하고 있다는 점이다. 둘째, 개인적인 관계를 규정하는 데 보다 더 중요한 것은 내용에 무게를 두지 않듯이 내용이 읽히는 상황에 무게를 두지 않는다는 점이다. 왜냐하면 앞에서 예시한 문학수업의 사례를 개인적인 관계의 사례에서 제외시킨 것은 사적인 지식이 드러나거나 노출되기 때문이다.

---

* semi-formalized activities
** reciprocated

b. 어떤 상황에서

개인적인 관계를 적절히 논하기 전에 우리는 그러한 사적인 지식의 노출이 드러나는 상황을 어떻게 찾아낼 수 있을 것인가? 개인 간의 상호작용이 기관 안에서 맺는 관계의 맥락에서 일어나거나 그것에 별도의 목적을 부여하는 활동 안에서 일어나는 사례가 아니라고 부정적으로만 말할 수 있을까? 보다 긍정적으로 말할 수는 없을까?

관계를 맺고 있는 사람들 사이에서 생겨나는 호의(好意)와 매력(魅力)은 이러한 노출을 개인적인 관계로 전환시키는 것임을 시사하고 있다. 그러나 이와 같은 호의나 매력은 개인적인 관계가 무엇인가를 이해하는 데 도움을 줄 뿐이지 경험상 개인적인 관계를 발전시키는 데 필요한 것은 아니다. 어떤 여성 두 사람이 버스 앞에서 만나서는 얼마 있지 않아 자신들의 해산, 질병, 희망, 후회에 관한 이러저러한 상세한 이야기들을 나누게 될지 모른다. 하지만 이들은 서로에 대한 호의나 매력 때문이 아니라 소피아 로렌(Sophia Loren)의 아이에 관한 플랜카드의 광고 내용을 보고 이런 이야기를 나누었을 수도 있다. 특히 그들이 일주일 뒤 같은 버스에서 다시 만나 지난 번에 나누었던 대화를 계속해서 나누었다면, 그들이 서로 좋아했는가의 여부를 묻지 않으면서도 우리는 이들이 개인적인 관계를 맺었다고 말할 수는 없는 것일까? 물론 호의는 개인적인 관계를 쉽게 맺게 해 준다는 점에서 그러한 관계를 발전시키는데 **흔히 작용하는 요인***이다. 하지만 그것은 개인적인 관계를 맺는데 반드시 필요한 것은 아닌 것처럼 보인다.

타인에 대한 존중은 개인적인 관계를 맺는 데 있어서 두드러진 특징으로서, 우리가 타인을 바라보는 태도라고 주장할 수도 있을 것이다. 결국 사람에 대해 가지는 적절한 태도는 존중 이외에 다른 것이 있을 수 있겠는가? 이것은 우리가 그 사람을 도덕적으로 대할 때에 한하여 맞는 말이다. 하지만 인간존중이란 다른 사람을 자신의 목적 달성을 위한 수단으로

---

* frequent *occasion*

취급하거나 그를 기능적으로 대하는 태도를 금하는 소극적인 상담*으로 해석될 수 있다. 인간존중이란 호혜적인 반응을 요구하는 어떤 적극적인 결과를 이끌어내는 과정에서는 이루어지지 않는다. 또한 매우 친밀한 개인적 관계는 인간존중이 결여된 상태에서도 지속될 수 있다. 예컨대, 성적인 매력은 서로 서로 상당히 많은 사적인 지식을 가지도록 이끌 수도 있을 것이다. 그러나 어느 한편이 다른 사람에 대한 존중의 마음이 없이 자신의 성적 욕구를 충족시키기 위해 상대방을 이용할 수도 있을 것이다. 아마도 인간존중의 마음이 결여된 이러한 개인적인 관계는 나쁜 개인적 관계라고 할 수 있을 것이다. 하지만 그것도 여전히 개인적인 관계임에는 틀림없다.

　　이처럼 존중이란 사심이 없고 합리적인 것이어서 필요한 부분을 뽑아내기가 어렵다. 또한 이것은 타인을 권리를 가진 존재로 생각하는 태도와 관련이 깊다. 그렇다면 이것은 권리에 대해 동정심**을 가지고 있다는 것이 아닌가? 이것은 도덕성, 관습, 제도상의 역할보다 더 낮은 단계에서의 반응과 관련된 태도를 밖으로 드러낸 것은 아닌가? 우리가 동정을 느낄 때 그것은 우리가 남을 좋아하거나 남에게 매력을 느끼기 때문이 아니다. 오히려 우리는 다른 사람을 도덕적인 존재로 생각하기 때문에 마음이 움직인다. 우리는 흔히 정서적인 수준에서 타인을 받아들이는 경우가 있는데, 그것은 우리가 그를 우리 자신처럼, 즉 요구, 바람, 경향성을 가지고 있고, 고통에 민감하며, 여러 가지 수동적인 상태에 있는 사람으로 생각하기 때문이다. 하지만 동정은 반드시 그렇지가 않다. 왜냐하면 그것은 상대를 오직 괴로워하는 사람으로만 이해하기 때문이다. 우리는 일반적으로 타인의 즐거움과 고통에 반응을 보일 때에는 동정에 대해 말하지 않는다. 하지만 개인적인 관계에 있어서는 이것이 종종 두드러지게 나타난다. 또한 동정은 다소 자발적인 것임을 암시해 주는 듯하지만, 개인적 관계에서는 다른 사람에게 자발적으로 헌신하고 어떤 반응을 요구하는 듯하다.

---

* negative counsel
** sympathy

　　우리가 개인적인 관계를 맺을 때 다른 사람을 바라보는 적극적인 태도를 특징짓는 가장 손쉬운 방법은 타인을 한 인간으로서 솔직하게 혹은 그의 입장에서 그의 '이익을 고려하고', '관심을 가지는'* 것이다. 이것은 상대방을 **단지** 기쁨과 고통, 일상적인 감정과 욕망에 영향을 받는 존재로 보는 반응임에 틀림없다. 달리 말해서 다른 사람에 대한 이러한 태도는 그것이 개인적인 것이건 아니면 공통된 것이건 어떤 특수한 목적에 관련되어서는 안 된다. 즉 상대방을 목적 실현을 위한 수단으로서 혹은 공동 목표를 추구하는 데 있어서 협력자나 경쟁자로 생각해서는 안 된다. 우리는 그가 좋아하는 것에 대해 관심을 가지거나 그를 권리의 주체요, 운명의 결정자로 존중하게 되면 구태여 그를 도덕적으로 생각할 필요는 없다. 단지 그를 한 개별적인 인간으로 받아들이면 그만이다. 회합의 경우에서와 마찬가지로 제도화된 상황에서 개인적인 관계가 맺어지면 B는 A가 어느 정도 자신의 역할에서 벗어나 한 인간으로서 그에게 반응을 보였다고 생각할 수밖에 없다. 그러한 관심을 우호적인 관계로 보기에는 충분하거나 강하다고 할 수 없다. 이것은 권리의 침해를 받은 유권자처럼 사람의 권리와 존엄성을 제한하지 못한다는 점에서 존중과는 다르다. 이것을 적절한 용어로 설명하기는 어렵다. 하지만 이러한 태도가 없이는 어떤 이와 하루종일 시간을 보낸 것과 개인적인 관계를 맺는 것을 구별해 낼 방법이 없다. 관례상 어떤 사람에게 "안녕하세요?"라고 말하는 것과 그의 건강에 관해 진지하게 토론을 하는 것은 어떤 차이가 있는가?

　　개인적인 관계는 매우 일방적일 수 있다. A는 자기 삶에 대해 부끄럼이 많아 말도 잘 하지 않고 걱정거리가 많지만 B는 자기 사생활에 대해 말도 잘하고 남을 당황하게 할 정도로 솔직하다. 그러나 B는 매우 이기적이고 자신의 처지에 짓눌려 살다보니 남의 처지에 대해 거의 무감각한 편이다. A와 B가 만날 때 A에게서 자극을 받은 B는 모든 것을 털어놓을지도 모른다. 하지만 A의 사생활은 B에게 다소 공개되지 않은 채로 남을 수도 있다. 그러나 이러한 일방적인 관계에서조차도 호혜성의 요소가 존재

---

* 'interest in' and 'concern for' another

하기 마련이다. 이는 A가 B에 대해 관심을 가질 뿐만 아니라 자기 자신의 삶에 대해 자세히 설명하거나 입장을 충분히 밝히는 것은 아닐지라도 다소간의 개방성을 드러내는 것이다. 그는 얼핏보고는 자신이 관심을 가지고 있는 것이 무엇이며, 고무적인 일이 무엇인지를 전하는 것이다. 또한 이것은 많은 사람들이 할 수 없는 것을 스스로 용감하게 드러내는 것이다.

이러한 분석에서 드러나는 것은 노출된 개인생활의 요소가 최소한의 것이 될 수 있다는 것이다. '개인적 관계'란 무엇인가를 밝히는 데 있어서 사람을 어떤 관점에서 바라보는가 하는 점은 매우 중요한 것이다. 역할, 도덕, 공동이익 혹은 특수한 목적을 필요로 하지 않는 소극적인 용어로 이러한 측면을 특징짓는다는 것은 어려운 일이다. 하지만 한 인간으로서 상대방에 대해 관심을 가지고 반응을 보이는 것에 관련해 이러한 관점을 특징지으려는 어떤 시도가 이루어진 바 있다. 타인의 신뢰와 사생활을 받아들인다는 것은 그러한 이익과 관심을 명백히 할 수 있는 가장 분명하고도 손쉬운 방법이라는 점에서 개인적인 관계 맺기에서 매우 중요한 것이다.

물론 우리는 일상적인 삶을 살아가는 동안 맺게 되는 개인적 관계의 위험성과 황당함으로부터 보호를 받는다. 우리 제도가 가지는 역할은 다른 사람들에 대한 반응의 형식을 반영한다. 또한 관습(慣習)*은 우리가 의지할 수 있고 우리의 사생활을 드러내지 않고 세상사에 관하여 이야기할 수 있는 벽을 만든다. 공통의 관심사는 우리를 결속시켜 주며 개개인의 마음보다는 공유하고 있는 목적과 이념에 관심을 가지도록 해 준다. 또한 도덕적 존재로서 우리는 사심(私心)이 없고 규칙-지배적인 장면에서 만나게 된다. 개인적 관계란 이러한 장면 이면에 놓인 것을 바라보면서 반응할 때, 그리고 무엇인가가 우리들에게서 빠져나갈 때 비로소 시작된다. 타인의 이익이나 관심을 슬쩍 흘려버리는 경우, 이것은 어떤 역할을 요구하는 것이 아니라는 점에서 도덕적 요구를 초월하는 것이다.

---

* manner

물론 개인적 관계는 모종의 취약점*을 가지고 있다. 우리 자신을 너무 많이 노출시킴으로써 나중에 우리에게 적대적인 감정을 품는 사람들에게 휘둘리는 일이 생겨날 수 있을지도 모른다. 다른 사람들에게 솔직함을 드러내 보임으로써 우리는 배신당할 위험에 빠질 수 있다. 비양심적인 사람은 자신의 목적을 이루기 위해 개인적인 관계를 맺을 수도 있으며 우리 대부분 또한 이런 문제에 관해 우리의 내적 동기(動機)를 속이면서 자기기만적이거나 **그릇된 믿음****을 내세우는 경향이 있다.

이상적으로 말하자면, 이러한 반응은 우정과 결혼에서 발견할 수 있듯이, 충분한 신뢰, 헌신(獻身), 충성심으로 발전할 때 나타난다. 따라서 우리들이 맺는 개인적인 관계란 일종의 동심원(同心圓)***과 같다. 원의 가장자리에는 관심은 약간 있으나 충분한 호혜적 관계를 맺지 않은 그냥 스쳐 지나가는 사람들이 있다. 원 안에는 사적인 삶, 동기, 열망을 공유하는 가장 친한 한두 사람이 자리하고 있다. 개인적인 관계에서 일어나는 것은 때로 이상(理想)으로 받아들여지는 나와 너의 만남****보다는 훨씬 더 세속적인 것처럼 보인다. 그러나 세상 사람들과 친숙해 진다는 것은 거기서 살고 있는 사람들에게 적합하지 않은 것만은 아니다.

3 교수에 있어서 개인적 관계

학생과의 성숙한 개인적 관계가 무엇인가를 탐색하기 위하여 우리는 우선 역할 관계와 개인적 관계를 비교해 보았다. 즉 교사가 학생을 학습자로 대하는 데 있어서 교사와 학생 간의 역할 관계, 즉 가르치는 상황과 관련이 있는 보다 일반적인 도덕적 관계, 특히 인간존중 등을 포함하는

---

* vulnerability
** [역자주] *maunuvaise foi*는 프랑스의 실존주의 철학자 사르트르가 사용한 용어로 그릇된 믿음 혹은 신앙을 의미한다.
*** concentric rings
**** I-Thou confrontation

개인적 관계와 비교해 보았다. 이렇게 한 결과, 우리는 보다 개별적이고 정서적인 관계와 관계성을 숙고하게 되었으며, 이제 교사는 자기 학생을 한 인간존재로서 대할 것 같다는 생각을 가지게 되었다. 이제 이러한 일반적인 영역에서 우리의 분석과정에 담을 수 있는 세 가지 수준을 구별해 내는 것이 좋을 것 같다. 첫째, 교사가 학생과 맺는 관계가 호감(好感)과 비호감(非好感), 사랑과 증오, 다른 일반적인 매력과 혐오의 영향을 받는 한 그 교사가 학생과 맺는 **관계**는 매우 근본적인 것이다. 둘째, 교사는 학생과 **충분히** 발전한 개인적인 관계*를 맺을 수 있는 가능성을 가지고 있다. 셋째, 교사는 학생과 **미숙한** 개인적 관계**를 가질 가능성을 가지고 있다.

a. 개인적인 관계

이와 같은 매우 일반적인 정서적 의미에서 볼 때 교사의 개인적 관계에 대해서는 언급할 만한 것이 별로 없다. 교사는 역할 담당자요, 비개인적인 공적 원리를 지켜야 할 도덕적 주체일 뿐만 아니라 개인적인 인간존재이기 때문에 개별적인 반응을 보이는 모든 영역에 관여할 수밖에 없다. 다른 개별적인 인간을 다루는 개별적인 존재로서 교사는 그들과는 다르게 반응할 수밖에 없다. 교사는 그들을 좋아할 수도 있고 싫어할 수도 있다. 하지만 그러한 반응은 그의 역할에 의해 이루어지는 것이 아니다. 예컨대, 사랑이 비합리적인 매력***을 의미하고 인간존중과 구별되는 한 교사는 그들 모두를 좋아하거나 사랑해야 할 의무는 없다. 이러한 매력은 특수한 것으로 강요될 수 있는 것이 아니다. 이러한 매력은 교사가 일관된 행위 형식을 정립하는데 필요한 정서와 동기의 토대를 구성한다. 그러나 교사가 이러한 매력의 영향을 너무 많이 받게 되면 그는 학생 모두에게 가져야 할 공평성(公平性)과 역할 관계에 있어서 일관성(一貫性)을 잃게 된다. 의심

---

* *fully* developed personal relationships
** *embryonic* personal relationships
*** a-rational attraction

할 바 없이 교사가 온유한 성향을 가지고 있고 그에게 친밀감을 표하는 아이들을 찾게 된다면 아이들을 화나게 하고 진절머리 나게 하는 것보다 훨씬 성공적인 삶을 살 수 있을 것이다. 그러나 교사가 이렇게 하는 데는 한계가 있다. 왜냐하면 아이들은 진실하지 못한 태도에 민감하게 반응하기 때문이다. 마찬가지로 그가 사랑을 받느냐 아니면 미움을 받느냐 하는 것은 우연하고 특이한 것이다. 따라서 이것은 그가 즉시 해결할 수 있는 것도 아니다. 말하자면 교사는 학교에 출근하기 전에 거울 앞에서 자신의 카리스마를 빛낼 수는 없다. 만약 교사가 아이들에게 미움을 받고 있다는 점을 깨닫는다면 그리고 강요된 미소가 실없는 것임을 숨기고 있다면 그는 다른 직업을 찾아보라는 권고를 받게 될 것이다. 물론 시간이 지나면 그는 그러한 것들을 변화시킬 수 있을 것이다. 그에 대한 미움은 자신의 심리적 불안함에서 일어날 수도 있고, 아이들이 그의 약점과 부적절함을 들춰내기 때문에 일어날 수도 있으며, 학교 밖에서 직면하게 되는 정서적인 문제에 대해 미온적으로 대처하는 소극주의(消極主義)* 때문에 생겨날 수도 있다. 이러한 변화와 전환(轉換)**은 시간이 지나면서 가능해 진다. 하지만 이러한 변화와 전환은 의지(意志)에 찬 행동에 의해서만 즉각적으로 이루어지는 것은 아니다.

b. 충분히 발달한 개인적인 관계

다시 말하건대 학생과 충분히 발전한 개인적인 관계를 맺고 있는 교사에 대해 말할 만한 것은 별로 없다. 대부분의 학생들은 너무 어려서 그러한 관계를 맺는데 필요한 교호성을 가지고 있지 못하며 40명이나 되는 학급 아이들과 그러한 관계를 맺는다는 것은 거의 불가능하다. 하지만 그런 관계를 소수의 몇몇 아이들에게 국한시키게 되면 편애(偏愛)와 불공평(不公平)을 낳는 결과를 가져온다. 그러나 이러한 관점에서 볼 때 불우한 가정환경 때문에 이러한 관계를 박탈당하는 아이들의 경우 '적극적인 차

---

* negativism
** transformation

별"을 할 수도 있을 것이다. 학교 수준에서 이러한 관계는 일방적일 수 있지만, 그럼에도 불구하고 이러한 관계를 맺고 있는 사람들에게 상당히 큰 영향을 미치며 특정 개인들의 삶의 과정에서 상당히 중요한 의미를 가질 수 있다. 사실 어떤 학생들에게 그러한 관계는 학교생활이 거의 잊혀질 때쯤 학교를 회상(回想)하게 되는 유일한 계기가 될 수 있을 것이다.

이러한 관계가 학생의 발달을 촉진시켜 준다는 점에서 이것은 **사실상**** 역할 관계가 된다고 말할 수 있을 것이다. 하지만 이것은 교사가 이것을 어떻게 인식하느냐 하는 정도에 달려 있다. 행복이란 그것을 의식적으로 추구하는 사람을 피해 달아난다는 쾌락주의(快樂主義)의 역설(逆說)***과 비슷한 역설이 있을 수 있다. 만약 이러한 관계 속에서 학생이 많은 것을 배우지 않는다면 이러한 관계는 학생의 발달에 도움을 줄 수 있을 것이다. 한 개인을 고집이 센 학습자로 생각하기보다 사생활을 누리는 한 인간으로 생각한다는 것은 매우 중요한 의미를 가진다. 이것이 바로 보호관찰관(保護觀察官)이 때로 자신이 부득이 해야 할 역할이 있음에도 불구하고 소년을 구해내는 그런 종류의 관계이다.

개인교수제가 운영되고 있는 청소년 기술학교와 대학교에서 이 시기의 학생과 구성원들은, 비록 이 같은 역할 관계가 일방적이기는 하지만 이를 훨씬 실제적인**** 것으로 만든다. 이들은 처음에 미성숙한 개인적 관계를 맺지만, 나중에는 보다 성숙한 개인적인 관계로 발달해 간다. 이제 미성숙한 개인 관계에 대해 살펴보자.

c. 미성숙한 개인적 관계

우리는 사람들이 교수과정에 있어서 개인적인 관계의 중요성에 관해 말할 때에 항상 교사의 역할과 결코 양립할 수 없는 미성숙한 형태의 관계를 염두에 두고 있다고 생각한다. 사람들은 교사란 자기의 역할과 보편

---

* 'positive discrimination'
** *ipso facto*
*** paradox of hedonism
**** practicable

적인 도덕적 원리에 의거해 엄격하게 제한을 받는 방식으로 자신의 기능들을 수행해서는 안 된다고 주장한다. 동시에 그들은 교사란 한 인간으로서 자신의 입장에서 벗어나 학생들의 입장에서 사태를 받아들이도록 해야 한다고 주장한다. 대서양 건너의 전문적인 용어를 사용해 말하자면, 그는 교사다운 교사가 되어야 함은 물론 한 인간존재로서 학생과 관계를 맺어야 한다. 또한 추측하건대 이것은 부분적으로 교육기관의 비개인성(非個人性)*에 대해 불만을 표할 때, 그리고 젊은이들이 직업전선에 투입될 때 직공(職工)과 책벌레로서 취급당하는 것에 대해 싫은 표정을 지을 때 그들이 요구하는 것이다. 물론 젊은이들은 가르침을 받기보다는 강의를 받았다는 사실에 대해서도 불만을 가진다. 또 그들은 자신들의 발달단계에 따라 가르쳐진 내용이 적절히 적용되지 않고 있음에 대해서도 불평을 한다. 아마도 그들은 자신들의 선생님이 자신들의 이름을 모르고 있었다는 점에 대해서도 분개할 수 있다. 하지만 그들의 불평이 개인적 관계가 없었다는 점에서 비롯된 것인 한 그들은 주로 교사들과 원숙한 개인적 관계를 맺기를 요구하지는 않는다. 즉 그들은 교수들과의 신비스런 너-나의 관계를 갈망하지 않는다. 또한 그들은 내심 자신들과 개인적인 관계를 무시하고, 자신들의 옷이나 은어를 따라하거나 자신들의 여자 친구들과 관계를 맺으려는 교사를 경멸한다. 그들이 바라는 것은 교사들의 역할이 뒤섞여서는 안 되며, 휴머니티를 발휘해야 하며, 학생들에게 자발적인 관심을 보여야 한다는 것이다. 하지만 그들은 또한 교사들이 자신들의 역할을 엄숙하게 수행하기를 바란다.

이러한 미성숙한 개인적인 관계는 상당히 멀리 확산될 수 있다. 그러므로 교사에게 요구되는 공정성(公正性)**과 양립 불가능한 것***은 없다. 만일 미성숙한 개인적 관계가 느슨해지고 자발적이어서 지나치게 자의식적으로 추구될 수 없는 것이라면, 이것들은 교육기관에서 촉매(觸媒)로서 작

---

* impersonality
** fairness
*** incompatibility

용할 수 있을 것이다. 그렇다면 왜 이와 같은 것이 도움이 될 수 있는가? 이것은 부분적으로 교사가 불안정하여 인간으로서 자신의 역할과 직분을 제대로 해낼 수 없을 때 나타나는 불필요한 긴장 분위기를 제거해 주기 때문이다(물론 이것은 긴장된 모든 상황, 특히 이해되어야 하고 숙달되어야 할 것에 대한 도전과 관련된 모든 상황을 제거할 수 있다는 것을 뜻하지는 않는다). 또 이것은 부분적으로 교사 간의 장벽을 깨고, 교사가 이해하기 힘든 교리(敎理)를 설교하는 사제(司祭)처럼 인식되지 않도록 해 주기 때문이다. 또 이것은 부분적으로 교육이란 교실, 실험실, 도서관에서 이루어지는 것이며 사람들의 사생활 밖에서 이루어지는 가벼운 관계를 맺어주는 것이라고 여기는 신화(神話)*를 제거하는 데 도움을 주기 때문이다. 나이가 많은 대부분의 아이들은 교사의 주된 관심이 자기들에게 있는 것이 아니라 어렵고 난해한 문제에 있으며 자기들을 훈련시키는 데 있다는 교사의 구태의연한 모습을 자기 동료들에게 알려준다. 교사는 얼핏 보기에 학생들의 시야에서 벗어나는 문제에 권위를 가지고 있어야 하고 이들을 이러한 문제에 입문(入門)시키는 데 헌신해야 하며, 이러한 일을 해 내는데 필요한 명령 조건을 지켜야 한다는 생각을 학생들에게 깨우쳐 줄 필요는 없을 것이다. 사실상 교사는 남보다 뛰어난 열정과 능력을 가지고 이러한 일을 입증해 보여야 한다. 그러나 교사는 한 인간으로서 학생들과는 사뭇 다른 존재라는 점을 인식할 필요가 있다.

지금까지 내가 서술한 이런 종류의 미성숙한 개인적 관계는 교사에 대한 소원한 인상을 씻어줄 수 있고 아이들에게는 그들이 교사로서 뿐만 아니라 살아있는 한 인간과 만나고 있다는 감정을 전해 줄 수 있을 것이다. 하지만 자신의 역할, 관습, 도덕성이 요구하는 것과 한 인간으로서 요구되는 것을 적절히 조화시키며 행동하는 데에는 나름대로의 경험과 판단이 요구된다. 하지만 이것 중 어느 것도 학생들과 관계를 맺기 위한 **의무**** 라고 생각할 필요는 없다. 중등학교나 대학에서 유능한 교원들은 자기가

* myth
** *obligatory*

담당한 교과에 대해 정열을 가지고 있으며 학생을 존중하고 이해도 하지 만 인간적인 차원에서는 학생들에게 적극적인 관심을 보이지 않기 때문에 그들과 소원해지기 마련이다. 또한 정서적인 반응은 이와 같은 관계의 핵 심을 이루고 있으므로 교사들이 의무조항을 어떻게 준수하는가를 알아내 기란 매우 어려운 일이다. 의무조항의 준수는 학생 존중의 대체물로 생각 되어서는 안 되며 그러한 기술이나 경험양식의 숙달에 필요한 **비개인적인 기준들***을 내세우기 위한 대체물로 받아들여져서도 안 될 것이다.

부임 초기단계에서 비개인적인 접근을 하는데 성공하는 교사는 거의 없다. 자기의 이야기를 듣기 위해 몰려든 학생들에게 아벨라르(Abelard)** 와 같이 하기보다는 어머니가 자기 가족을 대하듯 학생들을 대하지 않는 다면 교사는 나이 어린 아이들이 배울 수 있는 여건을 어떻게 마련할 수 있을 것인가? 이러한 점들을 감안해 볼 때 어머니의 상(像)을 소개하는 것 이 매우 의미가 있다. 왜냐하면 우리가 지금까지 해온 분석은, 학습자들의 입장에서 다른 사람을 다루는 교사의 역할에 보다 명확한 설명이 주어질 수 있음을 가정하고 있기 때문이다. 우리는 '개인적 관계'와 역할 관계***를 구별하고자 하였다. 하지만 초기 단계에서 교사의 역할은 그 범위가 넓고 또한 분화되어 있지도 않다. 이 단계에서 교사는 학생들을 학습자로 취급 하지 않으며, 그들을 한 인간으로 존중하지도 않으며, 공정하게 대하지도 않는다. 교사는 자신의 역할 일부로서, 학생들의 복지****에 상당한 관심을 가진다. 교사는 학생들을 다정하고 친절하게 대하며 그들의 '사적인' 고민 이나 기쁨에 관심을 가지며 그들의 대소변, 음식, 세면 등을 지도한다. 어 린이를 다루는 교사는 청소년을 다루는 교사보다 **부모로서의 역할*****을** 대

---

* impersonal standards
** [역자주] 아벨라르(Peter Abelard: 1079-1142)는 프랑스인으로서 12세기를 살다간 중세 스콜라 학자로서 젊은 시절 이미 학자로서 명성을 얻었고 이후 교회교사이자 뛰어난 철학자로 존경받았다. 특히 중세 보편논쟁에 대한 해답을 찾고자 노력했으며 신학과 논리학 분야의 뛰어난 저작들을 발표했다. 나이 어린 제자 엘로이즈와의 연애사건으로 큰 파란을 불러일으켰으며 말년에는 학설이 이단으로 몰려 큰 고통을 받았다.
*** role relationships
**** welfare
***** *loco parentis*

신하는 경우가 더 많다. 따라서 학생들에 대한 교사의 정서적 반응은 그것
이 학생들이 배우는데 도움을 주건 주지 않건 관계없이 교사에게 어느 정
도 필요하다. 더욱이 이러한 수준에서 교사의 역할을 분명하게 서술하기
가 어렵듯이, 아이들은 자기 선생님이 자신의 역할을 다했는지를 이해하
기 어렵다. 아이들은 어머니가 자신들을 대할 때와 같이 교사를, 자기를
대하는 완전한 사람으로 본다. 그들은 사회적 행동을 이해하는 수준에서,
자신들에게 어떤 행동을 취하는 사람을, 교사와 확연하게 구별되는 한 개
인으로 바라보는 개념이 없다. 따라서 이러한 측면에서 교사와 아이 간의
호혜적인 반응은 우리가 초등학교의 목적을 탁아적인 것에 두게 됨에 따
라 점차 불가능해지는 것 같다.

　　교수-학습의 목적을 고려하면서 이끌어낸 결론은, 여기서 다룬 교수
에 있어서 개인적 관계의 역할에 대한 분석이 잘못된 것은 아니라는 점이
다. 오히려 이 분석은 이러한 구분이 명확하게 이루어지는 상황에 적용될
수 있다. 만약 '개인적인 관계'가 교사 역할에 내재하는 관계와 비교하여
규정된다면 이러한 분석은 마치 대학에서 교수-학습의 목적이 분명하게
규정되듯이, 이 같은 비교가 이루어지는 상황에 적합할 것으로 보인다.

4 개인적 관계의 교수

　　지금까지 우리는 개인적 관계가 무엇인지를 명료화하는 데 관심을 기
울였으며, 그것이 교수활동과 양립하는지 그리고 교수활동에 어떤 도움을
주는지에 대한 의문을 제기했었다. 그러나 개인적 관계를 탐구할 수 있는
또 다른 방법들이 있다. 이것들은 바람직한 것을 전달하기 위한 단순한 보
조적인 수단이 아니라 그 자체로서 매우 바람직한 것, 즉 학교가 전달하고
자 관심을 가져야 하는 것으로 보일 수 있다. 우리가 주장해 온 바와 같
이, 교육이란 이해의 깊이와 너비를 포함하는 바람직한 것을 발달시키는
일에 관련되어 있다. 교육의 목적은 발달시켜야 하는 바람직한 것에 주의

를 집중시키는 데 있다. 따라서 교육의 목적은 개인적인 관계를 발달시키는 것이다. 학교가 교육에 관심을 가지는 한, 학교는 개인적 관계를 보조 수단으로서가 아니라 목적으로서 다루어야 한다.

우선 무엇보다도 개인적 관계의 향유(享有)는 가치 있는 활동*의 좋은 예로서 정당화될 수 있어야 한다. 그러나 이 책에서는 이러한 정당화에 반대하는 입장을 취해왔지만 이러한 경우가 있을 수 있다는 가정을 해 볼수 있을 것이다. 하지만 개인적 관계가 그 자체로서 가치 있는 것으로 받아들여져야 한다고 가정하는 것은 학교가 이것에 어느 정도 관심을 가져야 하는가에 관하여 언급하는 것은 아니다. 예컨대, 개인적 관계가 교육과정에 부과되거나 후광(後光)으로 둘러쳐질 필요는 없다는 생각이 든다. 문제는 개인적 관계가 자치활동**과 관련하여 다소 자발적으로 일어난다는 것이다. 개인적 관계는 학생들의 모범자로서 혹은 촉진자로서 학생들을 성장시킬 수도 있고 방해할 수도 있다. 개인적 관계는 교수나 훈계(訓戒)에 의해서라기보다는 개별적인 모범(模範)을 통해 더 효과적으로 신장된다. 삶 가운데서 다른 여러 가지 좋은 것과 마찬가지로 개인적인 관계를 지나치게 의식적으로 추구하거나 증진시키게 되면 그것들은 오히려 해가 될수 있다. 교사들은 또한 이러한 영역에서 학생들을, 그릇된 믿음에 너무 쉽게 상처를 받는 사람으로 만드는 위치에 있다. 교사들은 학생들과 일방적인 개인적 관계를 맺을 수 있는데, 이때 교사들은 학생들을 자신에게 붙들어 맬 수도 있다. 이것은 학생들을 조작할 수 있는 힘을 키우는 교묘한 방법이기도 하다. 우리가 보기에 아동 중심적인 방법은 교수활동에 있어서 개인적 관계를 못마땅하게 생각해 온 옛 권위주의보다도 도덕적으로 훨씬 더 유해하다.

그러나 개인적 관계는 전혀 다른 수준에서 이루어질 수 있다. 『죽음이 우리를 갈라놓을 때까지』***에서 앨프 가네트(Alf Garnett)는 식별력이 뛰

---

* worthwhile activities

** communal activities

*** [역자주] ≪죽음이 우리를 갈라놓을 때까지≫(*Till Death Us do Part*)는 1965년부터 1975년까지 영국 BBC1에서 방영된 시트콤이다.

어난 성격을 가진 조지 엘리엇(George Elliot)과는 전혀 다른 수준의 삶을 살고 있다. 이 둘 간의 차이는 일반적으로 교육받은 사람의 특징이라고 할 수 있는 이해의 깊이와 감수성(感受性)*에서의 차이이다. 개인적 관계를 발전시키는데 중요한 것은 우리가 이미 앞에서 개인 간의 이해**라고 언급한 바 있는 지식의 형식이다(제3장 2절 b를 참고하라). 학교는 과연 개인 간의 이해를 발전시키는 데 기여할 수 있을까? 분명히 이러한 목적을 가지고 역사, 문학, 사회생활을 가르친다면 교실 안에서 이러한 일이 가능해질 수 있을 것이다. 왜냐하면 이와 같은 탐구는 이해의 형식에 직접 기여하기 때문이다. 뿐만 아니라 다른 사람의 의도와 계획을 알아야만 하는 연극(演劇)에서 어떤 역할을 맡거나 운동경기에 참여해 봄으로써 개인 간의 이해를 발전시킬 수 있을 것이다. 하지만 언어를 같이 사용하고 그러한 언어를 예증하는 다른 사람들과 함께할 때 개인 간의 관계가 훨씬 더 발전할 수 있을 것이다.

　　하지만 이러한 이해의 형식 발달에 관련된 또 다른 중요한 사항이 있다. 이 점에 대해 논의하기 위해서는 어느 정도 지식론(知識論)에 대한 깊은 이해가 있어야 한다. 개인 간의 이해 발달은 어느 정도 개인적인 관계의 형성과 보조를 같이하여 진행된다. 개인 간의 이해란 순전히 이론적으로 괴리된 지식의 형식이 아니다. 그것은 다른 사람이 하는 일, 구두를 신는 일, 세상, 계획을 세우고 역경(逆境)을 이겨내는 활동무대로 바라보는 것 등에 대한 창조적인 반응***을 포함하고 있다. 마찬가지로 자기 자신에 대한 이해는 부분적으로 자신의 말이나 행동에 대한 다른 사람들의 인식과 해석의 영향을 받는다. 만약 다른 사람들과의 관계를 공식적이고 제도적인 상황에 제한한다면 그들의 동기와 내적 열망을 해석하는데 매우 제한된 경험 밖에 하지 못하게 될 것이다. 사람들은 자기 자신과 다른 사람에게 중요한 것이 무엇인지를 발견하기 전에 보다 가까운 사람들과 정서

---

* sensitivity
** interpersonal understanding
*** imaginative response

적인 유대를 가지는 일이 중요하다. 왜냐하면 우리는 도덕성, 관습 그리고 제도적 행동의 규칙과 역할의 측면에서 명확하게 구조화되지 않는 상황에서 다른 사람들을 만났을 때 우리가 누구인지를 알 수 있기 때문이다. 물론 다른 사람들에 대한 비구조화된 반응의 질은 그 자체로서 개인의 이해, 통제, 그리고 감수성에 의존한다. 따라서 개인 간의 이해란 대체로 구체적인 개인적 관계에 의해 제공되는 자료에 의존하며, 나아가 개인적 관계의 질이란 개인들이 보여주는 이해와 감수성에 의존한다.

　　이러한 종류의 이해와 감수성은 다른 사람들과 개인적 관계를 맺으려 하고, 그들이 말한 것을 경청하려 하고, 그들의 말과 찌푸림, 주저함 이면에 놓인 것을 식별해 내는데 관심을 가지는 사람들에게 가능한 것이다. 개인적 관계가 너무 깊으면 마음의 고요함*을 잃을 수 있다. 왜냐하면 대부분의 사람들은 다른 사람들의 표현을 자기-과시**나 자기-몰두***의 도약판(跳躍板)****으로 이용하는 경우가 있기 때문이다. 하지만 경청할 준비가 되어 있는 사람들에게서 실제로 듣게 되는 이야기는 그들이 가진 마음의 고요함뿐만 아니라 자질(資質)에 영향을 준다. 교육이 자질을 문제 삼는 까닭이 바로 여기에 있다고 하겠다.

---

* stillness
** self-display
*** self-preoccupation
**** spring board

제 7 장

교육기관

THE · LOGIC · OF · EDUCATION

교육기관

서 언

  교육과정(敎育課程), 교수(敎授), 개인적 관계는 교육이 이루어지는 기관의 영향을 상당히 많이 받는다. 하지만 교육목적에 기여하는 일선 학교와 대학과 같은 기관에 관해 아직까지 분명하게 언급된 바 없다. 하지만 이러한 입장은 앞으로 분명하게 수정되어야 한다. 왜냐하면 교육기관의 풍토가 교사가 전하려는 것들을 도외시하게 되면 아무리 탁월한 교사라고 할지라도 그의 가르침은 영향력을 발휘할 수 없기 때문이다. 이보다도 더 적극적으로 우리가 이 책에서 밝힌 특수한 의미에서 기관들이 교육에 관여하고 있다면 어떤 요구가 그 기관들에 주어져야 하는지를 검토해야 한다. 어떤 권위구조(權威構造)*가 교육기관에 적합한가? 어떤 훈육(訓育)**이 구성원들에게 부여되어야 하는가? 이러한 질문들에 대한 답은 부분적으로 심리학자들, 사회학자들, 그리고 실천적인 행정가들의 노력으로 얻어질 수 있는 것이다. 하지만 이러한 질문이 **교육**에 주는 시사점들을 철학적으로 탐구하다 보면 추가적인 정보를 찾는데 도움을 주는 분야를 보다 효과적으로 다룰 수 있을 것이다.

---

* authority structure
** discipline

1 기관과 목적

기관(機關)*에 대해 생각해 볼 때, 우리는 특수한 활동이 이루어지는 건물 —때로는 출입을 금하는 건물— 을 생각하게 된다. 이러한 의미에서 수용소(收容所), 학교 그리고 감옥 모두 기관이라고 할 수 있다. 하지만 좀 더 생각을 해 보면 기관과 건물 간에는 관련성이 없어 보인다. 국가는 하나의 기관이지만, 그 구성원들은 여러 형태의 건물에서 일을 하기 때문이다. 건물은 기관에 영향을 주는 마음이 담긴 물질 재료**로 이루어져 있다. 우리는 '기관'을 특수한 목표를 가진 사람들의 집단이라고 생각하기 때문에 기관과 건물을 연관 짓는다. 때론 그럴 수도 있겠지만 기관이 늘 특정한 형태를 가진 건물을 필요로 하는 것은 아니다.

기관을 이해하는 데 관련된 목적이란 구성원들이 추구하는 사적이거나 특수한 목적은 아니다. 어떤 사람이 모험을 즐기고 존경을 받기 위해 경찰에 헌신할 수도 있겠지만 그러한 바람은 다른 방법으로도 충족시킬 수 있다. 그러나 그가 경찰에 헌신하여 그 바람을 만족시킨다면 그것은 그 자신을 법과 질서를 유지하는 데 필요한 집단의 구성원으로 생각하기 때문이다. 한 기관으로서 경찰은 뚜렷한 목적, 즉 일반인들이 인식하고 있는 규칙(規則)과 권위구조(權威構造)를 참고하지 않고는 다른 기관과 구별할 수 없다. 그렇기 때문에 개인 구성원들이 바뀌어도 경찰은 그것들을 결합시키는 실체(實體)***를 유지하고 있는 것이다.

예컨대 국가와 같은 기관들은 하나 이상의 목적을 가지고 있으며 국가와 마찬가지로 이들 기관은 누군가가 의식적으로 수립하지 않았음에도 불구하고 존재할 수도 있을 것이다. 하지만 이것은 어디까지나 부차적인 문제이다. 기관의 개념을 이해하는데 무엇보다 중요한 것은 그 구성원들

---

* institutions
** materials
*** entity

이 이해하지 못하는 보편적인 목적이나 목적들이 무엇이냐 하는 점이다. 기관의 목적이나 목적들은 인간의 마음을 초월하여 영원히 존재하는 것이 아니다. 이것들은 기관의 관점에서 볼 때 구성원들의 통일된 행동과 활동을 제공하는 일반적인 목적들이다. 어떤 경찰관은 운전자가 법을 위반하는가 아니면 위반하지 않는가에 온갖 마음을 쏟기 때문에 그의 동료들과는 다른 방식으로 운전자를 바라볼 수 있다. 왜냐하면 기관의 효율성은 그 기관이 지향하는 목적이나 목적들이 구성원들의 의식에 어느 정도 스며드는가에 상당한 영향을 받기 때문이다. 물론 구성원들은 그 기관의 목적을 수행해 낼 수 있는 능력이 없을 수도 있다. 예컨대, 경찰관은 운전자를 관찰할 능력이 없거나 운전자의 심리를 제대로 파악하지 못할 수도 있다. 하지만 기관의 구성원들이 그 기관의 목적에 헌신(獻身)하지 않는다면, 그 기관은 만족할 만한 효과를 거두기 어려울 것이다.

　기관의 효율성을 반감시키는 외적인 요인들과 내적인 요인들이 있다. 이 요인들은 구성원들의 무능이나 타락과 관련되어 있기보다는 분열(分裂)과 관련이 깊다고 할 수 있다. 우선, 외적인 요인들에 대해 생각해 보자. 흔히 기관이란 사회가 제공하는 폭 넓은 맥락 안에 존재한다. 사회에는 널리 받아들여지고 있는 가치관들이 존재하고 있는데, 이것들은 상당한 힘을 가지고 있어서 기관에 속한 개개인들에게 동기를 부여하고 때로는 구성원들의 행동을 왜곡하기도 한다. 예컨대, 어떤 사회에서 자기-과장(自己-誇張)*이나 사익(私益)에 큰 가치를 부여하고 있다면, 그러한 사회에서는 종파의 한 구성원이라고 할지라도 물질적으로 손해를 볼 것 같으면 이를 못마땅하게 생각하게 될 것이다. 즉, 개인들은 자신의 종교를 자기 발전과 지위 획득의 수단으로 볼지도 모른다. 이럴 경우 기관 안에서 이루어지는 행동은 경쟁과 지위에서 비롯되는 자만심으로 변질될 것이다.

　내적인 요인들 역시 구성원들에게 분열을 조장할 수 있다. 규칙이란 기관의 목적을 달성하는데 필요 이상으로 의식화(儀式化)될 수도 있고, 또 기관을 운영하는데 필요한 기술을 갖추지 못한 개인에게 권력이나 지위

---

* self-aggrandizement

(地位)*가 주어짐으로써 권위구조가 기관의 목적 달성과 관계없이 독립적으로 운영될 수도 있을 것이다. 또 좌절감과 소외감이 생겨날 수도 있다. 즉 구성원들이 공동의 목적을 위해 자신의 능력에 따라 함께 일하고 싶다는 생각이 일지 않을 수 있다.

　　이제 기관의 중요한 목적과 내적이고 외적인 요인들로 인하여 구성원들에게 분열과 소외감이 생겨날 수 있다는 점을 염두에 두면서 교육기관을 검토해 보자.

2 교육목적과 교육목적을 해치는 요인들

　　교육과 관련을 맺고 있는 기관으로는 대학교와 일선 학교들이 있다. 하지만 이 두 교육기관이 교육을 독점하고 있는 것은 아니다. 예컨대, 대학교의 주된 관심은 교육에 있다고 생각할 수 있다. 하지만 이것은 다수의 대학 교수들이 거부하는 지나치게 단순한 견해이다. 교수들은 대학의 주된 관심사는 대학 그 자체를 위해서거나 산업계의 필요와 직업을 위해서 지식을 향상시키는 것이라고 주장한다. 그들은 지식의 진보를 꾀하는 사람들을 입문시키기 위해 이를 확장하려고 한다. 하지만 그들은 이제 이러한 생각을 멈춰야 할 것이다. 그들은 교육이 이해의 깊이가 아닌 너비를 포함하고 있는 한 교육은 학교와 교양학부(敎養學部)**의 관심사가 되어야 한다고 주장한다. 물론 다양한 분야에서 연구한 사람들이 한 곳에 몰려들기 때문에 여러 가지의 것들이 대학에서 우연히 행해질 수 있을 것이다. 따라서 많은 것들이 일상대화, 사교, 취미, 그리고 다른 비형식적인 형태의 접촉으로 채워질 것이다. 하지만 '전인'(全人)***의 발달은 대학이 추구하는 바가 아니라고 주장하고 싶다.

---

* [역자주] prestige는 흔히 위신, 명예, 명성, 신망 등으로 번역되나 여기서는 문맥에 맞도록 '지위'로 번역하였다.
** Liberal Art College
*** 'the whole man'

이 책의 저자들을 포함한 다른 학자들은 중립적인 입장을 취하면서 대학의 목적이 대학원의 목적과 동일할 필요는 없다고 주장하고 싶다. 중등학교에서 충분히 공부하지 않았다면 대학은 부분적으로 그들 학생들을 대상으로 이해의 폭을 넓혀 줘야 할 것이다. 하지만 대학이란 지식의 진보를 위해 교육활동이 이루어지는 곳이다. 학부에서 교양과정을 담당하고 있는 사람들도 자기가 담당한 교과를 향상시키기 위해 노력하고 있음에 틀림없다. 이것이 바로 대학에서 행하는 가르침의 특징이다. 이와는 달리 일선 학교들은 다른 활동에도 관심을 가지지만 주로 교육에 관심을 가지고 있다. 예컨대, 중등 수준에서 학교들은 성격상 직업과 관련된 지식과 기술을 학생들에게 가르치는 데 관심을 가지고 있다. 달리 말해서 직업훈련에 관심을 가지고 있다. 하지만 좋은 학교는 교육과 조화를 이루는 방식으로 그러한 훈련을 시키고 있다. 여기에 포함되어야 할 것은 지식과 이해의 너비뿐만 아니라 일에 대한 태도의 발달 등이다. 또한 학교는 고등교육을 위한 준비와 직업을 위한 준비도 겸하고 있다. 이러한 것은 부분적으로 학생들에게 시험 준비를 시키는 교사들에 의해 이루어지기도 하고, 부분적으로는 취업에 관해 조언을 하면서 작은 회사나 고용기관과 연결을 해 주는 경력사원이나 상담사에 의해 이루어지기도 한다. 하지만 각종 시험 또한 중요한 교육목적에 기여할 수 있다. 또한 학교들은 부모의 역할을 대신하고 있으며 학생들의 건강과 복지에 관심을 기울인다. 초등 수준에서 학생들은 자신의 복지에 대한 의식이 없으므로 이러한 복지에 대한 관심이 중요하다. 하지만 이러한 관심사는 교육의 필요조건일 뿐만 아니라 교사의 역할로 인식되기도 한다(제6장 3절을 보라).

일선 학교와 대학이 교육에 관심을 가지긴 하지만 교육에만 관심을 가지는 것은 아니다. 말하자면 다른 목적들에 대한 그들의 관심은 교육 기관으로서의 효율성을 저해하기도 한다. 또한 효율성을 저해하는 교육기관, 특히 학교의 또 다른 특징이 있다. 현재 상황에서 교육기관의 구성원이 되는 대부분의 사람들은 그 기관의 교육목적에 대해 온정적이지 않다. 제2장에서 논의한 바 있듯이, '교육'이란 이해의 폭과 너비를 밝힐 수 있는 방

식으로 사람들이 가치 있는 것에 헌신하는 과정의 차원에서 이해되어야
한다. 나이 어린 아이들은 지식과 이해가 결여되어 있을 뿐만 아니라 그것
을 획득하려는 욕구 또한 결여되어 있다. 아마 대부분의 아이들은 타고날
때부터 호기심을 가지고 있다. 하지만 이러한 주장이 가진 진실이 무엇이
든지 간에 사실은 아이들이 학교에 입학하게 될 때 그들 대부분은 그러한
호기심을 가지고 있지 않다는 점이다. 아마도 이것은 부모가 교육에 대해
냉담하며, 심지어 가정의 여러 가지 여건 때문에 비롯된 것처럼 보인다.
그럼에도 불구하고 아이들은 강제로 학교에 취학하게 된다. 따라서 이러
한 상황이 교육기관에 고무적인 것은 아니다. 이런 이유로 오늘날 학교기
관의 기능은 이러한 목적에 대한 적대감을 전환시키는 것이고, 실제로 그
렇게 하고 있다. 만약 이러한 적대감을 바꾸지 못한다면, 기관으로서의 효율
성을 높이기 어려울 것이다. 따라서 최소한 학교기관이 추구하는 목적에
헌신한다는 것은 기관의 목적인 동시에 기관의 효율성을 높이는 것이다.

　　교육기관의 목적과 그 목적에 대한 성원들의 인식부족은 내적 조건과
외적 조건에 의해 더욱 악화된다. 이제 이 조건들에 대해 간략하게 살펴보
자. 이 조건들에 대한 서술이 사회과학자의 관심사라고 할지라도 이 조건
들은 제도적인 맥락에서 말하자면, 우리가 다루는 교육에 대한 주장의 의
미를 밝히는 배경을 제공할 것이다.

a. 외적 조건

　　북미(北美)와 영국 등 서구 사회의 두드러진 특징은 소비 지향적이라
는 점이다. 서구 사회에 널리 퍼져 있는 생각은 부를 소유하면 다양한 쾌
락, 소유, 여가의 형식들을 끊임없이 추구할 수 있는 기회를 가질 수 있다
는 것이다. 직업이란 좀처럼 정밀함과 지성에 도전할 만한 가치가 있기 때
문이라든가 공동선(共同善)*에 기여하기 때문이라든가 우애(友愛)**와 우정
의 기회를 얻을 수 있기 때문에 추구하는 활동으로 생각되지 않는다. 사실

---

* common good
** fraternity

현대 산업사회에서 직업 전체를 이러한 방식으로만 생각하기는 어렵다. 오히려 직업은 돈을 벌기 위해 어쩔 수 없이 인내해야 하는 것으로 보인다. 오늘날 계속해서 던지는 질문은 '돈을 벌 수 있는 곳이 어디인가?'이며, 노동, 우정, 실제적인 프로그램과 관련된 모호한 목표가 계속 소비수준을 높이는 판단 기준으로 작용한다는 점이다.

이 같은 소비지향적인 이념을 추구하는 사람과는 달리 교육받은 사람*은 삶 속에서 가치 있는 것이 무엇인지를 음미하며, 지식, 기술, 그리고 이해를 소중히 여기고, 자동차 소비를 촉진하고 지위를 나타내는 상징으로서가 아니라, 어떤 심미적 안목을 가지고 볼 때, 인간의 선과 악을 빚어낸 역사와 잠재력을 가진 기술과 재능의 산물로 생각한다. 교육받은 사람은 직업이 기술, 창조성, 정밀함을 배울 수 있는 기회를 준다는 점에서 직업을 즐겁게 생각하며, 사람과의 만남을 즐기며, 자신을 귀찮게 하는 자질구레한 생각에 얽매이지 않고 자신이 말로 표현하기 힘든 감정을 객관화하려는 마음을 가지고 있기 때문에 지식을 그 자체로서 추구하거나 어떤 일을 해 나가는 사람이다. 하지만 과연 어디서 이러한 일을 해 나갈 수 있을 것인가?

오늘날과 같은 사회에서 교육을 하고 있는 기관은 아주 어려운 과제를 안고 있다. 왜냐하면 교사와 학생들은 하나같이 더 큰 사회의 요구에 영향을 받고 있기 때문이다. 교사들은 가르치는 직업을 도구적인 견해를 가지고 바라보거나 교육보다는 개인의 발전에 보다 많은 관심을 가지는 경향이 있다. 왜냐하면 그들은 자신의 지위를 높이는데 관심이 쏠려 있으며 단체협약(團體協約)**에 따라 소비의 수준을 높이는데 관심을 기울이고 있기 때문이다. 그들의 기관에 대한 충실도는 지금까지 쌓아온 경력과 비교해 보면 그 중요성이 낮은 편이다. 또 그들은 소비수준과 관련하여 학생들을 가르치는 일, 즉 학생들을 시험에 합격시키고 나서 성과급***을 받는

* educated person
** judicious moves and bargaining
*** incentives

사람으로 생각하는 경향이 있다. 또한 학생들도 자신들이 받는 '교육'을 이와 비슷한 관점에서 바라보는 경향이 있다. 즉 보수가 많은 직업을 얻게 되면 자기에게 놓인 많은 장애물들을 뛰어넘을 수 있을 것으로 생각하게 된다. 물론 이러한 도구적인 관점은 교사와 학생들에게 전적으로 부적합한 것이라고 할 수는 없다. 문제는 그러한 관점이 교사와 학생들에게 어느 정도 강조되고 있으며 교육기관을 어느 정도로 지배하고 있는가 하는 점이다.

교육과정 내용도 이와 비슷한 도구적인 방식으로 짜여질 수 있다. 예컨대, 기업인이나 정부 관계자는 고용 준비를 위해 마련된 프로그램들을 위해 재정(財政)*을 지원할 것이다. 일선 중·고등학교와 대학들이 실현하고자 하는 목적들 중의 하나는 일을 할 수 있는 능력을 길러주는 것이기 때문에 교육기관들은 그러한 재정 지원을 환영하게 될 것이다. 물론 학습의 초점을 실제적인 과업에 맞추는 것이 부적절하다고 할 수는 없을 것이다. 하지만 중요한 문제는 그러한 실제적인 프로그램이 훈련과정에서 이루어지는 연습으로만 너무 좁게 인식되거나 교육을 위한 수단으로만 인식될 수 있지 않을까 하는 점이다. 또한 문제가 되는 것은 그러한 프로그램이 순전히 도구적인 태도를 고무시키는 방식으로만 가르쳐질 수 있다는 점이다.

b. 내적인 조건

교육기관의 목적 확인을 어렵게 만드는 외부로부터의 압력은 기관 자체의 권위구조에 의해 강화된다. 예컨대, 어떤 대학이 비학문적인 행정가들에 의해 조직되고 마치 사업을 하듯이 학문적으로 관계가 없는 근거를 가지고 교수를 임명하고 봉급을 책정한다고 가정해 보자. 교수 한 사람이 학과를 권위주의적인 방식으로 운영하면서 중요한 결정을 하려는 과정에 교수들을 참여시키지 않는다고 가정해 보자. 어떤 학교의 교장이 독재적으로 학교를 운영하면서 민주적인 토론의 기회를 전혀 주지 않는다고 가

---

* finance

정해 보자. 또 기관 안에서 이루어지는 의사결정이 비밀리에 이루어지고 비판과 이의제기의 절차 없이 공표된다고 가정해 보자. 이러한 기관에서는 그 목적 구현을 위한 참여가 잘 이루어지지 않을 것 같다. 이러한 참여 없는 기관 안에서는 대부분의 구성들이 외부에서 주어지는 동기부여에 저항할 것 같지도 않으며, 스스로 냉소적이거나 자기-이익*만을 추구할 것 같다.

　이러한 교육기관에 몸담고 있는 학생들은 실제로 그 기관이 천명한 목적으로부터 소원해지고 있다는 점을 느끼기 시작할 것이다. 그들은 표면상으로는 교육받고 있다고 할 수 있을지 모르지만, 사실 그들은 직업구조의 사다리에 발을 올려놓고 있을 따름이다. 기관이란 어느 정도 사회의 이익뿐만 아니라 학생들의 이익을 위해 존재한다는 것이다. 아마도 친절한 상담가나 경력사원들은 학생들에게 조언을 하면서 그들이 올바른 길로 나아가도록 도우려고 할 것이다. 하지만 이것은 온정주의(溫情主義)적인** 것이다. 영국의 명문 사립학교 전통을 통렬히 비판한 아놀드(Thomas Arnold)는 아이들이 학구적인 측면이나 레크리에이션의 측면에서 책임을 질 수 있다면 아이들을 관리하는 권위 체제가 구조상 독단적***일지라도 소속감**** 을 가지게 될 것이라고 지적하였다.

　물론 처음부터 적대감(敵對感)이나 냉정함을 가진 사람의 편에서 볼 때 교육기관에의 참여가 많아지는 것이 기관의 목적 실행을 고무시키는 유일한 방법은 아니다. 온정적으로 조직된 기관들은 때로 그 기관이 가진 권위의 특징*****을 파악함으로써 이러한 점들을 관리하기도 한다. 숙련된 사람이나 경험이 풍부한 사람에 대한 칭찬은 그들이 전달하고자 하는 이상과 노력에 대한 열정으로 이어질 수 있다. 하지만 이러한 전달과정은 최고령층에서 보다는 나이가 적은 층에서 보다 강하게 작용한다. 최고령층, 고

---

* self-seeking
** paternalistic
*** autocratic
**** involvement
***** authority figures

등교육, 그리고 중등교육 후기 단계에서의 전달과정은 온정주의의 형식에 대한 젊은이들이 저개심 증가로 인해 생가보다 영향력이 크지 못한 편이다. 사실 오늘날 산업사회의 심각한 문제는 경험이 풍부한 사람과 그에게서 배우지 않으려는 젊은 학습자 간의 세대 간 격차(隔差)*의 문제이다.

그렇다면 교육제도에 적합한 권위구조란 무엇인가? 일반적으로 권위란 권위주의(權威主義)와 혼동될 수 있고, 온정주의의 유일한 대안이란 학생들의 투표뿐이라는 설득을 당할 위험도 있다. 우리는 이러한 극단적인 입장 그 어느 것도 학문연구기관을 행정적으로 적절히 다루어갈 수 있는 체계를 제공할 수 없다고 생각한다. 학교와 대학의 특수한 목적 실현에 적합한 방식으로 참여가 이루어져야 한다. 다시 말해 우리는 철학적 분석이 전통적인 온정주의**와 그것에 반대하는 진보주의적인 반응***사이의 중간길****을 밝힐 수 있을 것이라고 생각한다.

우리는 **학교와 대학이 실현하고자 하는 목적이 교육적인 것인 한** 이들 교육기관이 요구하는 바가 무엇인가를 탐색함으로써 비로소 이러한 중간길을 마련할 수 있을 것이다. 우리는 이 두 종류의 교육기관들이 다른 목적도 가지고 있다는 점을 인정하지만 이들 기관이 주는 여러 가지 함축된 의미는 무시하고자 한다. 특히, 우리는 대학 수준에서 지식의 진보와 지식의 전달 간의 차이점이 무엇인지도 무시하고자 한다. 우리는 대학과 학교가 공적인 지식형식****의 진보와 전달에 관심을 가지는 한, 이것들은 권위의 구조, 교사의 역할, 그리고 바람직한 훈육(訓育)†의 형태에 어떤 중요한 의미를 던져 줄 것으로 생각한다. 교육에 관심을 가진 기관들의 관점에서 이러한 기관들을 바라볼 때 우리는 권위의 문제를 합리적으로 다룰 수 있을 것이다. 권위를 이러한 방식으로 다룰 때 교육기관으로서 대학과 학교는 보다 효과적인 장소가 될 수 있을 것이다.

---

* gap
** traditional paternalism
*** progressive reaction
**** middle way
***** public forms of knowledge
† discipline

3 권위와 교육기관

이미 논의한 바와 같이, 기관은 각기 특수한 목적을 가지고 있다. 또한 기관은 그 기관의 목적을 효과적으로 추구하기 위해 구성원들이 받아들이는 규칙(規則)을 가지고 있다. 이상적으로 말해서, 대부분의 규칙들은 그 기관의 목적과 밀접히 관련되어 있으며, 그 지역사회의 보다 일반적인 도덕적이고 법적인 규범의 한 부분임에 틀림없다. 하지만 실제로 합리적 정당화(正當化)*와는 거리가 먼 중요성을 내세우는 온정주의 체제하에서는 이러한 규칙들이 임의적으로 정해지기도 한다. 그러므로 진보주의자들이 교육기관 안에서의 권위를 공격할 때 그들은 과도한 권위를 권위 자체와 혼동하는 것 같다는 생각이 든다. 그렇다면 권위란 무엇인가? 이제 권위의 본질을 살펴본 다음 이러한 분석을 교육기관의 특수한 입장과 관련시켜 보도록 하자.

a. 권위의 본질

앞에서 설명했던 바대로, 기관은 목적뿐만 아니라 규칙을 가지고 있다. 하지만 규칙에 관한 생각 배후에는 일을 처리하는 데 있어 올바른 방식과 그른 방식이 있기 마련이다. 또한 올바른 방식이란 무엇인가 하는 질문이 늘 제기되기 마련이다. 우리가 도덕적 규칙이라고 부르는 것의 경우 일의 올바른 방식은 그것을 만들어낸 이유들**에 영향을 받는다. 또한 어떤 이성적인 사람***은 관련이 깊은 내용과 일치하는 행동을 할 것이라는 생각을 해 볼 수 있다. 그러나 인간의 삶 영역 안에서는 또 다른 형태의 절차들, 즉 권위에 호소하는 절차들이 필요하다고 할 수 있다. 예컨대, 골프의 규칙에 대한 논쟁에서 중요한 것은 최상의 권위, 즉 국왕

---

* rational justification
** reasons
*** reasonable person

이나 선조들의 선례와 관련짓는 것이다. 이와 마찬가지로 지역사회에서 일반적인 법률체계가 발달해 왔다ㄱ 할 수 있는데, 이러한 법률의 기능이란, 다름 아닌 어떤 규칙이 궁극적으로 그 지역사회를 결속시키고 강화시키는가를 결정한다는 것이다. 이것이 곧 그 규칙이 무엇이어야 하는가를 결정짓거나 특수한 경우에 그것을 해석하기 위한 체제인 것이다. 또한 규칙을 강화하는 것도 권위의 또 다른 기능이다. 옳고 그름을 결정함에 있어서나 규칙을 특수한 경우로 해석함에 있어서나 규칙을 강화하려고 할 때에 이러한 일은 어디까지나 권위의 영역 안에서 이루어진다는 것이다.

권위는 또한 규칙의 영역에서뿐만 아니라 주장의 측면에서도 나타난다. 우리는 어떤 사람에게 그가 아즈텍문화*의 **권위자**(權威者)**라고 말할 때가 있다. 이 경우 사람들은 그에게서 예언을 듣기도 하고, 전문가들이 그에게 권위 있는 견해를 붙이기도 하며, 성직자는 교리의 문제에 관해 선언을 하기도 한다. 권위를 가진 사람의 전형적인 예로는 판사, 심판, 경찰관, 교수, 사제(司祭) 등을 들 수 있다. 이러한 사람들은 결정하고, 명령하며, 제한하며, 선포할 수 있는 능력을 가지고 있다. 요컨대, 권위자란 옳은 일을 하려는 어떤 한 개인이나 집단이 무엇인가를 정확하게 결정하거나 실현하려고 할 때 비로소 나타난다는 것이다.

b. 권위의 합리화***

역사적으로 볼 때 권위체계란 사물들이 가진 질서****의 한 부분으로 여겨져 왔다. 사람들은 명령할 권리를 부여한 가족이나 전통을 가지고 태어나기 때문에 그러한 권리를 가지게 된 것이다. 하지만 점차 이성과 개인주의가 발달하면서 권위체계는 변하게 되었고 계절이나 운석의 운동과 같은 사물의 질서가 아니라는 점을 깨닫게 되었다. 가족의 권리가 도전받았

---

* Aztecs
** *a* authority
*** The rationalization of authority
**** order of things

을 뿐만 아니라 권위 기관 자체에 대한 의문을 품는 근본적인 문제가 발생하게 되었다. 이것은 얼핏 보기에 다른 사람이 부여하는 명령에 복종해야 하고 다른 사람들에게 호소함으로써 어떤 일의 정확성과 진실성을 밝히려는 것은 합리적인 사람의 자유와 존엄성을 해치는 것처럼 보였기 때문이다. 이러한 의문들은 현대 민주주의이론에 의해 제기되었으며 권위의 문제를 합리적인 방법으로 접근하려는 사람들에 의해 제기된 것이다. 결국 **직위상의** 권위*를 가지고 살아가는 사람들로 구성된 사회통제의 영역에서 이제 온정주의가 점차 이 나라 전체를 지배하게 되었다. 하지만 사회가 무정부상태**로 대치된 것은 아니다. 오히려 권위는 합리화되고 있다. 권위의 형식은 그것을 행사하는 이유들 즉, 개인의 안전과 개인권리의 보호와 관련이 깊어지고 있으며, 출생이나 가족관계 등과 같은 일과 무관한 근거를 가지고 사람을 채용하기보다는 업무수행능력을 가지고 사람을 채용하고 있는 추세에 있다. 이렇게 되기까지는 많은 시간이 걸렸다. 경쟁적인 공무원시험제도***가 도입되었던 글래드스톤 시대****에 이르러서야 이런 일이 가능해졌다.

　　권위의 합리적인 수용을 허용하는 이러한 변화는 부분적으로 자유를 열렬하게 믿는 사람들에게 일어나게 되었다. 특히 사회통제의 영역에서 어떤 권위의 형식을 행사하는 경우가 압도적으로 많아지면서 이러한 변화가 일어나게 되었다. 이러한 경우는 사람에 관한 경험적인 사실과 사회형식을 지속하려는 열망의 결합에 영향을 받았다고 할 수 있는데, 자유, 공정성, 타인의 이익고려가 사회생활의 바람직한 조건으로 받아들여졌다. 사람이 불평등하게 태어난다는 것은 경험적 사실이다. 강하고 현명한 사람들이 그렇지 않은 사람들을 지배하는 것 같다. 만약 사람들에게 그들이 하고 싶은 것을 무제한적으로 할 수 있는 자유가 허락된다면, 사람들은 실제로 자유롭지 못할 것이며 하고 싶은 것을 하지 못하게 될 것이다. 오히려

---

* *in* authority
** anarchy
*** competitive examinations for the Civil Service
**** Gladstone's time

강자(强者)가 약자(弱者)를 구속하게 될 것이다. 비개인적인 종류*의 구속이 개인적인 구속의 형식**을 제거하기 위해 필요할 것이며 안정된 조건을 보장할 수 있을 것이다. 법의 규칙을 제정하고 적용하고 강화하는 권위체계가 자의적으로 사용되는 권력(權力)***의 남용으로부터 약자를 보호하기 위해 필요하다. 이러한 권위체제는 모든 이의 이익(利益)의 측면에서뿐만 아니라 자유의 측면에서 정당화될 수 있다. 이러한 보호가 없으면 강자는 자유로울 것이며 ―타인을 희생시키면서― 자기가 하고 싶은 것을 마음대로 하게 될 것이다. 하지만 강자가 늘 유리한 위치에 있을 수는 없을 것이다. 따라서 대부분의 사람들은 보다 임의적인 구속을 제거하기 위해 법의 보편적인 구속을 받아들여야 한다. 그러므로 권위란 자유를 실현하고 사람들의 기본적인 이익을 보호하기 위해 필요한 것이다.

　하지만 지식의 영역에서 어떤 사람이 권위를 가지고 있다고 말할 때에 그의 권위는 그다지 강하지 않은 것 같다. 만약 지식의 전달에 관여하고 있는 학교와 대학과 같은 기관들이 그들 구성원들에게 온정주의적으로 보인다면 거기에는 권위를 가진 사람이 아무도 없는 것처럼 결론을 맺을 가능성이 있다. 결국 옳고 그름은 어떤 사람의 말에 의해 결정되는 것이 아니다. 그것은 어떤 합리적인 사람이 파악할 수 있는 이유(理由)들에 의해 결정되는 것이다. 그렇다면 왜 우리는 이러한 지식의 영역에서 권위를 합리화하려고 하는가? 아마도 그것은 기관이 평화롭게 기능하도록 하기 위해 사람들에게 **직위상의** 권위****를 부여하는 것이라고 할 수 있다. 그렇다면 왜 지식 전달과 관련해서 권위를 가져야 하는가? 또한 그들은 법의 규칙을 집행하고 매일 같이 교육기관을 운영해 가는데 관여하고 있는 행정가들 이상으로 직위상의 권위를 가져야 하는가?

　지식의 영역에서 제도화된 권위란 사람들이 자신들의 능력을 개발하는데 오랜 기간이 걸렸다는 경험적 사실에 의존하며, 그들의 삶은 대체로

---

* impersonal sort
** personalized forms of constraint
*** power
**** *in* authority

복잡한 사회를 유지하는데 필요한 지식과 기술의 거대 전통을 숙달하려는 능력에 의존한다. 문명인은 버섯처럼 밤에 자라지 않는다. 그들은 문명화된 사람들에 의해 교육을 받음으로써 문명화된다. 이러한 사실에 비추어 볼 때 경험이 풍부한 사람들의 역할이 중요하다고 할 수 있다. 사람들이 경험이 풍부한 사람을 좋아하건 좋아하지 않건, 이것은 오랫동안 권위로 작용했으며, 이러한 종류의 권위가 효력을 가지기 위해서는 제도화되어야 했다. 이러한 권위가 작용하는 곳이 바로 가정이며 교육기관이다.

특수한 교육기관이 필요한 까닭은 인간의 지식이 점점 복잡해지고 전문화되고 있어 그 어떤 사람도 현대 산업사회를 유지해 가는데 필요한 모든 것을 알 수 없다는 점이다. 가정은 이제 더 이상 이러한 교육적 역할을 해 낼 수가 없다. 다양한 지식 분야들, 예컨대 의학, 공학, 통계학 분야에서의 권위자들과 전문가들은 훈련을 받아야 한다. 물론 이러한 권위자들은 때로 실수를 하기도 한다. 그러므로 그들의 주장은 비판적으로 혹은 신중하게 다루어져야 한다. 그들은 절대적인 권위*가 아니라 **잠정적**(暫定的)**인 권위****를 가지고 있을 뿐이다. 왜냐하면 지식의 영역에서는 완전한 전문가란 있을 수 없기 때문이다. 중요한 사실은 그들의 권위가 전문적인 훈련과 관련된 지식분야의 숙달로부터 나온다는 것이다. 즉, 권위란 옳고 진실한 것이 문제가 되는 분야에서 일을 올바르게 해 내는 성취능력은 어느 특정 개인의 선언에 기반을 두고 있기보다는 원칙상 누군가가 이해할 수 있는 이유(理由)와 증거(證據)에 기반을 두고 있다는 것이다. 전문적인 지식과 기술의 진보와 전달은 대개 학교 및 대학과 관련되어 있다. 가르치는 사람들은 그러한 교육기관에서 직위상의 권위를 가지고 있는데 그 이유는 그들이 공동체의 삶의 형식에 꼭 필요한 총체적인 지식에 대한 권위를 가지고 있다고 생각하기 때문이다. 이제 이러한 교육기관에 어떤 합리적인 권위구조가 필요한지에 대해 좀 더 자세히 살펴보자.

---

* ultimate authority
** *provisional* authority

c. 교육기관에서의 권위의 합리화*

얼핏 보기에 권위와 이성의 사용 간에는 갈등이 있어 보이지만, 권위의 행사가 기관의 목적과 관련이 깊어야 하고 지역사회의 이익을 위해 다양한 책임을 질 수 있는 직원을 합리적인 근거에 입각해 임명할 때 기관 안에서 합리적인 권위의 사례가 만들어질 수 있다. 대학과 일선 학교들은 주로 다양한 기술과 지식형식들의 진보와 전달에 관여하고 있다. 따라서 이러한 중요한 목적들**에 비추어 교육기관 안에서의 권위구조가 결정된다고 할 수 있다. 권위-구조***를 이러한 교육목적들과 관련짓는다는 것은 어떤 의미를 가지는 것일까?

이러한 중요한 목적들이 가지는 첫 번째 의미는 학문적 자율성****이라고 불리는 것 안에서 찾아진다. 이러한 학문적 자율성의 원리란, 교육기관에 재정지원을 하는 것이 국가이건 아니면 개인이건, 지식의 발달과 전달에 책임을 지고 있는 사람들이 그러한 일을 하기 위해서는 자유로워야 한다는 것을 의미한다. 밀(J. S. Mill)이 자신의 저서 『자유론』****에서 논의한 바 있듯이, 진리의 추구는 자유의 원리가 유지되지 않고는 불가능하다. 학자들이 연구와 가르침의 방향을 결정함에 있어서 자신들의 권리를 포기하게 된다면, 이설(異說)적인 견해라고 해서 억압을 받는다면, 연구나 가르침이 정치적으로 불편하거나 사업가들을 난처하게 한다고 해서 압박을 받는다면 지식의 진보는 이루어지기 어려울 것이다. 그러므로 지식의 진보와 전달에 관여하고 있는 기관은 그 기관이 어떤 기관이건 그러한 자유를 지켜나가야 한다.

두 번째 의미는 학자들의 잠정적(暫定的) 권위†에 관한 것이다. 제4장에서 논의하였듯이, 지식을 몇 가지 형식(形式)으로 분화(分化)시키는 것은

---

* rationalization of authority
** overriding purposes
*** authority-structure
**** academic autonomy
***** *On Liberty*
† provisional authority

자의적(恣意的)인 문제*가 아니다. 누군가가 오랫동안 숙고한 결과 통달한 명확한 개념과 진리기준**과 방법론들이 있다. 또한 이러한 지식의 형식 분야에서 연구할 수 있는 능력을 갖추기 위해 훈련받은 사람들에 의해 수립되고 비판을 받는 지식의 체계가 존재한다. 이러한 지식의 형식을 숙달하는 데는 상당한 시간이 걸리며 경험이 필요하다. 이렇게 했을 때 사람들은 능숙한 방법으로 판단하고 비판할 수 있는 지위를 가지게 된다. 이것은 대학과 일선학교가 관여하고 있는 지식의 형식 및 분야에는 잠정적인 권위자가 있다는 것을 의미한다. 권위자들이 해야 할 역할은 다른 사람들을 비판하고 결국 교사 없이도 스스로 일을 수행해 갈 수 있는 방식으로 유산(遺産)을 전달하는 것이다. 그들은 다른 또 다른 세대가 그들 없이도 살아가는 방법을 터득하도록 권위를 행사해야 한다. 지식의 형식 안으로 들어가기 위해서는 모종의 연구과정이 필요하다. 이러한 연구내용을 마련하기 위해서는 학자들의 견해가 매우 중요하다. 물론 마지막으로 학생들이 어느 정도의 능력을 갖추게 되었을 때에는 선택을 할 수 있는 기회, 우선권을 결정할 수 있는 토론, 나아가 새로운 분야를 탐구할 수 있는 기회를 줘야 한다. 하지만 이러한 일은 학생들이 지적인 선택을 할 수 있는 기본적인 능력을 갖추어야 한다는 것을 전제로 하고 있다.

그렇다면 이러한 추상적인 원리들***이 대학과 학교에 주는 구체적인 시사점들은 무엇인가? 첫째, 학자들은 연구와 강의요목의 방향을 결정해야 한다는 것이다. 둘째, 학자들은 그들 동료의 임명에 대해 책임을 져야 한다는 것이다. 셋째, 학자들은 학생 선발과 시험에 책임을 져야 한다는 것이다. 왜냐하면 학자들만이 이러한 종류의 문제를 결정할 수 있는 전문적인 지식을 가지고 있기 때문이다. 이러한 것들을 구체적으로 어떻게 실행해 갈 것인가 하는 점은 지역의 조건 및 학교의 종류에 따라 달라질 수 있을 것이다. 예컨대, 학교의 강의요목과 시험은 대학과 일선학교에서 학

---

* arbitrary problem
** truth-criteria
*** abstract principles

자들이 공동으로 책임을 져야 할 것들이다. 지역사회의 행정가와 대표들은 교수임명위원회(敎授任命委員會)*에 참여해야 한다. 때로 학생 대표가 학사위원회(學事委員會)**에 참여할 수도 있을 것이다. 그러나 누가 무엇을 가르쳐야 할 것인가에 관한 주된 발언권은 학자들에게 주는 것이 합당하다고 할 수 있다.

대학 수준에서 학생들은 때로 자신들이 수요자(需要者)***이기 때문에 학사 결정을 할 때 주된 발언권을 가져야 한다고 주장한다. 하지만 학생들의 주장이 부적절한 모델에 의해 지배를 받을 정도의 수요자로 전락했다는 것은 불행한 일이다. 학생들은 또한 이러한 부적절한 모델이 가정에 영향을 주게 되면 일반 대중과 기업인들이 교육의 실제적인 수요자라는 점을 알지 못하고 있다. 대중과 기업인은 흔히 돈을 투자하고 나면 '교육적인 과정'****이 종료된 뒤 원하는 결과*****가 도출되었는지 알고 싶어한다.

학생들이 내세우는 또 다른 주장은 교육기관의 민주화(民主化)†에 관한 것으로, 이것은 민주사회에 적합한 통제의 형태에 지나지 않는다. 학교와 대학은 플라톤(Platon)이 그린 이상국가(理想國家)에 나오는 현자에 의해 다스려지는 곳이 아니다. 하지만 이러한 주장들 안에는 '민주주의'의 개념이 가지는 모호성을 밝히지 않아도 드러나는 두 가지 약점이 있다. 첫째, 분명한 사실 하나는 교육기관에서 공부하는 학생들 대부분이 원숙한 시민으로서 자질을 갖추기에는 아직 미성숙한 상태에 있다는 점이다. 둘째, 국가란 특수한 문제와 관련된 목적을 가진 기관이 아니라는 점이다. 국가란 다양한 목적들, 예컨대, 안전보장, 권리보호, 갈등과 이익의 조정, 최소한의 복지 기준의 유지 등의 목적을 가진 기관이다. 이러한 목적들의 실행은 기술상의 지식에 의존할 뿐만 아니라 도덕적 결정에 상당히 많이 의존한다. 하지만 국가는 도덕적인 문제들에 관해서는 권위를 행사하기 어렵다.

---

* appointment committees
** academic board
*** consumers
**** 'educational process'
***** packaged product
† 'democratization'

플라톤은 철인왕(哲人王)*만이 도덕적인 문제를 이해할 수 있다고 생각하였다. 만약 플라톤의 도덕적 지식에 대한 생각이 옳다면, 현자(賢者)가 통치하는 귀족제(貴族制)**는 답하기 어려운 것이 될 것이다. 하지만 일선 학교와 대학은 권위가 있는 지식의 특수한 형식들의 진보 및 전달과 관련된 특수한 목적들을 상당히 많이 가지고 있다. 물리학, 공학, 생물학, 사회학 등에 대한 일반인들의 견해는 이러한 분야에서 공부하고 있는 학생들의 견해에 비해 중요하다고 할 수 없으며, 병을 치료받기 위해 의사를 찾아가는 환자의 견해보다도 더 중요하다고 할 수 없다.

하지만 민주적인 실천에 대한 논의를 할 때 시사하는 바가 무엇인가를 분명하게 해야 할 것이 있다. 그것은 교육문제와 관련해 이루어지는 상이한 형태의 결정과 관련되어 있다. 이미 제2장에서 논의한 바 있듯이, 지식과 이해의 발달이라는 일반적인 목적과 양립하는 여러 가지 다른 목적들이 교육분야에 존재한다. 목적들 간의 우선성과 발달형식들 간의 우선성에 대해 학자들이 가지는 견해는 사리가 밝은 시민들이나 감각이 있는 학생들의 견해보다 꼭 나은 것만은 아니다. 왜냐하면 도덕적이고 정치적인 판단이란 이러한 종류의 결정을 내리는 데 있어서 비판적 역할을 하며, 이미 논의한 바 있듯이, 도덕문제에 대한 권위자의 주장이 반드시 설득력이 있다고 하기 어렵기 때문이다. 이러한 관점에서 볼 때, 도덕적 지식이란 과학, 역사, 그리고 수학과 같지 않으며 광범위한 사회·경제적인 문제와 연결되어 있다. 정부에 의해 이루어지는 의사결정과 학사위원회의 결정이 서로 다르기는 하지만 이러한 여러 가지 의사결정에 대한 학자들의 견해는 학생 및 대중 대표와 같은 여타의 이익단체가 가지고 있는 견해를 따른 것에 지나지 않는다. 학자들은 재정, 건물, 교육기관과 지역공동체 간의 연결 문제에 관해서는 전문가가 아니다. 따라서 이러한 것들 역시 학자, 학생, 그리고 대중 대표가 서로 협력하여 의사를 결정할 영역들이다.

교육기관 안에서 누가 결정을 해야 하는가를 분명하게 알아낸다는 것

---

* philosopher king
** aristocracy

은 불가능한 일이다. 왜냐하면 기관을 조직하는 방법에 너무 많은 변인(變因)들이 작용하기 때문이다. 우리가 제안하고자 하는 것은 교육기관의 주요 목적으로부터 이끌어낼 수 있는 의사결정의 배경에 놓인 근거(根據)*가 무엇이냐 하는 것이다. 우리는 학자들이 전문지식의 발달과 전달에 관련된 문제에 대해 주된 발언권을 가지고 있어야 한다고 주장했었다. 하지만 이것은 이러한 문제에 관련하여 학자들이 다른 사람들의 비판을 외면하거나 학생들과 협의를 해서는 안 된다는 것을 의미하지는 않는다. 예컨대, 강의요목과 시험 방식에 대해서 보다 나은 결정을 내리기 위해 그들이 직접 가르치고 있는 학생과 협의하지 못할 이유란 없는 것이다. 또한 학자들은 학생들이 생각하는 바가 무엇인지 깊은 고민 없이 육감으로 결정하는 때가 있다. 그 특수한 예로 교수방법과 교육의 과정 조직을 들 수 있다. 학자들은 강의, 세미나 혹은 개인교수법**을 채택할 때에 예상되는 결과를 예견할 수 있는 특수한 지식체계를 가지고 있어야 한다. 그들은 다양한 보조교구들***이 가진 강점과 약점을 숙지하고 있어야 한다. 사실 이러한 특수한 지식체계는 존재하지 않는다. 그러므로 교수와 학습의 대안적인 방식을 논의하는데 학생을 참여시킨다는 것은 의미가 있는 것처럼 보인다. 그러한 논의에서 배울 수 있는 것이 많다는 사실과는 별도로, 만약 교사뿐만 아니라 학습자들이 학습을 공동의 과업****으로 여긴다면, 학습의 분량이 증가할 뿐만 아니라 기관의 목적 달성에도 효과가 있을 것이다. 이러한 점은 대학뿐만 아니라 일선학교에도 적용된다.

그러나 비판과 자문(諮問)을 한다는 것과 의사결정에 대한 책임을 짓는다는 것은 전혀 다른 것이다. 일단 학자들이 가르쳐야 할 내용과 가르치는 방법을 결정할 권리를 포기하게 되면, 그들은 지역사회의 고용된 아첨꾼이 될 것이며 따라서 지식 평가*****의 권위자가 될 수 없을 것이다. 지식

---

* rationale
** tutorial techniques
*** technical aides
**** joint enterprise
***** stock of knowledge

을 전달하는 과정에서 그들이 가지는 고유한 자유와 순수성은 위험에 빠질 것이다. 그들은 역사에 대한 경제적 해석을 가르치지 못하도록 하거나 국민들이 못마땅하게 여기는 국가의 과거를 다루지 못하게 될 수도 있다는 점을 알게 될 것이다. 또한 그들은 프로이트(S. Freud)와 같은 부르주아 개인주의 사상가의 이론을 가르치지 못하게 될 수도 있다는 점을 알게 될 것이다. 왜냐하면 대중, 정치인들, 그리고 대학 행정가들은 하나같이, 대중의 지지를 받는 학생들이 그러하듯이, 자신들이 가르쳐야 할 것을 결정해야 한다고 주장하기 때문이다.

하지만 전문지식의 발달과 전달과 직접 관련이 없는 다른 문제들을 다루는 데 있어서는 자문보다는 협의적인 의사결정을 내려야 할 충분한 이유가 있다. 이러한 결정을 내려야 할 것으로는 규율(規律)*, 기숙사, 휴게실, 식당 등과 관련된 문제들이 있다. 또한 또 다른 영역들도 있다 예컨대, 학생들이 오랜 기간 동안 교직원들의 자문을 받아가면서 자신들의 문제를 취급해 온 오락활동, 클럽, 학생회 등이 있다.

이상적으로 말해서, 고등교육의 수준에서 학생들과 교수는 모두 학문공동체의 목적을 실현하기 위해 헌신해야 한다. 즉, 이론적이건 실제적인 것이건 지식을 발달시키고, 이해를 넓혀가며, 공감능력(共感能力)과 감수성(感受性)**을 향상시켜 나아야 한다. 이러한 일은 여러 교직원들이 온정주의적인 태도를 취하거나 그들이 결정한 사항을 비밀에 부치거나 학생에 대한 교직원들의 태도가 방어적이거나 권위주의적이어서는 실현되기 어렵다. 또한 학생들이 학교와 사회에서 행하게 되는 학습에 대해 도구적인 태도를 취하거나 학습을 순전히 성적 향상을 위한 것으로 생각할 경우에도 학문공동체의 목적을 실현하기 어렵다. 하지만 학문공동체의 목적 실현에의 참여를 어렵게 하는 주된 요인은 자문, 비판, 그리고 의사결정에 대한 합리적 정책의 부재이다. 만약 적절한 참여와 허심탄회한 의사소통을 허

---

* [역자주] discipline는 일반적으로 훈육, 훈련, 벌, 학문 등 다양한 의미를 가지나 여기서는 문맥상 '규율'로 번역하는 것이 적절하다는 생각이 든다.
** sympathy and sensitivity

락하지 않으면서 사람들이 기관이 추구하는 목적에 헌신하기를 기대하는
것은 옳지 않은 태도이다. 교육기관들 각각은 그 자체의 독특한 특성에 입
각하여, 학문적 자유를 침해하지 않고 지식 전달과 향상에 있어 교직원과
학생의 상이한 지위를 부정하지 않으면서 학생들의 대표권 행사를 인정해
주는 방식으로 업무를 처리해야 한다. 요컨대, 교육기관의 권위구조는 그
목적에 맞도록 합리화되어야 한다. 학문적 온정주의(溫情主義)*는 학생들
에게 권력을 쥐어주는 것만큼이나 적절하지 못하다. 왜냐하면 이 양자는
그 어느 것도 교육기관의 특수한 목적 실현에 적합한 권위구조를 고안해
냈다고 볼 수 없기 때문이다.

　　일선 학교 수준에서 교직원과 학생 간의 지위 차이는 대학 수준에서
보다는 보다 명확하다. 하지만 이러한 차이는 학생의 연령과 책임 유형에
의존하는 정도의 차이일 따름이다. 영국 학교에서 학교장은 상당한 정도
의 자율성(自律性)을 가지고 있다. 따라서 교직원과 학생을 의사결정에 참
여시킬 것인가 하는 문제는 어느 정도 그에게 달려있다. 아직까지도 영국
의 여러 학교에 존재하는 불명예스러운 일은 학교장이 학생은 고사하고
교직원을 참여시키지 않고 있다는 점이다. 실제로 교장 혼자서 결정을 하
면서 표면상으로는 협의회와 교직원회의를 요청해 놓고, 말로만 민주적인
절차의 중요성을 내세우는 것은 더욱 나쁜 것이다. 민주적인 절차를 밟는
데 중요한 것들 중의 하나는 사람들이 '조언과 동의'의 보유자로서 소환
받을 수 있을 것인가를 알아야 하며 의사결정을 할 때 실제적인 영향력
을 발휘할 수 있는가 하는 점을 알아야 한다는 것이다. 어떤 중요한 결정
을 할 때 민주주의의 형식적인 측면만을 보존하려고 한다면 냉소주의(冷
笑主義)와 무관심(無關心)이 가득하게 될 것이다. 이는 마치 기관으로부터
보다 직접적이면서도 덜 조작적인 온정주의의 형식으로 소외감을 불러일
으키는 것과 같은 것이다. 기관을 운영하는 데 있어서 일하는 사람들이
대부분 참여하는 것은 권리의 하나일 뿐만 아니라 공통 관심사 중의 하나
인 것이다. 기관이란 임원들 간의 의사소통과 기관의 운명에 대해 책임을

* academic paternalism

다하려는 책임감을 공유하게 될 때 소기의 목적을 효과적으로 달성할 수 있다.

교육기관에서 학생 참여에 관한 논의를 할 때 사용되는 논의의 형태는 공장 운영에 노동자가 참여해야 하는가 하는 논의와 비슷하다고 할 수 있다. 하지만 지금까지 다른 기관들과는 확연하게 구별되는 교육기관에 적합한 논의의 차원을 고려하지 않았다. 즉, 어떤 조직의 형태가 그 기관의 구성원 교육에 기여하는가 하는 점을 고려해야 한다. 달리 말해서 학교에서 우리는 그 기관의 조직이 어느 정도 민주적이어야 하는가 하는 점을 물어야 할 뿐만 아니라 그 기관이 민주교육에 어떤 기여를 하는가 하는 점을 물어야 한다. 이제 이러한 교육 대부분은 도제제도(徒弟制度)의 토대* 위에서 이루어진다. 위원회의 훌륭한 의장과 비서는 태어나는 것이 아니다. 그들은 경험이 풍부한 사람에게서 배우고 이를 실천함으로써 그러한 사람이 되는 것이다. 마찬가지로 민주적인 토론에 참여하기 위해서는 일반적인 지식 이상의 것과 서적에서 배운 것을 비판할 수 있는 능력을 가지고 있어야 한다. 그것은 아이들이 성장할 때 저절로 신비롭게 피어나는 기술이 아니라 훈련과 실천의 산물이다. 만약 젊은이들이 그러한 기술들을 실천할 수 있는 기회를 가지지 못했는데 어떻게 그것을 획득할 수 있는 경험을 할 수 있을 것인가? 모의 위원회와 의회에 참여해 본 경험이 있는 교사와 젊은 지도자들은 종종 새로운 구성원들에게 비슷한 관점을 강요하고 있다고 불만을 토로하기도 하고, 동일한 설명과 정당화를 내세우고 있으며 또한 비슷한 실수를 계속 저지르고 있다는 불평을 털어놓기도 한다. 그 밖에 무엇을 더 기대하겠는가? 교실 수업에 있어서도 비슷한 관점이 요구되고 있는 것이 아닐까? 어쨌든 간에 이것은 교육기관의 능률 증진에 주된 관심을 가지는 것은 아니지만 때로 교육을 위해 조금은 희생되어야 할지도 모른다.

학교 운영에 있어 학생 참여는 매우 많은 변인(變人)들에 의해 영향을 받을 수 있기 때문에 기관의 목적으로부터 도출해낸 일반적인 지침(指針)

---

* apprenticeship basis

만 가지고는 설명하기가 쉽지 않다. 이것은 통학학교(通學學校)*인가 아니면 기숙학교(寄宿學校)**인가, 효과적인 학교시설을 갖추었느냐, 학생의 나이가 많은가 아니면 적은가, 학교의 규모가 큰가 아니면 작은가 등에 영향을 받는다. 일선학교에서 교육과정과 교수방법과 같은 학사 관련 의사결정 과정에 학생을 참여시키는 것은 대학 수준에서보다는 훨씬 제한적인 것처럼 보인다. 하지만 학교규칙과 규율, 교외 활동, 기타 다른 문제들에 관한 자문뿐만 아니라 협의를 해 의사결정***을 해야 할 여러 분야들이 있다. 많은 학교들에서 학교를 마치 가게나 약국처럼 여기는 분위기가 조성되고 있는데, 이것은 다름 아닌 교직원이 수혜자들****이 좋아하는 것을 제공해줘야 한다는 생각에서 비롯된 것이다. 하지만 학생들은 공동사업에 참여하고 있다고 생각하지 않는다. 이러한 참여의식을 느끼도록 해 주고 교사들의 학문적 자율성과 잠정적인 권위를 조화시키려는 노력이 기관에서 이루어진다면 이는 확실히 환영할 만한 것이라고 할 수 있겠다.

d. 학교 교사 권위의 합리화

일선학교 수준에서 권위의 합리화*****는 학생과 관련된 교사의 지위와 특별한 관련을 가지고 있다. 자애로운 군주(君主)†라는 전통적인 교사 개념은 아동 성장 조력자††라는 진보주의적인 교사 개념보다는 적절하다고 할 수 없다. 교사가 지역사회에서 권위를 부여받는 한 그는 규칙들을 관리하고 강화해야 한다. 지역사회의 일반적인 도덕 규칙이나 법 규칙과는 달리 이러한 규칙들은 학급의 특수한 교육목적이나 기관의 효율적인 행정의 측면에서 정당화되어야 한다. 명령을 내리고, 규칙을 정하며, 지위에만 관련해서 규칙을 부여하는 것은 권위주의적인 방식이라고 할 수 있다. 이것은

---

* day-school
** boarding-school
*** joint decision making
**** consumers
***** rationalization of authority
† benevolent despot
†† child-grower

권위를 행사하는 하나의 방식에 불과한 것이지 합리적으로 옹호할만한 방식은 아니다. 한편 교육에 필요한 규칙 강화와 명령 조건을 거부하는 것은 다른 관점에서 볼 때 불합리한* 것이다. 왜냐하면 그것은 바람직한 목적 실현을 위한 수단을 거부하는 것이기 때문이다. 권위를 권위주의와 혼동하기 때문에 권위 사용을 못마땅하게 여기는 어떤 진보주의자들은 실제로 보다 교묘한 심리학적 기교들**을 사용해 통제를 하고 있다. 이들은 "자애들아, 집에 가기 전에 교실을 깨끗하게 하는 것이 좋겠지?"라고 한다거나 아이들을 자기들의 요구에 순응시키기 위해 개인적인 매력(魅力)***을 활용한다. 하지만 이러한 기교들이 전통적인 교사들이 사용하는 권위주의적인 방식보다 더 합리적인 것이라고 할 수 있는지 의문스럽다.

특히 교육의 초기 단계에서 교육 과업을 수행해 가기 위해서는 최소한의 명령조건****이 유지되어야 한다. 기관이 어떻게 운영되어야 할 것이가에 관한 결정이 내려져야 한다. 이를 위해서는 합리적인 설득의 방법과 함께 명령이 지켜져야 하고, 권위와 관련된 지시와 요구가 있어야 한다. 하지만 명령이 내려지는 경우에도 합리적으로 내려져야 하며, 지위를 과시하기 위한 것이라든가 남을 굴복시키기 위해서가 아니라 과업(課業)과 관련해서 내려져야 한다. 따라서 이성을 활용하려는 교사는 권위주의적인 사람이 되지 않으면서 권위를 사용하는 방법을 배워야 할 것이다.

교사가 권위주의적인 방식으로 행동하건 하지 않건 어떤 아이들은 교사를 권위적인 인물로 존경하거나 동일시하려고 한다. 심리학에 대한 기초적인 지식을 가진 교사는 이러한 존경을 받고 싶다는 생각을 가질 수 있겠지만 그것이 자기 삶에 도움이 될지 아니면 해가 될지도 모른다는 사실을 무시하거나 안타까워하는 것은 현명한 처사라고 할 수 없을 것이다. 만약 교사가 자신이 전달하려는 가치 있는 것에 아이들이 관심을 가지도록 합리적인 구속을 사용한다면, 그것은 도움이 될 것이다. 하지만 교사가

* irrational
** psychological techniques
*** personal magnetism
**** minimal conditions of order

다른 사람을 지배할 수 있는 힘을 가지고 있다는 점을 즐기고 거드름을 피우면서 의존 기간을 연장한다면 해가 될 것이다.

우리가 제2장에서 시도했던 공적인 경험양식과 정립되고 비판을 받아온 특정한 내용 간의 구분은 권위 의존 상황에서 벗어나는 방법뿐만 아니라 실질적 권위자로서 교사가 가지는 지위의 합리적 근거를 제공한다. 전통적인 교사는 교과내용 —갑(岬)과 만(灣), 그리고 영국 국왕의 연대(年代)— 의 권위자가 되어야 한다고 생각했다. 반대로 진보주의적인 교사는 아동발달의 권위자가 되어야 한다고 생각했다. 제3장에서 '발달'의 개념을 경험양식 분화라는 맥락에서 설명할 때에 우리는 교재중심적인 접근법과 아동중심적인 접근법의 종합을 시도했었다. 교육목적으로서 경험양식의 발달에 대해 이러한 강조를 하는 것은 권위자로서 교사의 지위에 대한 보다 합리적인 설명을 제공해 준다. 이러한 관점에서 교사는 누군가가 원칙적으로 숙달할 수 있는 공적 경험양식을 성취한 사람이다. 교사의 과업은 이러한 발달형식을 자극함으로써 그가 가르치는 학생들이 스스로를 다룰 수 있는 개념적 능력을 갖추도록 하는 것이다.

교사들이란 우리가 잠정적 권위자라고 불렀던 사람들이다. 왜냐하면 그들의 과업은 지식의 체계를 다룰 뿐만 아니라 젊은 세대를, 지금까지 발전을 거듭해 오고 비판받아 왔으며 수정되어온 경험의 양식들로 입문(入門)시키는 것이다. 그러므로 교육의 다음 단계에서 교사들은 어떤 학생들이 자신들에게 도전을 하기 시작하고 그들의 말에서 약점을 찾아내려고 한다는 점을 깨닫지 못한다면, 잘못 가르치고 있다고 생각해야 할 것이다. 교사들은 그들 학생들이 나이를 먹어감에 따라 그들을 점차 사라져야 할 잠정적인 권위자로 생각하도록 가르쳐야 한다. 그러므로 훌륭한 교사는 늘 자기 자신의 일을 잃은 채 가르치는 사람이다.

4 훈육과 처벌

상식적으로 생각해 볼 때 학교에서 명령 조건을 최소한으로 유지하는 일은 훈육(訓育) 및 처벌(處罰)*과 관련되어 있다. 이 장의 일반적인 주제와 관련하여 논쟁의 소지가 있는 주제들을 선택하여 간략하게 다룰 필요가 있다. 즉, 학교 안에서 기관이 추구하는 목적들과는 거리감이 있는 것들 중 가장 큰 영향을 주는 것이 처벌제도(處罰制度)**이다. 왜냐하면 학생들은 교육이란 강제적인 단체의 관리인들***이 외부에서 무엇인가를 부여하는 곳이라는 믿음을 가지기 때문이다. 따라서 어떤 종류의 훈육이 **교육******을 하는 기관에 적합한가를 분명히 하는 것이 중요하다. 하지만 '처벌'과 '훈육'을 구별할 필요가 있다. 왜냐하면 처벌이란 훈육의 한 가지 방법에 지나지 않기 때문이다.

a. 훈육

어원적으로 말해서, '훈육'이란 '나는 배운다'라는 뜻을 가지고 있는 라틴어 'disco'에서 유래한다. 그 근원적인 생각은 배워야 할 것을 구조화하는 규칙들, 예컨대 골프클럽에서 스윙을 하는 것, 문법에 맞게 말하는 것, 충동을 조절하는 가운데 발견하는 규칙 등에 복종한다는 것을 의미한다. 또 이것들은 **사고방식******, 예컨대 과학적, 수학적, 혹은 역사적 사고방식에 내재(內在)하는 규칙들일 수도 있다. 또 이것들은 실천하기, 수정하기, 다른 사례 들기 등과 같은 것을 배우는데 필요한 규칙들일 수 있다. 교육이란 반드시 학습을 포함하며, 모든 학습은 위에서 말한 하나 혹은 두 가지 의미에서 훈육을 포함하고 있다. 이런 점에서 교육은 반드시 훈육을

---

* discipline and punishment
** punishment system
*** custodians
**** *education*
***** *way of thinking*

포함하고 있다.

흔히 자기가 부과한 훈육*과 남이 부과한 훈육**은 구분된다. 이러한 구분을 하는 것은 이 책의 주제와 관련해서 생각해 봐도 중요한 것이다. 왜냐하면 자기가 부가한 훈육은 전통적인 학교의 권위주의적이고 훈육주의적인 사람들에 의해 부과된 것과 대조를 이루는 진보주의자들이 제시한 이상(理想)으로 설정된 것이기 때문이다. 이 점에 대해 우리는 분명히 진보주의자들에게 공감을 한다. 왜냐하면 자기-훈육(自己-訓育)***의 개념은 이 접근법에 내재하고 있는 자율성(自律性)의 이상(理想)과 매우 밀접히 관련되어 있기 때문이다. 그리고 제3장에서 자율성은 인간발달의 종착지로서 기능하는 인간적 탁월성(人間的 卓越性)****의 예로 인용된 바 있다. 그러므로 자기-훈육에 포함된 것이 무엇인지를 분명하게 하는 것은 가치가 있는 일이다. 왜냐하면 자기-훈육은 명료한 개념이 아니기 때문이다.

훈육이란 일반적으로 개인이 규칙이나 표준을, 자신이 하기를 바라거나 바람직하다고 여겨지는 것을 구성하거나 이것을 이루기 위한 방편으로 받아들일 때 자기-부과적인 것으로 여겨진다. 구성적인 형태의 훈육의 예로는 아이들이 음악을 듣고 즐거워하며 악기연주를 스스로 배우려 하는 경우를 들 수 있으며, 마을과 건물에 관심을 가지고 그것들에 관해 좀 더 알아보고 싶어 하거나 동물의 습관이나 기계의 작동 원리 및 방법에 매료되는 경우 등을 들 수 있다. 훈육의 자기 부과적인 수단-목적적 형태의 예로는 개인이 건강을 유지하기 위해 다이어트를 하거나 운동을 하기로 결정한 경우나 해외여행을 하기 위해 프랑스어를 배우는 경우를 들 수 있다.

이러한 자기-훈육의 경우들은 교육적으로 바람직한 것으로 받아들여진다. 그 이유는 규칙의 부여가 자율성의 발휘를 가능하게 하는 개인의 결정에서 비롯되었기 때문이다. 이러한 경우들은 규칙의 수용이 다른 사람의 요구, 예컨대 교사, 부모, 동료집단의 바람에서 나오는 경우와는 다른 것이

---

* self-imposed discipline
** discipline imposed by others
*** self-discipline
**** human excellence

다. 이것은 지나치게 단순화된 것이다. 왜냐하면 아이의 바람과 결정이 이러한 경우에 포함되어야 하기 때문이다. 아이는 부모와 교사의 비난을 피하려고 하며 또래집단의 비난을 피하려고 한다. 그러나 이러한 경우를, 아이의 바람이란 불쾌한 것을 피하려는 것이라고 설명하는 것은 부적절해 보인다. 아이들이 보상(補償)을 받으며 배우는 것은 벌 때문에 어떤 일을 하는 것과 마찬가지로 외부에서 부과되는 훈육의 형식이다. 아마도 '외부'(外部)*라는 말에 담긴 중요한 의미는, 아이를 조정하고 아이의 욕구 및 두려움을 이용하여 **남들이** 원하는 바를 하도록 한다는 것이다. 아이가 선택할 수 있는 기회가 닫혀버리기 때문에 일종의 홉슨의 선택**에 직면하게 된다.

그러나 교사가 자기 가르침의 특징 ―예컨대, 깨끗한 글씨로 판서하기― 을 드러내는데 특별한 관심을 가지고 있지 않은 상황에서 아이가 교사를 모방하려는 경우는 어떠한가? 이것은 외부에서 부과한 훈육의 경우인가? 여기에 숨겨진 가설은 아이가 글씨를 깨끗하게 쓰려고 스스로를 훈육하지 않는 것은 그가 교사를 즐겁게 하고 존경하고 본받으려 하기 때문이라는 것이다. 이것은 매우 중요한 지식 전달과정이다.

중간적 사례의 형태는 매우 중요한 교육적인 가치를 가지는 훈육의 또 다른 형식이 있다는 점을 암시해 준다. 즉, 원하는 것과 규칙 준수 사이에 **인위적인** 관계***가 없다는 점을 암시해 준다. 부과된 훈육의 사례들에서 아이가 원하는 것과 교사가 원하는 것 간의 관계는 인위적으로 만들어진다. 비난과 벌에 포함되어 있는 칭찬과 고통은 배워야 할 것을 인위적인 방법으로 부과하는 일반적인 욕구와 혐오의 대상을 드러내는 것이다. 따라서 배워야 할 것을 배우는 과정에서 아이는 도구적인 태도뿐만 아니라 아무런 관련이 없는 것을 배우게 된다. 한편 자기-부과적인 훈육의 경우, 규칙 준수와 바라는 것 간의 관계란 그다지 인위적이지는 않다. 따라

---

* 'externality'
** [역자주] Hobson's choice란 권하는 것을 받느냐 안 받느냐 만을 결정하는 선택 혹은 골라잡을 수 없는 선택을 의미하는 것으로 17세기 영국의 Hobson이라는 말 대여업자가 손님에게 말의 선택을 허락하지 않은 데서 유래한다.
*** *artificial* connection

서 아이는 스스로 규칙을 지키는 동안 여러 가지 관련이 없는 것들을 습득하려고 하지는 않는다. 건강식을 한다거나 운동을 하는 것은 몸과 관련 지어 볼 때 건강을 유지하기 위한 수단이다. 생물학이나 역학이론 학습은 동물이나 기계에 매료된 아이의 마음 속에서 생겨나는 특수한 종류의 호기심(好奇心)과 내적으로 관련되어 있다. 존경하는 사람의 필체(筆體)를 모방하는 것은 중간적인 훈육의 경우라고 할 수 있는데, 그 까닭은 필체와 존경 대상 간의 관계가 매우 밀접하기 때문이다. 우리는 사람을 머리 속에서 추상적으로 존경하기보다는 그 사람이 가진 자질(資質) 때문에 존경한다. 사람에 대한 존경심은 그 사람이 가진 **어떤** 자질, 예컨대 자기의 필체를 끊임없이 향상시켜 나가는 자질과 내적으로 관련되어 있다. 사실 아이는 교사의 여러 가지 자질 중 필체 때문에 교사에게 이끌릴지도 모른다. 하지만 교사가 다른 자질을 가지고 있기 때문에 존경을 받고 아이의 경쟁심이 다른 자질들에까지 확장된다고 할지라도 외부에서 부과된 훈련의 경우들처럼 그렇게 인위적이지는 않다.

하지만 자기-훈육이 바람직한 것과 내적으로 관련된 수단으로 가치가 있다고 생각할 필요는 없다. 이미 지적한 바 있듯이, 그것은 인간적 탁월성이라고 할 수 있는 자율성과 관련되어 있으며 따라서 교육목적과 관련되어 있다. 물론 자기-훈육을 포함하는 성실성(誠實性)과 용기(勇氣)와 같은 다른 탁월성들도 있다. 이러한 것들은 정반대의 성향(性向)*이 요구되는 상황에서 발휘되는 덕들**이다. 이럴 경우 자기-훈육은 탁월성을 실현하기 위한 수단으로서가 아니라 탁월성의 구성요소가 된다.

또한 우리가 제3장에서 논의한 바 있는 과학, 수학, 그리고 철학과 같이 공적 경험의 형식들***로 불리는 것들은 자율성과 같은 탁월성을 얻기 위한 전제 조건으로서, 우리가 종종 '훈육'****이라고 부르는 것이 있다. 아마도 이것들이 이렇게 불리는 이유는 학습자가 그것들 안에 담긴 규칙을

---

* counter-inclinations
** virtues
*** public modes of experience
**** 'disciplines'

따르기 때문이라고 할 수 있다. 이러한 절차를 밟아갈 때 학습자의 의식이 점차 구조화된다. 따라서 학습자는 훈육적인 접근법을 끊임없이 적용해 가게 된다. 하지만 이것은 교육받은 사람에게서 나타나는 특징의 일부에 지나지 않는다. 이러한 훈육은 교육이 목적으로 설정해야 할 것을 구성하게 된다. 하지만 이것은 목적을 실현하기 위한 단순한 수단으로 여겨져서는 안 된다. 사실 교육 분야에서 '훈육'의 중요성에 대해 면밀히 검토를 해 보는 일은 교육의 과정(過程)을 기술할 때 '수단 대 목적'*의 개념이 가지는 한계를 드러내는 한 방식이 될 수 있을 것이다.

이런 점에서 '훈육'은 가르쳐야 할 특수한 일들과 매우 밀접히 관련되어 있는 것으로 보인다. 아마도 학교라는 상황에서 훈육은 아무 것도 효과적으로 가르쳐지지 않았음에도 불구하고 단지 일반적인 질서 조건의 유지에 대해 언급할 때 사용되고 있다. 이것은 설득과 강제의 형식들을 사용해 코를 심하게 곤다든가, 교실에서 싸운다든가, 교사에게 무례하게 구는 행동을 금하는 규칙을 받아들이도록 양육하는 일과 관련되어 있다. 비록 필요한 질서의 형태가 가르친 것, 아이들의 수와 나이, 교실의 크기, 기타 다른 변인들과 합리적으로 관련되어 있다고 할지라도 이러한 일반적인 질서 조건 없이는 가르침이 불가능하다.

그러므로 하나 혹은 여러 형식을 가지는 훈육은 개념적으로나 경험적으로 교육활동에 필요한 것이다. '교육'과 '학습' 그리고 '학습'과 '훈육' 간에 긴밀한 관계를 가지고 있다는 점에서 훈육은 개념적으로 볼 때 '교육'의 일부라는 생각이 든다. 또 훈육은 경험적으로 볼 때 교육활동을 추진해 가는데 필요하다. 그렇다면 처벌은 어떠한가? 처벌은 개념적으로나 경험적으로 교육에 필요한 것인가?

b. 처벌

처벌은 때로 훈육과 혼동되는 경우가 있는데, 그 까닭은 교사나 부모가 처벌을 훈육을 지속시키기 위한 방법으로 사용하기 때문이다. 어디까

---

* 'means-to-end'

지나 처벌은 훈육의 경험적 조건일 따름이다. 하지만 경험적으로 볼 때 처벌은 훈육과 구별된다. '처벌'은 논리적으로 최소한 다음과 같은 3가지 필요조건을 가지고 있다(논리적으로 필요한 조건과 경험적으로 필요한 조건의 차이에 대해서는 제1장 3절로 돌아가 보라).

(i) 처벌은 고통과 모종의 불쾌감 등을 의도적으로 부과하는 것을 포함하고 있어야 한다.

(ii) 처벌은 규칙을 위반한 결과로 가해져야 한다.

(iii) 처벌은 권위를 가진 사람에 의해 가해져야 한다.

이와는 반대로 훈육은 반드시 고통을 수반해야 한다거나 반드시 권위를 가진 사람에 의해 부과될 필요는 없다. 규칙적으로 이루어지는 신체운동은 훈육의 예이기는 하나 위의 조건들 모두를 만족시킬 필요는 없다. 훈육이란 개념적으로 두 번째 조건에 관련되어 있다. 왜냐하면 규칙을 어기는 것은 훈육을 어기는 것이기 때문이다. 이처럼 훈육과 처벌이 서로 겹치기 때문에 이 두 개념 간에 혼란이 생긴다.

이러한 조건과 관련하여 혼란이 생기는 또 다른 이유가 있다. 심리학자들은 때로 '처벌'을 규칙, 기술 등의 학습과 관련하여 언급한다. 규칙을 어겨 성적이 나빠졌기 때문에 고통을 가하는 것은 적절하다고 할 수 있겠지만, 아직 익숙하지 않은 규칙을 아이에게 가르치기 위해 고통을 가한다면 그것을 '처벌'이라고 부르기 어려울 것이다. 예컨대, 만약 수학의 규칙들이 소극적인 강화의 과정을 통해 가르쳐진다면, 그것은 엄격히 말해서 처벌이 아니다. 그것은 학습에 외적으로 도움을 주는 것으로서 고통을 이용하는 것이다. 하지만 처벌은 도덕적 학습을 돕기 위한 장치로 **작용**할 수도 있다. 규칙 위반을 했을 때 날카로운 충격을 경험하게 함으로써 아이는 처벌의 의미를 알아차리게 될 것이다. 아이는 공동체가 규칙에 부여한 중요성을 생생하게 파악하게 될 것이다. 여기서 처벌은 규칙을 이해시키고 그것이 중요하다는 것을 확인시키는 극적(劇的)인 방법*이다.

---

* dramatic way

　　이것은 처벌의 정당화 문제를 제기하는 것이다. 왜냐하면 사회 규칙 위반 시 처벌을 가하는 것이 타당한 이유를 가지듯이, 교육적인 맥락에서도 개인적인 규칙 위반자에 대한 교정이 필요하다고 주장할 수 있기 때문이다. 처벌이 유익한 결과를 가져올 것이라는 증거가 없기 때문에 처벌은 학교에서 사라져야 한다는 주장이 자주 제기되고 있다. 이것은 너무 단순한 주장이다. 왜냐하면 처벌의 중요한 기능을 논의로 하더라도 학교와 지역사회에서 이루어지는 처벌은 모두 교정적(矯正的)*이라기보다는 억제적(抑制的)**인 성격을 띠고 있기 때문이다. 법 규칙을 지키고 실제 범법자들뿐만 아니라 범법 가능자들을 제지하기 위하여 규칙 위반에 대한 형벌(刑罰)이 가해진다. 공리주의적인 관점은 법 규칙을 강화하기보다는 범법자에게 적은 고통을 주어 처벌할 때 해가 더 적어진다는 것이다. 그러므로 처벌제도는 그것이 거의 사용되지 않을 때, 그리고 **형벌의 위협**이 범죄 가능자들을 제지하는데 충분할 때 가장 잘 작동한다는 것이다. 공리주의적인 관점에서 고통이란 가장 큰 악이기 때문에 형벌이 실제로 부과되었을 때 항상 후회가 따른다. 그러므로 처벌이란 필요악(必要惡)***인 것이다.

　　이러한 관련성은 학교 상황에서 너무나도 분명하게 나타난다. 일반적인 질서 조건의 의미에서 볼 때, 훈육이란 가르침이 이루어지는 과정에서 반드시 지속되어야 한다. 이상적으로 말해서 이것은 교사의 열정(熱情)****과 효율성에 의해 유지될 수 있으며 학생의 입장에서 볼 때 학습에 대한 헌신(獻身)*****에 의해 유지될 수 있다. 그러나 불행하게도 그러한 조건들이 늘 충족되는 것은 아니다. 왜냐하면 교사가 열정적이지 않을 수 있고, 교육을 방해하는 학생 집단이 있을 수 있으며, 혹은 너무 강한 훈육방법을 사용하다보니 훈육방법을 거부하면서 이것을 진지하게 생각하지 않을 수 있기 때문이다. 이때 교사는 처벌에 의존할 수밖에 없다. 그가 만약에 벌을 줘

---

* reformative
** deterrent
*** necessary mischief
**** enthusiasm
***** committment

야 한다면 그는 **불유쾌하거나 예견 가능한*** 처벌의 형식을 적용해야 할 것이다. 왜냐하면 만약 그가 그렇게 하지 않게 되면 처벌은 예방적인 것으로서의 기능-여기서 예방이 벌을 주는 타당한 이유이다-을 하지 못하기 때문이다. 벌의 형식은 이러한 두 가지 속성들 —불유쾌하고 예견 가능한 속성— 을 가지도록 만들어지고 또한 아이들에게 교정적인 효과가 나타날 수 있도록 만들어지는 것이 좋을 것이다. 하지만 다양한 형태의 처벌이 아이들에게 조금이라도 유익한 것이라는 점을 보여줘야 하기 때문에 교사는 적어도 아이들에게 해를 끼치지 않는 예방책을 고안해 내야 한다.

하지만 벌이 개인에게 끼치는 불행한 결과는 비록 그것이 그에게 해를 주지 않는다고 할지라도 아이를 학교가 추구하는 목적으로부터 소원하게 만드는 것처럼 보인다는 점이다. 즉, 그것은 학교의 주된 관심이 그가 하기를 원치 않는 것을 하도록 압력을 행사하는 곳이라는 학교관을 강화한다는 것이다. 그러므로 교사는 두 차원의 방침을 추진할 필요가 있다. 첫째, 그는 정의로워하며 법 규칙을 공정하게 집행해야 한다. 둘째, 그는 개별 위반자를 존중해야 할 뿐만 아니라 그가 인간존재로서 그에게 무자비하지 않다는 점을 전할 수 있어야 한다. 이렇게 했을 때 그는 자기의 관점과 사적인 문제들을 이해할 수 있게 된다. 달리 말해서 그는 권위를 가진 한 인간으로서 그리고 한 인간존재로서 행동해야 한다. 교사가 이러한 일을 얼마나 효과적으로 해 낼 수 있는가 하는 것은 이 책 마지막 장에서 구별했던, 소위 학생들과의 개인적 관계에 의해 좌우될 수 있다.

5 결 론

이 장에서는 여러 가지 난점들을 개괄하기 위해 많은 내용들을 비판적으로 다루었다. 여기서 난점들이란 다름이 아니라 교육기관에 속해 있거나 속해 있지 않은 여러 구성원들이 그 기관이 추구하는 목적으로부터

* unpleasant and predictable

소원한 상태에 놓여 있다는 것이다. 이 책의 저자들이 이해하고 있는 교육에 관심을 가지고 있는 사람들이 겪게 되는 어려움에 대해 강조하였다. 소원한 감정을 불러일으키는 외적 요인과 내적 요인들을 구별하였으며 권위구조와 처벌체계가 이러한 어려움을 어떤 방식으로 증폭시키는가에 대해 특별한 주의를 기울이면서 자세히 서술하였다.

대학과 일선학교는 사회의 동기나 가치를 거의 반영시킬 수 없다고 주장하는 사람들이 많다. 이러한 관점에서 보면 사회의 사회·경제적 구조 전체가 변하지 않고는 교육기관에서 아무런 것도 이루어지지 않을 것이다. 하지만 이것은 교육자가 수용할 수 있는 견해가 아니다. 왜냐하면 교육자는 교사란 비판적 사고를 고무시키는 가운데 보존과 도전의 원천이 될 수 있다는 견해를 가져야 하기 때문이다. 교육자는 학생들이 교육기관의 목적에 충실하고 실제로 교육받은 사람으로서 개인적이고 사회적인 문제들에 관해 사고하고 느낄 수 있는 준비가 되어 있을 때 비로소 교육기관의 가치가 사회 전체에 널리 확산될 수 있을 것이라는 믿음을 가질 수 있다. 이러한 일은 확실히 아놀드(T. Arnold)가 영국의 사립학교*를 개혁하고 나서야 가능해 졌다고 할 수 있다. 이때부터 오랜 기간 동안 '통합교육기관'에서 가치체계가 학생들에게 전달되었으며, 상당히 유능한 사람들이 학교를 졸업하여 학교가 가르친 바에 따라 적극적으로 봉사하게 되었고, 자신들이 소중하게 여기는 원리들을 폭넓은 공공 생활 영역에서 실천하게 되었다. 그들은 사회운동으로서의 차이를 만들어냈다.

현재의 상황하에서 교육기관들이 광범위하게 역할을 제대로 해 가기 위해서는 제 구성 요소들을 질서정연하게 정비해야 할 것이다. 기관의 권위구조가 기관의 목적을 실현해 갈 수 있도록 합리적으로 운영되어야 할 것이다. 또한 기관의 처벌체제도 인간화되어야 할 것이며 적절한 관점에서 적용되어야 할 것이다. 무엇보다 학생과의 개인적 관계를 상담전문가들의 특권으로 만들어 버리는 비인간적인 방법으로 조직되지 않도록 행정적이고 경제적인 숙고가 이루어져야 할 것이다. 만약 기관 자체의 목적을

---

* English Public Schools

보다 잘 실현하는 방향으로 기관이 내적인 정비를 잘 한다면, 최소한 그 기관 자체의 목적을 효과적으로 달성할 수 있을 것이다. 심지어 대다수의 학생들을 교육하는 데 성공을 거둘 수 있을 것이다.

이러한 기관이 사회 전체에 어떤 영향을 끼치는가 하는 점에 대해서는 보다 깊이 숙고해 보아야 할 것이다. 처음에 지적한 바와 같이 이 장은 철학자들의 관심거리라고 하기보다는 사회과학자들의 관심거리라고 할 수 있는 여러 가지 문제들을 제기하였다. 철학의 핵심은 예언(豫言)을 하는 것도 아니며 세상을 변화시키는 것도 아니다. 오히려 철학은 우리가 직면한 어려움들*을 적절한 안목(眼目)을 가지고 바라보게 해 주며, 존재하는 것들을 변화시키거나 유지하는데 필요한 타당한 근거(根據)**가 무엇인지를 파악하도록 해 준다. 왜냐하면 모든 것이 변화되거나 변화되어야 할 필요는 없기 때문이다. 어떤 것들은 보존(保存)되어야 하고 또 어떤 것들은 향유(享有)되어야 한다.

이 책에서 우리는 최근 널리 쓰이고 있는 '교육'의 특수한 개념에 대한 분석을 통해 교육의 중요한 문제들에 대한 어떤 관점을 제시하고자 하였다. 우리는 교육에 관한 가치들을 정당화하고자 하지는 않았으며, 변화냐 혹은 보존이냐에 대한 근거를 평가하지도 않았다. 다만 이 책이 보여주고자 했던 것은, 다름이 아니라 **만약** 교육에 대한 이러한 견해가 받아들여진다면, 지금까지 교육 분야에서 있었던 진보주의자들과 전통주의자들 간의 논쟁이란 시대에 뒤떨어진 것에 지나지 않는다는 점이다. 전통주의적인 접근법 안에는 음미할 만한 것이 별로 없었다. 따라서 우리가 바라는 바는 전통주의적인 접근법을 못마땅하게 생각했던 진보주의적인 저항을 더 이상 옹호할 필요가 없다는 것이다.

---

* predicaments
** good reasons

더 읽어야 할
문헌들

THE · LOGIC · OF · EDUCATION

더 읽어야 할 문헌들

이 책은 부분적으로 교육철학 분야에서 다루어지는 중요한 문제들을 소개하고 있다. 따라서 다음과 같은 추천 목록들은 각 장들에서 제기된 주제들을 학생들이 좀 더 세심하고도 집중력 있게 탐색해 갈 수 있도록 안내하고 있다.

▶ 제1장

기초적인 수준에서 의미 및 정의(定義)의 문제를 가장 분명하고도 읽기 쉽게 다룬 것은 Hospers, J., *An Introduction to Philosophical Analysis*(Routledge & Kegan Paul, 1967)에서 발견된다. 교육이론의 맥락에서 정의에 관해 다룬 것은 Scheffler, I., *The Language of Education*(Charles Thomas, 1960), 제1장에서 발견된다. 교육철학의 본질에 대해서는 Tibble, J.(ed.), *The Study of Education*(Routledge & Kegan Paul, 1966)에 수록된 Hirst와 Peters의 논문들 안에서 비교적 길게 다루어지고 있다. 이 Tibble의 편집서는 시리즈로 펴내는 전공서적 제1권이기도 하다. 교육철학에 대해 다른 접근을 한 논의도 바로 이 논문들 안에서 찾아볼 수 있을 것이다.

개념의 본질과 개념 획득에 관한 문제를 알아보기 위해서는 Geach,

P. T., *Mental Acts*(Routledge & Kegan Paul, 1957), 제1장-제12장과 Dearden, R. F., *The Philosophy of Primary Education*(Routledge Kegan Paul, 1968), 제6장을 참고해 보는 것이 좋겠다.

철학과 개념분석에 관련된 문제에 대해 좀 더 알아보기 위해서는 Hospers의 개론서뿐만 아니라 현대철학의 역사적 발달을 다룬 저작들을 보충해 읽어야 할 것이다. 예컨대, Ryle, G.,(et al.), *The Revolution in Philosophy*(Macmillan, 1956); Urmson, J. O., *Philosophical Anaysis*(O.U.P., 1956); Passmore, J. A., *100 Years of Philosophy*(Duckworth, 1957); Warnock, G. J., *English Philosophy since 1900*(O.U.P., 1958) 등을 참고하는 것이 좋을 것이다.

논문을 모아 놓은 Flew, A. G. N.(ed.), *Logic and Language*(Blackwell, 1951)은 현대 개념분석의 좋은 사례들을 제공해 준다. 최근 보급판으로 찍어낸 옥스포드 철학문고판 역시 교육철학에 대한 여러 참고문헌을 제시하고 있다. 그 중에서도 특히 Griffiths, A. P.(ed.), *Knowledge and Belief* (O.U.P., 1968); Parkinson, G. H. R.(ed.), *The Theory of Meaning*(O.U.P., 1968); Quinton, A.(ed.), *Political Philosophy*(O.U.P., 1967); Foot, P.(ed.), *Theories of Ethics*(O.U.P., 1967); White, A.(ed.), *The Philosophy of Action*(O.U.P., 1968)을 참고하는 것이 좋다. 이 책 제3절에서 소개한 바 있는 Wittgenstein에 대해서는 Wittgenstein, L., *Philosophical Investigations* (Blackwell, 1953), p. 32를 참고하는 것이 좋을 것이며, 제5절에서 소개한 Ryle에 대해서는 Ryle, G., *The Concept of Mind*(Hutchinson, 1949)를 참고하는 것이 좋다.

이러한 문헌들은 모두 현대철학의 고전들로서 이 문헌들에 대하여 홍수처럼 쏟아져 나오는 저서와 논문들을 학생들에게 모두 소개하는 것은 불가능할 것이다. 다른 관점에서 쓰인 고전들도 있다. 예컨대, Ayer, A. J., *Language, Truth, and Logic*(Faber, rev. ed., 1946); Popper, K. R., *Conjectures and Refutations*(Routledge & Kegan Paul, 1963); Strawson, P. F., *Individuals*(Methuen, 1959).

▶ 제2장

　무의식적 동기의 맥락에서 설명 행위의 관계에 관한 소개를 할 때 제기되었던 문제들은 Peters, R. S., *Authority, Responsibility and Education*(Allen & Unwin, 1959), 제4-6장에서 다루어지고 있다. 학생들은 방송좌담을 담은 이 조그마한 책이 철학적인 사고를 하는 데 도움을 준다는 점을 알게 될 것이다. 왜냐하면 실천적인 문제들을 다루고 있기 때문이다. 무의식적 동기의 관계를 보다 자세하게 다룬 내용은 Peters, R. S., *The Concept of Motivation*(Routledge & Kegan Paul, 1958), 제3장; MacIntyre, A., *The Unconscious*(Routledge & Kegan Paul, 1958)에서 발견된다.

　제1, 2절, 즉 '교육의 개념'과 '교육목적'에서 제기된 문제들은 Peters, R. S., *Ethics and Education*(Allen & Unwin, 1966) 제1장과 Dearden, R. F., Hirst, P. H., and Peters, R. S.(ed.), *Education and the Development of Reason*(Routledge & Kegan Paul, 출간 준비 중)에서 보다 자세하게 다루어지고 있다. 여기에는 이 책 제1절에 생략되어 있는 '교육과 교육받은 사람'이라는 제목이 붙은 피터스의 논문이 담겨 있는데, 이 논문은 본래 1970년 영국교육철학 연차대회에서 출간한 바 있다.

　제3절 '내용과 방법의 대조적 접근'을 다룬 문헌에는 여러 가지가 있다. 이 주제에 대한 날카로운 대조를 다룬 문헌으로는 Archambault, R. D., *Philosophical Analysis and Education*(Routledge & Kegan Paul, 1965)에 수록된 R. S. Peters와 L. R. Perry의 논문들을 들 수 있다.

　진보주의 교육을 비판적으로 다룬 문헌으로는 Dearden, R. F., *The Philosophy of Primary Education*(Routledge & Kegan Paul, 1968)과 Peters, R. S.(ed.), *Perspectives on Plowden*(Routledge & Kegan Paul, 1969), Bantock, G. H., *Freedom and Authority in Education*(Faber, 1952) 등이 있다.

　Dewey, J., *Experience and Education*(Macmillan, 1938)은 Rousseau, Froebel, Montessori, Arnolds와 같은 위대한 교육자들의 저작들과 함께

읽어야 할 책이다.

Price, Kingsley, *Education and Philosophic Thought*(Allyn & Bacon, 1962)은 분석적인 방법으로 교육사상 분야에서 보다 중요한 인물들의 사상을 탐구하려고 하였으며, L. R. Perry는 Collier-Macmillan에 의해 출간된 개별사상가연구 시리즈의 편집장이다.

제4절에서 제기된 바 있는 '요구 및 흥미'와 관련하여 '요구'의 개념에 대해 보다 자세하게 고찰한 문헌으로는 다음과 같은 것들이 있다. Maslow, A. H., *Motivation and Personality*(Harper, 1954); Peters, R. S., *The Concept of Motivation*(Routledge & Kegan Paul, 1958), 제1장과 4장; Benn, S. I. and Peters, R. S., *Social Principles and the Democratic State*(Allen & Unwin, 1959), 제6장; Smith, B. O. and Ennis, R. H., *Language and Concepts in Education*(Rand McNally, 1961)에 수록된 Komisar, B. P., '"Need" and the Needs-Curriculum'.

'흥미'의 개념은 *Philosophical Quarterly*, vol. 14, no. 57, 1964에 실린 White, A. R., 'The Notion of Interest'; Peters, R. S., *Ethics and Education*(Allen & Unwin, 1966), 제6장에서 검토되었다. 이 두 개념의 교육적 적용은 Dearden, R. F., *The Philosophy of Primary Education*(Routledge & Kegan Paul, 1968), 제2장에서 다루어졌다. '흥미' 개념이 고전적으로 사용된 사례는 Dewey, J., *Interest and Effort in Education*(Houghton Mifflin, 1913); Kilpatrick, W. H., *Philosophy of Education*(Macmillan, 1951) 제20장에서 찾아 볼 수 있다.

현대의 '내재적 동기' 이론에 대한 고찰은 Levine, D.(ed.), *Nebraska Symposium on Motivation*(Univ. of Nebraska Press, 1965)애 수록된 Hunt, J. McV., 'Intrinsic Motivation'에서 발견되며, 동기이론에서 그러한 이론들이 어떤 위치를 차지하고 있는가에 대한 논의는 Mischel, T.(ed.), *Human Action*(Academic Press, 1969)에 수록된 Peters, R. S., 'Motivation, Emotion, and the Conceptual Schemes of Common-sense'에서 발견된다.

동기의 심리학적 이론들에 관해 좀 더 공부하기를 원하는 학생들은

Cofer, C. N. and Appley, M. H., *Motivation: Theory and Research*(Wiley, 1964)나 Vernon, M. D., *Human Motivation*(C.U.P)과 같은 책들을 읽어봐야 할 것이다. 왜냐하면 이 책들 안에는 다양한 동기 이론들이 체계적으로 정리되어 있기 때문이다.

     Peters, R. S., *Ethics and Education*(Allen & Unwin, 1966)은 특별한 윤리이론의 관점에서 이 책 제5절에서 제기되었던 문제 즉 '교육의 윤리적 기초'의 문제를 다루고 있다. 하지만 다음과 같은 도덕철학 및 정치철학에 관한 저서들도 함께 읽어 보충해야 할 것이다. 즉 Brandt, R., *Ethical Theory*(Prentice Hall, 1959); Hospers, J., *Human Conduct*(Prentice Hall, 1961); Foot, P.(ed.), *Theories of Ethics*(O.U.P., 1967); Warnock, M. Ethics since 1900(O.U.P., 1960); MacIntyre, A., *A Short History of Ethics*(Routledge & Kegan Paul, 1967); Warnock, G. J., *Contemporary Moral Philosophy* (Macmillan, 1967); Quinton, A., *Political Philosophy*(O.U.P., 1967); Benn, S. I. and Peters, R. S., *Social Principles and the Democratic State*(Allen & Unwin, 1959); Barry, B. *Political Argument*(Routledge & Kegan Paul, 1965); Laslett, P., and Runciman, W. G., *Philosophy, Politics, and Society* (Blackwell, 1957, 1962, and 1967. 1st, 2nd, and 3rd series).

▶ 제 3 장

    이 장은 Dearden, R. F., Hirst, P. H., and Peters, R. S.(eds.), *Education and the Development of Reason*(Routledge & Kegan Paul, 출판 준비 중임)에서 비교적 상세히 논의했던 문제들을 단순한 형식으로 소개하고 있다.

    '발달'의 개념을 공부하려면 학생들은 Nagel의 논문이 수록된 Harris, D. B.(ed.), *The Concept of Development*(Univ. of Minnesota Press, 1957)를 참고해야 할 것이다. Kohlberg의 견해가 잘 나타난 문헌으로는 다음과 같은

것들이 있다. 즉 *Child Development*, vol. 39, 1968에 수록된 Kohlberg, L. 'Early Education: A Cognitive Developmental View'; Hoffman, M. L.(ed.), *Review of Child Development Research*, vol. 1(Russell Sage, 1964)에 수록된 Kolberg, L., 'Development of Moral Character and Ideology'; Goslin, D.(ed.), *Handbook of Socialization*(Rand McNally, 1968)에 수록된 Kohlberg, L., 'Stage and Sequence: the Cognitive-Developmental Approach to Socialization'; Mussen, P., Langer, J., and Covington, M., *Developmental Psychology*(Holt, Rinehart & Winston, 1969)에 수록된 Turiel, E., 'Developmental Processes in the Child's Moral Thinking'.

Kohlberg 견해의 배경은 Piaget, J., *The Moral Judgment of the Child*(Routledge & Kegan Paul, 1932)에서 발견된다. Piaget의 이론이 가장 잘 드러난 것은 Flavell, J., *The Developmental Theory of Jean Piaget*(Van Nostrand, 1963); Furth, H., *Piaget and Knowledge*(Prentice Hall, 1969)에서이다.

Piaget의 교사론이 드러난 것은 Furth, H., *Piaget for Teachers*(Prentice Hall, 1970)에서이다.

발달이론에 대해 공부하려는 학생들은 Langer, J., *Theories of Development*(Holt, Rinehart & Winston, 1969)를 읽어보기 바란다. 역사적으로 중요한 문헌으로는 Arnold Gesell의 저작들이 있는데, 이것들은 발달이론의 배경을 이루고 있는 것으로서 다음과 같은 저작들과 함께 읽으면 좋을 것이다. 즉 Baldwin, A. L., *Theories of Child Development*(John Wiley, 1967) 그리고 Maier, H., *Three Theories of Child Development*(Harper, 1965).

발달이론에 관한 철학적인 비판은 다음과 같은 저작들에서 찾아볼 수 있다. 즉 Dearden, R. F., *The Philosophy of Primary Education*(Routledge & Kegan Paul, 1968); Peters, R. S.(ed.), *Perspectives of Plowden*(Routledge & Kegan Paul, 1969). 그리고 Peters, R. S.(ed.), *The Concept of Education* (Routledge & Kegan Paul, 1967)에 수록된 Hamlyn, D. W., 'The Logical and Psychological Aspects of Learning'.

발생심리학에 대한 보다 발전적인 논의는 Mischel, T.(ed.), *Psychological and Epistemological Issues in the Developments of Concepts*(Routledge & Kegan Paul, 1967)에서 찾아볼 수 있다.

교육분야에서 '정신건강'의 위치를 검토한 글들은 다음과 같은 문헌 안에 담겨 있다. 즉 Hollins, T. H. B.(ed.), *Aims in Education: A Philosophic Approach*(Manchester Univ. Press, 1964)에 수록된 Peters, R. S., 'Mental Health as an Educational Aim'; Wilson, J., *Education and the Concept of Mental Health*(Routledge & Kegan Paul, 1968).

'인간'의 개념에 대한 공부를 더 하려고 할 때 참고가 될 만한 문헌들은 제6장에서 발견할 수 있다.

▶ 제 4 장

교육과정을 계획할 때 고려해야 할 일반적인 문제들은 Taba, H., *Curriculum Development*(Harcourt, Brace and World, 1962)에서 구체적으로 다루어졌다. 어떤 중요한 문제들이 보다 철학적인 관점에서 다루어지기도 했는데, 그 예로 Broudy, H. S., Smith, B. O., and Burnett, J. R., *Democracy and Excellence in the American Secondary School*(Rand McNally, 1964)을 들 수 있다.

본서에서 소개한 바 있는 상이한 지식과 경험의 양식들에 대한 보다 발전된 논의는 Archambault, R. D.(ed.), *Philosophical Analysis and Education*(Routledge & Kegan Paul, 1965)에 수록된 P. H. Hirst의 논문에서 발견된다. 이러한 비슷한 맥락에서 이루어진 여러 편의 중요한 저작들이 있다. 이들 중에 독자들이 특별히 관심을 가질 만한 문헌으로는 다음과 같은 것들이 있다. Reid, L. A., *Ways of Knowledge and Experience*(Allen & Unwin, 1961); Oakeshott, M., *Experience and its Modes*(Cambridge University Press, 1966); Cassirer, E., *An Essay on Man*(Yale University Press, 1944), 그리

고 Phenix, P. H., *Realms of Meaning*(McGraw Hill, 1964).

이러한 연구 대부분은 인식론 분야에서 지식의 본질과 특정 영역의 특성에 관한 근본적인 문제들과 관련해 찾아볼 수 있다. I. Scheffler의 두 권의 저작, 즉 *Conditions of Knowledge*(Scott Foresman, 1965)과 *Science and Subjectivity*(Bobbs-Merrill, 1967)은 이러한 맥락에서 제기된 중요한 문제들에 대해 탁월한 안내를 해 주고 있다. 다양한 지식의 두드러진 특징을 강조하고 있다는 점에서 선택할 수 있는 몇 권의 저작들이 있다. 예컨대, Mitchell, B., An Introduction to Logic(Hutchinson, 1962); Korner, S., The Philosophy of Mathematics(Hutchinson, 1960); Nagel, E., The Structure of Science(Routledge & Kegan Paul, 1961); Harre, R., An Introduction to the Logic of the Sciences(Macmillan, 1960)은 직접 관련이 있는 저작이다. 본서 제3장과 관련하여, 인간 이해를 다룬 저작에 대해서는 이미 언급한 바 있다. 물론 역사와 사회과학의 본질에 관한 문제들이 훨씬 가치있는 논의를 위해 더 많이 다루어지기는 했었다. 예컨대, 만약 독자가 Nagel이 쓴 *Structure of Science*에서 관련된 장들을 읽고 있다면, Gardiner, P., *The Nature of Historical Explanation*(Oxford University Press, 1952)와 Winch, P., *The Idea of a Social Science*(Routledge & Kegan Paul, 1958)은 여기서 흥미로운 저작이 될 수 있을 것이다. 미학 분야에서 추천하고 싶은 두 권의 주요 저작이 있다. 즉 Beardsley, M., *Aesthetics*(Harcourt, Brace and World, 1958)과 Stolitz, M., *Aesthetics and Philosophy of Art Criticism*(Houghton Mifflin, 1960)이 있다. Ferre, F., *Basic Modern Philosophy of Religion*(Allen & Unwin, 1967)과 Hepburn, R., *Christianity and Paradox*(Watts, 1958)은 종교적인 주장의 주요 문제들을 명료하고도 힘 있게 다루고 있다. 윤리학에 대한 저작들에 대해 독자들은 본서 제2장에서 소개를 받았으며, 철학의 본질에 대해서는 제1장에서 소개를 받았다.

▶ 제 5 장

'교수'와 '학습'의 개념은 교육철학 분야의 개론서들에서 다루어졌는데, Langford, G., *Philosophy and Education*(Macmillan, 1968)의 관련 장들은 특별히 언급할 만한 가치가 있다. '교수'에 관한 영향력 있는 논문들은 Macmillan, C. J. B. and Nelson, T. W.(eds.), *Concepts of Teaching*(Rand McNally, 1968)에서 찾아볼 수 있다. '학습'에 관한 논문들과 이 영역에서의 보다 많은 특수한 주제들은 다음 두 권의 유용한 모음집 안에서 발견된다. 즉 Komisar, B. P. and Macmillan, C. B. J.(eds.), *Psychological Concepts in Education*(Rand McNally, 1967)과 Smith, B. O. and Ennis, R. H.(eds.), *Language and Concepts in Education*(Rand McNally, 1961). 때에 따라서는 철학적으로 볼 때 보다 기술적(technical)이기는 하지만, Peters, R. S.(ed.), *The Concept of Education*(Routledge & Kegan Paul, 1967)은 교수와 학습에 대한 중요한 글뿐만 아니라 교육과정에 대한 글들을 담고 있다. '놀이', '수업', '탐구학습'에 관해 Dearden, R. F.가 쓴 두 편의 논문은 그가 저술한 *The Philosophy of Primary Education*(Routledge & Kegan Paul, 1968)의 5장과 6장과 마찬가지로 주목할 만한 것이다. 또한 Peters, R. S의 모음집은 White, J. P.가 쓴 '교화'(敎化)에 관한 한 편의 논문을 수록하고 있는데, 이 글은 Wilson, J.과 Hare, R. M.에 의해 시작된 논의를 보다 깊이 다루고 있다. Wilson, J.과 Hare, R. M.의 글들은 이미 Hollins, T. H. B.(ed.), *Aims in Education*(Manchester University Press, 1964)에 수록되어 있다.

▶ 제 6 장

이 장에서는 중요한 개념적인 문제에 대한 철학적 분석은 거의 이루어지지 않았으며 이루어졌다고 하더라도 아주 조금 이루어졌다. 하지만 학생이 인간의 개념을 찾아낸다는 것이 매우 어렵겠지만, '인간'의 개념에 대한 철학적 배경은 찾아볼 수 있다. 예컨대 학생은 Strawson, P. F., *Individuals*(Methuen, 1959)에서 '인간'이라는 장을 읽을 수 있을 것이며, Ayer, A. J., *The Concept of a Person and Other Essays*(Macmillan, 1963)에 수록된 'The Concept of a Person'이라는 장을 읽을 수 있을 것이다. 이와 더불어 Hampshire, S., *Thought and Action*(Chatto & Windus, 1959)을 읽을 수 있을 것이다.

또한 Kant, I.가 *The Groundwork of the Metaphysic of Moral*에서 이 개념을 다룬 후 '인간존중'에 대한 연구들이 이루어졌다. 최근의 연구로서는 다음과 같은 것들이 있다. *Philosophy*, July, 1960에 실린 MacLagan, W. G., 'Respect for Persons as a Moral Principle'; Peters, R. S., *Ethics and Education*(Allen & Unwin, 1966), 제8장; 그리고 Downey, R. S. and Telfer, E., *Respect for Persons*(Allen & Unwin, 1969).

그러나 '개인적 관계'에 대한 철학적 분석은 부족한 편이다. 오히려 윤리-종교적인 맥락에서 참고할 만한 것들이 많다. 예컨대, MacMurray, J. *Reason and Emotion*(Fischer and Fischer, 1936); Buber, M., *Between Man and Man*(Fontana Press, 1961); 그리고 Eric Fromm은 *The Art of Loving*(Harper, 1956)에서 심리학적인 관점과는 다른 개인적 관계의 중요성을 다루고 있다.

또한 Reid, L. A., *Philosophy and Education*(Heinemann, 1962), 제10장과 Rogers, C. R., *Freedom to Learn*(Charles Merrill, 1969)에서는 가르침의 과정에서 이루어지는 개인적 관계의 중요성을 간단하게 다루고 있다. Judges, A. V., *The Function of Teaching*(Faber & Faber, 1959)에 소개된 Freud에 관한 Ben Morris의 글과 Buber에 관한 Judges의 글 또한 본서 제6장이 관심을 가지는 문제들을 다루고 있다.

▶ 제 7 장

　이 장은 Peters, R. S., *Ethics and Education*(Allen & Unwin, 1966)의 후반부에서 다루어진 내용을 아주 축약된 형식으로 다시 한번 다루고 있다. 이 책 후반부에서 다루어진 것은 교육분야에서의 '자유', '권위', '훈육', '처벌', '민주주의' 등의 개념이다. 하지만 교육기관에 있어서의 참여와 소외에 관한 현대적인 논쟁에 대해서는 다소 다르게 다루고 있다. 의심할 바 없이 학생들은 이러한 주제들에 대한 현대적인 문헌에 익숙할 것이다. 물론 그것들은 그 어느 것도 접근방식에 있어서 조금도 철학적이라고 할 수 없는 것들이다. 하지만 예외도 있다. 그것은 바로 옥스퍼드 대학의 *Report of the Committee on Relations with Junior Members*(O.U.P., 1969)로서, 이것은 첫 번째 원리로부터 도출된 타당한 논의들을 상당히 많이 담고 있다. 미국에서 이러한 상황에 대한 역사적 배경은 Jenks, C. and Riesman, D., The Academic Revolution(Doubleday, 1968)에 의해 제공되었으며, 고등교육에 관한 근본적인 문제들은 Niblett, W. R.(ed.), *Higher Education: Demand and Response*(Tavistock Publications, 1969)에서 제기되고 논의되었다.

피터스의 교사관에 대한 비판적 고찰*

I. 서 언

교사를 바라보는 관점은 교육을 바라보는 관점만큼이나 다양하며, 전자는 주로 후자의 영향을 받아 성립되거나 그것을 토대로 전개된다. 예컨대, 교육계에 널리 알려진 뒤르켕(E. Durkheim)의 교사관은 교육을 사회화의 수단으로 바라보는 교육개념과 분리되지 않는다. 그의 교육개념에 비추어볼 때, 교사의 주된 역할은 학생을 사회화하는 것이다. 듀이(J. Dewey)의 교사관 역시 교육을 경험의 연속적인 성장과정으로 바라보는 그의 교육개념과 분리될 수 없다. 듀이의 관점에서 볼 때, 교사의 주된 역할은 학생이 스스로 경험을 재구성하고 확장해 가도록 돕는 것이다. 정범모(鄭範謨)의 교사관도 교육을 "인간 행동의 계획적 변화"라고 규정한 행동과학적 혹은 공학적 교육관과 무관하지 않다. 그의 교육개념에 비추어볼 때, 교사의 주된 역할은 학습자의 행동(내면적이고 외면적인 행동)을 변화시키기 위해 과학적인 계획을 세우고 추진하는 일이다.

1960-70년대 영국에서 활동했던 피터스(R. S. Peters: 1919~2011)의 교사관 역시 그의 교육개념과 분리될 수 없는 것이다. 『윤리학과 교육』(Ethics

* 이 글은 이병승(2010), "피터스의 교사관에 대한 비판적 고찰, 교육사상연구", 제24권, 1호, 한국교육사상연구회, 117-136에 게재된 논문임.

and Education, 1966)에서 밝힌 그의 주장에 의하면, 어떤 활동이 교육이라는 이름으로 불리기 위해서는 세 가지 기준(criteria), 즉 규범적 기준, 인지적 기준, 그리고 과정적 기준에 부합해야 한다. 즉, 규범적 기준에 따르면, 어떤 활동이 교육이라고 불리기 위해서는 그것이 가치있는 것을 전수하는 것이어야 하고, 인지적 기준에 따르면 그것이 지식, 이해, 인지적 안목을 넓혀주는 것이어야 하며, 과정적 기준에 따르면, 그것이 도덕적으로 온당한 방법으로 이루어져야 한다. 그는 이러한 엄격한 기준을 적용함으로써 '교육'과 '교육이 아닌 것'을 구별해 내고자 하였다. 이러한 엄격한 개념적 기준들에 비추어볼 때, '교육'은 부분적으로 '훈육' 혹은 '교화'와 구별되며, '훈련', '세뇌', '조건화' 등과는 보다 엄격하게 구별된다. 이러한 그의 교육개념에 비추어 볼 때, 교사가 해야 할 가장 중요한 과업 혹은 역할이란 이러한 기준들에 부합하는 교육을 해 내는 일이다. 따라서 교사의 역할과 자질은 그가 이러한 교육의 개념적 기준을 어느 정도 만족시켰는가에 의해 좌우된다. 즉 교사의 자질은 우선, 그가 학생에게 가치있는 것을 제대로 전수했는가, 다음으로 학생에게 모종의 지식을 전수하고 그의 이해와 안목의 폭을 넓혀 주었는가, 끝으로 도덕적으로 바람직한 방법으로 가르쳤는가에 의해 결정된다. 이러한 관점에서 볼 때 교사의 자질과 역할에 대한 그의 견해는 매우 엄격하고 원론적이라고 할 수 있다.

이러한 그의 교사관을 어떻게 이해해야 할 것인가? 주지하다시피 그의 교육개념이 여러 가지 문제를 안고 있듯이, 그의 교사관 역시 여러 가지 문제를 안고 있다. 그동안 학계에서 그에게 주어졌던 비판은, 교육 개념에 대한 그의 논의가 탈문화적이고 탈역사적인 것이라는 점이었다. 그는 전기 저작*에서 자신이 분석한 교육의 개념이 사회와 문화와 역사를 초월하는 보편성과 객관성을 가지고 있는 것으로 믿었으며 이것을 선험적 논의(transcendental argument)를 통해 정당화하려고 하였다. 그에 의하면, 교

---

* 피터스의 저작은 크게 전기 저작과 후기 저작으로 나뉜다. 여기서 전기 저작이라 함은 교육에 대해 본격적으로 글을 쓰기 시작한 1960년대에 쓰인 저술들을 말하는 것으로, 주로 "교육자는 목적을 가져야 하는가?"(1959), "입문으로서의 교육"(1964)과 『윤리학과 교육』(1966)을 가리킨다.

육이란 학생을 가치있는 것에 입문(入門)시키는 과정이며, 학교란 이러한 입문이 이루어지는 최적의 장소이다. 또 교사의 주된 역할이란 학생을 가치있는 것에 입문시키는 일이다. 이때까지만 해도 피터스는 '교육', '학교', '교사', '지식'이 전혀 다른 관점에서 해석될 수 있는 가능성이 있다는 점을 통찰하지 못하였다. 전기 저작들에 나타난 교육의 개념은 학교교육 (schooling)의 개념과 구별되지 않으며, 마찬가지로 교사의 개념 역시 학교 교사(school teacher)와 구별되지 않는다.

이러한 피터스의 주장이 안고 있는 심각한 문제점 중의 하나는 학교 교사의 역할을 조금도 의심해 보지 않았다는 점이다. 즉 교사란 늘 합리성과 자율성을 가진 교육받은 사람(educated person)을 길러내는 일에 종사하는 것이 아니라 사회가 필요로 하는 지식과 기술만을 전수하는 체제 유지의 대리인(代理人)으로 이해될 수 있으며, 때론 특정 지배계급의 이데올로기를 재생산해 내는 사람으로 이해될 수도 있다는 점에 대해 숙고해 보지 않았다는 점이다. 그는 자신의 저서 여러 곳에서, 교사의 주된 역할이 학생을 가치있는 것, 즉 '공적 전통', '지식의 형식', '삶의 형식'에 입문시키는 것이라고 주장하지만 이러한 주장이 오히려 특정 이데올로기를 합리화하는 발언이 될 수 있다는 점을 간과하였다. 엘리어트(Elliott, 1986: 45)가 암시한 바와 같이, 그의 전통적이고 보수적인 학문적 성향은 그의 교사관에 그대로 반영되었다. 즉 교사를 바라보는 그의 관점은 주지적이며 보수적이다. 그에 의하면, 교사의 주된 과업은 가치있는 지식을 전수하는 것이다. 물론 그가 말하는 가치있는 지식이란 내재적으로 가치있는 것이며, 이것은 주로 실제적인 것이라기보다는 이론적인 것이다. 그는 이론적인 지식이 왜 실제적인 지식보다 가치가 있는가를 밝히기 위해 선험적 정당화를 시도하였다.

그렇다면 이러한 피터스의 주지적이고 보수적인 교사관을 어떻게 평가해야 할 것인가? 그는 급변하는 사회 안에서 자신의 소임을 다하는 교사다운 교사의 모습을 제대로 그려냈다고 말할 수 있는가? 그는 교사의 역할과 학교교사의 역할을 지나치게 동일시한 것은 아닌가? 그는 교사의 권위를 지나치게 강조한 나머지 시대에 뒤쳐진 교사의 모습을 그려낸 것은 아닌가? 그는 보편적인 가치를 가르친다고 하면서 실제로는 특정 지배계급의 가치를 전달하는 교사를 그린 것은 아닌가? 그는 남성과 여성 모두에게 도움을 주는 교사를 그려냈다고 할 수 있는가? 이러한 실제적인 물음에 대한 구체적인 답은 그의 교사관을 면밀하게 검토한 후 찾을 수 있을 것이다. 그러나 아쉽게도 국내 학계에서 이러한 답을 찾으려는 노력은 충분하지 못하다. 그의 교육론 및 교육철학에 관한 연구들이 부분적으로 이루어지기는 했으나 그의 교사관에 관한 탐색은 본격적으로 이루어진 바가 없다. 다만 외국 학계의 경우 디어든(R. F. Dearden)이 피터스의 교사 개념과 교사교육론에 대해 부분적으로 논평을 하였을 뿐이다(1986: 69-88).

이러한 맥락에서 본고는 피터스의 교사관을 비판적인 관점에서 고찰함으로써 그의 주장이 가지는 난점 및 한계를 좀 더 선명하게 드러내고 그것을 극복할 수 있는 대안을 찾아보려는 데 목적을 두었다. 이를 위해 연구자는 우선 그의 교사관이 잘 담겨 있는 저술을 분석하고자 한다. 피터스는 1950년대 말 세 편의 글*과 1977년의 저작**에서 각각 교사 혹은 교사교육에 대해 논의한 바 있다. 하지만 이 저술들은 1966년의 주저인 『윤리학과 교육』(Ethics and Education)***에 비하면 그의 교사관이 잘 담겨 있다

---

* 여기서 말하는 세 편의 글이란 『권위, 책임 그리고 교육』(Authority, Responsibility and Education, London: George Allen & Unwin, 1959)에 실린 "교육자는 하나의 목적을 가져야 하는가?"(pp. 86-87), "경험과 교육자의 기능"(pp. 96-107), "심리학자와 교사"(pp. 119-137)를 가리킨다.
** 『교육과 교사교육』(Education and Education of Teachers)은 총 2부로 구성되어 있다. 제1부는 1960년대 자신이 내세웠던 '교육', '교육받은 사람', '교양교육'의 개념에 대한 수정된 관점을 담고 있으며, 제2부는 주로 교사교육에 있어서 철학의 위치, 교육철학의 교수방법, 교직과목으로서의 교육학, 대학의 역할 및 책임 등 그의 교사교육에 대한 관점을 담고 있다.
*** 『윤리학과 교육』은 단순히 교육 일반에 관해 서술한 교육학 개론서가 아니라 듀이의 『민주주의와 교육』(Democracy and Education, 1916) 출판 이후 쓰인 가장 훌륭한 교육철학서이다. 이 책은 교육활동의 윤리학적 근거를 찾고 정당화하려고 하였다는 점에서 교육윤리학서로서의 가치를 가지며, 왜 교사가 교육을 해야 하는지에 대한 근원적인 질문을 던지고 그 근거를 탐색했다는 점에서 이 책은 근본적으로 교사를 위한 교육철학서라고 할 수 있다. 이 책은 학습자를 염두에 두고 쓴 것이 아니라 어디까지나 교사들이 무엇을 어떻게 왜 가르쳐야 하느냐에 대해 철학적으로 깊이 성찰해 보도록 하기 위해 쓰였다는 점에서 그의 교사에 대한 관점이 가장 암묵적으로 잘 담겨있는 저서라고 할 수 있다.

고 말하기는 어렵다. 따라서 본 연구에서는 그의 교사관이 암묵적으로 가장 잘 담겨있는 『윤리학과 교육』을 주된 논의의 대상으로 삼을 것이다. 연구자는 우선, 『윤리학과 교육』에 나타난 그의 교육개념 논의 안에 교사에 대한 관점이 이미 논리적으로 상정되어 있다는 점을 염두에 두면서 그가 그린 이상적인 교사의 모습 혹은 역할을 도출하고, 다음으로, 그의 교사관이 지닌 문제점들을 몇 가지 측면에서 비판적으로 논의할 것이다.* 이러한 비판적 논의가 모더니티(modernity)에 기반을 두고 있는 교사관의 난점을 극복할 수 있는 대안을 찾는 데 도움을 줄 것으로 보인다.

Ⅱ. 교육의 개념적 기준과 교사의 역할

교사에 대한 피터스의 논의는 1960-1970년대 이루어진 '교육'과 '교육받은 사람'의 개념에 대한 그의 명료화 작업과 관련이 깊다. 일찍이 디어든이 지적한 바와 같이, 피터스의 교사관은 '교육' 및 '교육받은 사람'에 대한 그의 논의방식과 분리될 수 없다(Dearden, 1986: 69). 이 장에서는 피터스의 주저인 『윤리학과 교육』에 나타난 교육의 개념이 그의 교사관에 어떻게 투영되었는지를 살펴보고자 한다.

1. 규범적 기준과 내재적 가치의 전수

피터스의 교사관은 그가 교육의 개념을 분석할 때 가장 먼저 내세운 기준, 즉 규범적 기준(normative criterion)과 밀접한 관련을 갖는다. 여기서 밀접한 관련을 갖는다는 것은 교육이라는 말의 규범적 기준이 어떤 식으로든지 교육을 하고 있는 교사활동과 관련이 깊다는 것을 의미한다. 피터스의 관점에서 볼 때, 어느 교사의 자질 혹은 능력은 이러한 교육의 개념

---

* 물론 이 글에서 다루고 있는 피터스의 교사관은 피터스 자신이 교사에 관해 직접적으로 언명한 내용을 기초로 하고 있기보다는 연구자가 그의 교육개념으로부터 도출해낸 내용을 기초로 하고 있다는 점에서 상당 부분 주관적이거나 임의적이라는 점을 밝혀둔다.

적 기준을 만족시켰는가 아니면 만족시키지 못했는가에 의해 평가된다. 이러한 점을 구체적으로 논의하기 전에 먼저 그가 제시한 교육의 첫 번째 개념적 기준의 내용에 대해 개관할 필요가 있다.

피터스는 교육의 개념을 분석하는 가운데, 어떤 활동이나 과정을 교육적이라고 부르기 위해서는 먼저 규범적 기준을 만족시켜야 한다고 보았다. 여기서 그가 말하는 규범적 기준이란 어떤 활동이나 과정이 과연 가치 있는 것을 전달했는가를 평가하는 중요한 잣대이다. 이러한 잣대에 따르면, 우선, 도박, 흡연, 음주 등과 같은 행동은 가치있는 것이 아니라는 점에서 교육이라고 할 수 없으며, 식사, 휴식, 산책 등의 활동은 가치가 있는 일이기는 하지만 그러한 활동 자체가 교육적인 것은 아니다. 말하자면 교육이라는 말은 가치의 문제를 떠나서는 성립될 수 없는, 가치 내재적인 개념이다. 교육이라는 말 속에는 이미 가치있는 것(worthwhileness)을 전달했거나 전달받았다는 의미가 논리적으로 전제되어 있기 때문에 누군가를 교육시키면서 가치있는 어떤 것도 가르쳐주지 않았다고 말하는 것은 논리적인 모순이다. 예컨대, '나쁜 교육'(bad education)이라는 말은 논리적으로 모순된 표현이다.

피터스에 의하면, 교육이라는 말이 가지는 개념적 사실에 비춰볼 때, '교육받았다는 것'(to be educated)은 가치 혹은 규범을 바라보는 태도 및 성향과 분리될 수 없다. 그는 "입문으로서 교육"에서 "교육받았다는 것은 가치있는 것을 배려하고, 가치있는 것에 몰입한다는 것을 의미한다."라고 적었다(Archambault, ed., 1967: 97). 가치있는 것을 배려한다는 것은 그것을 깊이 있게 숙고하고, 걱정하고, 염려한다는 것을 의미하며, 가치있는 것에 몰입한다는 것은 그것의 본질을 파악하기 위해 탐구한다는 의미와 더불어 그것을 실현하기 위해 노력한다는 의미가 담겨있다. 그는『윤리학과 교육』에서 교육받았다는 것이 가치있는 것을 대하는 태도와 긴밀한 관계를 가진다는 점을 보다 강하게 드러내 보이기 위해, '가치있는 것에 대한 헌신'이라는 표현을 썼다. 즉 "교육이란 가치있는 것을 전달함으로써 그것에 헌신하는 사람을 만든다는 뜻을 함의하고 있다."는 것이다(Peters, 1966: 45).

흔히 헌신(獻身: commitment)이란 몸과 마음을 다하고 정성을 다하는 태도를 말하는 것으로서, 교육은 그러한 헌신을 필요로 한다는 것이다. 교사가 전달하고자 하는 사고의 형식 및 지식의 형식도 이러한 헌신이 없고는 무의미하다는 것이다.

그렇다면, 교육이 가치있는 것에 대한 배려, 몰입, 헌신, 노력의 태도를 요구하는 활동이라고 했을 때 구체적으로 어떤 것에 헌신해야 한다는 것인가? 피터스는 가치있는 것이 무엇이냐에 대해 매우 다양하게 표현하였다. 예컨대, 그는 이것을 '지식의 형식'이라고 부르기도 하고, '사고 및 행위의 형식', 혹은 '탐구의 형식'이라고 부르기도 했지만, 이러한 것들은 대체로 '삶의 형식'(forms of life)이란 말로 집약된다. 피터스는 교육받은 사람이란 이러한 삶의 형식을 소유한 사람이라고 정의하면서, 삶의 형식이란 다음과 같은 두 가지 특징을 가지고 있다고 보았다. 하나는 헌신해야 할 삶의 형식은 그 자체로서 가치를 가진다는 것이요, 다른 하나는 실제적이기보다는 이론적인 특징을 가진다는 것이다. 그렇다면 그는 왜 이론적인 활동이 실제적인 활동보다 더 가치가 있다고 보는가? 그에 의하면, 이론적인 활동은 신체적 조건에 좌우되지 않는다는 점, 대상의 희귀성도 경쟁의 대상도 없다는 점, 기술과 분별을 위한 계속적인 기회를 제공한다는 점, 너무나 정통한 나머지 싫증이 나는 일이 없다는 점에서 가치가 있다 (Peters, 1966: 157-158). 그는 학교 안에서 가르치고 있는 교육과정 활동들, 예컨대 과학, 역사, 문학감상, 시와 같은 활동이 가지는 가치를 이러한 기준에 비추어 정당화하였다. 이것들은 "다른 여러 영역에 빛을 던져주고 삶을 풍부하게 해 주는 데에 도움을 준다는 점에서 심각한 활동"이며(*ibid.*: 159), "인지적 관심과 더불어 인지적 내용을 가지고 있다는 점에서 다른 활동들과 구별된다."고 보았다(*ibid.*).

앞에서 살펴본 바와 같이, 그가 제시한 교육의 규범적 기준 혹은 가치 기준에 비추어 볼 때 교사의 일차적인 역할은 가치있는 것에 헌신하는 사람을 길러내는 일이다. 여기서 그가 말한 '가치있는 것'이란 좁게는 지식의 형식 혹은 사고의 형식이요, 넓게는 삶의 형식을 의미한다. 그에 의하면, 가치있는 것이란 다른 어떤 것을 실현하기 위한 수단이나 도구가 아닌 내재적인 가치를 가지는 것이며, 실제적인 것이기보다는 이론적인 것이다. 이를 보다 구체적으로 표현하자면, 가치있는 것이란 학교교육과정 안에 담긴 교과목들을 의미한다. 이러한 주장에 비춰볼 때 피터스가 그린 이상적인 교사란 학교 교과서에 담긴 지식을 전달하는 데 헌신하는 사람이다. 이러한 그의 관점에 따르면, 우선 가치있는 것을 전달하는데 무관심하거나 열정이 없는 교사는 교사다운 교사라고 보기 어렵다. 또한 교과지식을 전달하는 일에 소홀한 교사 역시 교사로서의 소임을 다했다고 보기 어렵다. 뿐만 아니라 실제적인 지식을 가르치는 데 열중한 나머지 이론적인 지식을 가르치는 일에 소홀한 교사 역시 교사다운 교사라고 보기 어렵다.

2. 인지적 기준과 학습자의 안목 넓히기

피터스의 교사관은 그가 제시한 교육개념의 두 번째 기준, 즉 인지적 기준(cognitive criterion)으로부터 자연스럽게 추론되어 나온다. 이러한 추론이 어떻게 가능한지를 밝히기 위해 먼저 그가 제시한 교육의 인지적 기준에 대해 개관할 필요가 있다.

피터스는 교육의 개념을 분석하는 가운데, 어떤 활동이나 과정을 교육적이라고 부르기 위한 두 번째 기준, 즉 인지적 기준을 만족시켜야 한다고 보았다. 그는 이 인지적 기준에 속하는 것으로서 지식(knowledge), 이해(understanding), 그리고 인지적 안목(cognitive perspective)을 들었다(Peters, 1966: 30). 이 기준에 의하면, 교육받았다는 것은 모종의 지식을 소유하고, 사물에 대한 폭넓은 이해를 가지고 있으며, 나아가 세상을 폭넓게 바라볼 수 있는 인지적인 안목을 가졌다는 것을 의미한다.

피터스는 지식과 이해의 소유가 교육받았다는 것을 평가할 수 있는 중요한 징표이기는 하지만 인지적 안목이 더 중요하다고 보았다. 왜냐하면 지식과 이해는 인지적 안목을 넓히기 위한 조건이라고 보기 때문이다. 예컨대, 누군가가 해박한 지식과 정보를 가졌거나 지식을 조직할 수 있는 원리를 이해한다고 해서 그에게 곧바로 교육받은 사람이라는 이름을 붙여

주기는 어렵다는 것이다. 오히려 교육받은 사람은 지식과 이해를 통해서 자신과 세계를 폭넓게 바라볼 수 있는 인지적 안목을 가져야 한다고 강조한다. 이러한 점에서 피터스가 "인지적 안목의 발달은 교육받은 사람의 중요한 징표이다."(*ibid.*: 64)라고 주장한 것은 하등 이상할 것이 없다. 이 점에 대해 그는 다음과 같이 적었다.

> 지식은 서로 축적되어 있는 것이 아니라 전체적으로 사물을 보는 안목을 이루어야 한다. 역사에 관하여 이것 저것 많은 것을 알고 있어서 역사시간이나 역사시험에 정답을 할 수 있는 사람이라고 해서 반드시 자기 주위의 건물이나 제도를 역사적인 안목으로 볼 수 있는 것은 아니다(*ibid.*: 30-31).

해박한 지식을 가지고 있지만 그것이 사물을 폭넓게 이해하고 안목을 넓히는 데 도움을 주지 않는다면 그러한 지식이란 '무기력한 관념'(inert idea)에 지나지 않을 것이다. 이러한 이유로 그가 '많이 알기만 하는 사람'(knowledgeable man)과 교육받은 사람을 구별하려고 한 점은 충분히 납득할 만하다. 나아가 그는 교육받은 사람이 되기 위해서는 사물이 왜 그렇게 되어 있는가 하는 '이유'(reason why)에 관한 이해가 있어야 한다고 주장한다. 그에 의하면 이해한다는 것은 사물의 이치를 밝히려는 시도이며, 진리를 탐구하려는 태도이기도 하다. 이해한다는 것은 단순히 사물과의 관계를 파악하는 것이 아니라 원인과 결과를 논리적으로 연결하여 추리할 수 있는 능력을 가지고 있다는 것을 의미한다. 여기서 피터스는 교육받은 사람에게는 추리능력으로서의 이해만이 아니라 원리(principle)를 이해하는 능력이 있어야 한다고 주장한다. 왜냐하면 오늘날 엄청나게 쏟아져 나오는 정보들과 나날이 배가(倍加)되는 지식들 모두를 이해한다는 것이 불가능하다는 점에서 사물의 이치와 현상 이면에 놓인 원리를 이해하는 것이 무엇보다 중요하다고 주장한다.

피터스는 지식과 이해가 교육받은 사람을 설명하는 중요한 조건이기는 하지만 충분한 조건은 아니라고 주장한다. 즉 어떤 사람을 교육받은 사람이라고 부르기 위해서는 또 다른 조건 즉 인지적 안목 조건이 필요하다는 것이다. 예컨대, 전문분야에 종사하는 사람들은 대체로 자기가 종사하는 분야의 전문적인 지식과 원리를 이해하고 있다는 점에서 교육받은 사람으로 불릴 수 있겠지만 이들에게 인지적 안목이 결여되어 있다면 그렇게 부를 수 없다는 것이다. 실제로 오늘날 전문가들 중에는 자기가 종사하는 일에만 능통했을 뿐 다른 분야에 대해서는 무관심한 사람들이 적지 않다. 예컨대 과학에 종사하면서 자기가 하는 일이 다른 분야에 어떻게 관련되어 있고, 어떤 영향을 미치는지에 대한 이해가 부족한 사람들이 있다. 피터스의 말대로, "삶의 정연한 패턴 속에서 과학이 차지하는 위치를 바라볼 수 있는 능력이 결여된 사람들이 있다"(*ibid*.: 31). 이러한 능력이 결여되어 있는 사람들의 두드러진 특징은 전문적인 분야에서 '훈련받았다' (trained)는 점이다. 훈련받은 사람에게서 나타나는 가장 큰 문제점은 세상을 폭넓게 조망하는 능력의 결여이다. 이러한 맥락에서 피터스가 '훈련받은 사람'과 '교육받은 사람'을 엄격하게 구별하려고 한 것은 나름대로 설득력이 있는 것처럼 보인다.

　앞에서 살펴본 바와 같이 피터스가 제시한 교육의 인지적 기준에 비추어볼 때 교사의 중요한 역할은 크게 세 가지로 구분된다. 첫째, 학습자에게 지식을 전수하는 일이며, 둘째, 학습자의 이해능력을 심화시키는 일이며, 셋째, 학습자의 인지적 안목을 넓히는 일이다. 그에 주장에 의하면, 교사란 학습자를 '많이 알기만 하는 사람'으로 길러가는 사람이 아니다. 그는 학습자가 잡다한 지식의 소유나 단편적인 이해의 수준을 넘어 그것들을 삶의 정연한 패턴으로 끌어올리고 통합함으로써 학습자 자신이 몸담고 있는 세계를 폭 넓은 안목을 가지고 조망(眺望)할 수 있는 능력을 가진 사람으로 길러나가는 사람이다. 나아가 피터스가 내세운 개념적 기준에 비춰볼 때 교사가 학습자의 안목을 넓혀 가기 위해서는 학습자를 지나치게 전문화된 분야에 입문시켜서는 안 된다. 피터스는 자신의 여러 저작들에서 전문화가 가져온 폐해를 지적했거니와 이를 해결하기 위한 한 방안으로 교양교육을 누누이 강조한 바 있다. 요컨대, 피터스가 그려낸 이상적인 교사의 주된 역할은 학습자를 무기력한 지식, 단편적인 기술을 가진 기능인으로 길러내는 것이 아니라 세상을 넓은 안목을 가지고 관조(觀照) 할 수 있는 능력을 갖춘 교양인(敎養人)으로 길러내는 일이다. 즉 교사의 핵심적인 역할은 특정한 지식이나 기술을 가진 전문인이 아니라 폭 넓은 안목을 가진 교양인을 길러내는 일이다.

3. 과정적 기준과 교사의 도덕적 교수

피터스의 교사관은 그가 제시하는 교육의 세 번째 기준, 즉 과정적 기준(procedural criterion)과 아주 밀접한 관련을 가지고 있다. 이 기준은, 교육을 받는 입장에서 보면, 자신이 제대로 된 교육을 받았는지를 평가하는 기준이 될 수 있지만, 교육을 하는 사람의 입장에서 보면 교육을 제대로 했는가를 평가하는 기준이 되기도 한다. 이러한 논의를 보다 구체적으로 전개하기 위해 먼저 그가 제시한 교육개념의 과정적 기준에 대해 간단히 개관할 필요가 있다.

피터스는 앞에서 제시한 두 기준 못지않게 교육의 과정적 기준을 중시하였다(1966: 35). 왜냐하면 전달되는 내용이 아무리 가치가 있다고 하더라도 그것이 전달되는 방법이 비도덕적이라면 교육의 과정 또는 교육활동이라고 부를 수 없다고 판단했기 때문이다. 실제로 많은 학교에서 학습의 결과를 중시한 나머지 과정을 무시하는 경향이 있다.

피터스는 교육과정에 관해서 전통주의와 아동중심주의 간에 오랜 논쟁이 있었다는 점을 지적하였다. 전통적인 형식교육(formal education)은 아동에게 가르쳐야 할 가치있는 교육내용이 무엇이어야 하는가를 명백히 하는데 큰 관심을 기울였으나 아동존중의 원리와 자유의 원리를 등한시하는 결과를 초래하였으며, 아동중심교육(child-centered education)은 아동의 자유와 인간 각 개인의 인격을 존중한 점에 있어서는 옳았지만 교육내용의 가치문제를 소홀히 하였다는 점에서는 결함을 가지고 있다고 지적하였다. 그에 의하면, 방법적인 측면에서 이 두 가지 형태의 교육관은 학습자와 교사가 함께 존중해야 할 성역(聖域), 즉 문명과 공적 전통을 소홀하게 취급

했다는 점에서 난점을 안고 있다고 보았다. 이것들은 매우 가치있는 것이지만 이것에 입문시키는 방법은 적어도 학습자의 자발성(自發性)과 의도성(意圖性)을 존중하는 방법으로 이루어져야 한다고 보았다. 즉 그는 "교육은 학습자의 의식과 자발성을 무시하는 몇 가지 전달과정은 적어도 제외된다."(*ibid.:* 45)고 선언함으로써 전통적 교육관이 지지해온 '훈련', '교화', '조건화' 등의 방법을 비판적으로 탐색하였으며, 동시에 아동중심 교육관이 지지해온 '성장', '자아실현', '흥미' 등의 방법을 비판적으로 논의하였다(*ibid.:* 35).

피터스는 교육현장에서 교사들이 사용하는 많은 교육방법들 중에 상당히 많은 것들이 교육적으로 받아들여 질 수 없는 것이라고 보았다. 예컨대, 명령(command)과 교시(敎示: mere instruction)가 때로는 교육적인 방법으로 쓰이고 있으나 인간존중의 정신을 결여하고 있다는 점에서 도덕적으로 문제가 있다고 지적하였다. 그에 의하면, 명령과 교시의 방법이 안고 있는 가장 큰 난점은 학습자의 의식(意識)을 무시한 채 일방적으로 적용된다는 것이다. 말하자면 이러한 방법들은 학습자를 의식의 구심점으로 바라보지 않는다는 데 심각한 난점이 있다는 것이다.

피터스는 '훈련'(training)이 특수한 목적 내지 기능을 위하여, 또는 제한된 범위의 사고의 형식이나 실천 기준에 맞게 사용될 것을 전제로 하여 특정 기술이나 능력을 습득시키는 것임에 반하여, '교육'은 보다 넓은 신념체제를 다룬다는 측면에서 훈련과 교육은 구별되어야 한다고 주장하였다(*ibid.:* 32). 물론 훈련받은 철학자, 훈련받은 관찰자, 훈련된 마음과 같은 말들이 확대되어 쓰일 수는 있지만 훈련이라는 말은 어디까지나 어떤 일을 하거나 물건을 조작하는 기술 분야에 적용되는 제한적인 용어라고 주장하였다. 요컨대 피터스는 훈련이란 제한된 사고방식이나 제한된 기술을 길러내는 방법이라는 점에서 교육의 방법으로 채택하기에는 한계가 있다고 지적한다.

피터스는 '조건화'(conditioning)란 신념의 형성과는 하등 관계가 없는 반사적 반응일 뿐이며 사람들에게 모종의 변화가 일어났다는 의식을 전혀 주지 않는 단순한 동작에 관계되기 때문에, '교육'과는 구별되어야 한다고 주장하였다. 또한 '교화'(indoctrination)는 일종의 신념에 관련되어 있기는 하지만 학습자의 자발성과 자율성을 무시한다는 측면에서 교육과정에서 제외되어야 한다고 보았다. 이것 외에도 그는 교화가 합리적인 대화를 제지시킬 뿐만 아니라 자율적인 사고를 저해하고, 독립적인 판단능력을 흐리게 한다는 점에서 교육적인 방법일 수 없다고 단호하게 주장했다. 요컨대 훈련은 제한된 기술이나 사고방식만을 기르려는 의도에서 이루어진다는 점에서 교육적인 과정일 수 없으며, 교화 역시 조건화나 세뇌와 마찬가지로 학습자의 자발성이나 의식을 무시한다는 점에서 교육방법으로 받아들일 수 없다는 것이 피터스의 기본입장이다.

앞서 살펴본 바와 같이 피터스가 제시한 교육개념의 과정적 기준에 비추어볼 때, 학습자의 자발성과 의도를 존중하지 않는 교사는 훌륭한 교사라고 부르기 어렵다. 하지만 교육현장 안에는 아직도 이러한 기준을 만족시키지 못하는 교육방법들, 예컨대 명령, 지시, 교시, 교화, 훈련, 심지어는 조건화 및 세뇌 등이 '교육적인 방법'이란 이름으로 널리 쓰이고 있다. 사실, 이 세 번째 기준은 앞의 두 기준에 비해 교사다운 교사와 그렇지 못한 교사를 구별하는 아주 중요한 기준이다. 왜냐하면 교사의 자질은 무엇을 가르치는가 하는 '교수내용'(敎授內容)에 의해 구별되기도 하지만 어떻게 가르치는가 하는 '교수방법'(敎授方法)에 의해서도 구별되기 때문이다. 이러한 피터스의 과정적 기준에 의하면, 학습자의 자발성과 의도를 도외시한 채 특정한 교과내용만을 전달하는데 급급한 교사는 훌륭한 교사라고 보기 어렵다. 또한 제한적인 기술이나 사고방식만을 전달하려는 교사 역시 교사다운 교사로 평가받기 어렵다. 결국 교육과정의 측면에서 교사가 도덕적 온당성(穩當性)을 확보할 때만이 교사다운 교사로서의 자격을 갖출 수 있다.

Ⅲ. 비판적 논의

앞 장에서 소개한 바와 같이 피터스가 제시한 이상적인 교사의 모습 혹은 역할은 한마디로 그가 제시한 교육의 개념적 기준으로부터 자연스럽게 추론되어 나온 것이다.* 하지만 피터스의 교육개념이 여러 가지 측면에서 수긍하기 어려운 난점 및 한계를 지니고 있듯이,** 그의 교육개념으로부터 추론되어 나온 교사관 역시 난점과 한계를 지니고 있다. 이 장에서는 그의 교사관을 다음 몇 가지 측면에서 비판적으로 담금질해 봄으로써 그의 교사관이 가진 한계를 드러내고 이를 극복하기 위한 대안을 찾아보려고 한다.

1. 학교교사와 교사다운 교사

피터스의 교사관에서 발견되는 첫 번째 난점은, 교사에 대한 그의 논의가 주로 학교교사(school teacher)에 국한되어 있다는 점이다.*** 적어도 초기 저작들에서 그는 '교육'을 '학교교육'과 동일시하였으며, '교사'를 '학교교사'와 동일시하고 있다. 그가 비판을 받은 1970년대까지만 해도 그는 이러한 자신의 교육개념과 교사관을 전혀 의심해 보지 않았다. 다시 말해서 교육이란 말이 다양하게 사용될 수 있다는 점을 통찰하지 못하였으며,

---

* 물론 피터스는 자신의 교육개념에 대한 비판을 받은 후 자신의 교육개념 및 교육받은 사람의 개념을 부분적으로 수정했다는 점을 고려해 볼 때, 그의 교육개념으로부터 추론되어 나온 교사의 모습과 역할도 달라졌다고 봐야 할 것이다. 예컨대, 50년대-60년대 제시했던 교육의 개념은 여러 학자들의 비판을 받고 나서 70년대 허스트와 함께 집필한 『교육의 논리』(1970), "교육과 교육받은 사람"(1970), "민주적 가치와 교육목적"(1979)에서 부분적으로 수정되었다. 이러한 점을 감안할 때 그의 교사를 바라보는 관점에도 모종의 변화가 있을 것이라는 생각이 든다. 하지만 이 글에서는 그의 교사관의 변천과정에 대해서는 다루지 않을 것이다.
** 피터스의 교육개념이 안고 있는 난점에 대해서는 이미 우즈(Woods, 1973), 드레이(Dray, 1973), 솔티스(Soltis, 1970; 1978), 에델(Edel, 1973), 프랑케나(Frankena, 1973), 마틴(Martin, 1981), 이홍우(1992), 신득렬(2003) 등 여러 학자들에 의해 비판적으로 논의된 바 있다.
*** 피터스가 '학교'의 개념을 '학교교육'의 개념과 동일시하였다는 비판은 이미 해리스(K. Harris)에 의해 제기된 바 있다(Harris, 1977: 33-48; Harris, 들불편집부 역, 1989).

학교교사의 존재 및 역할이 다르게 해석될 수 있는 점에 대해 전혀 의심해 보지 않았다. 사실 그는 영국사회 안에서 교사의 존재와 역할을 상당히 높게 평가하였다. 그의 말로 표현하자면, 교사가 아니고는 가치있는 것의 전승(傳承)이 불가능할 뿐만 아니라 '삶의 형식', '지식의 형식', '사고의 형식'에로의 입문은 상상할 수도 없는 일이다. 하지만 그는 교사를 학교교사와 동일시할 경우 다음과 같은 문제가 제기될 수 있다는 점을 간과하였다.

우선, 피터스의 주장을 그대로 받아들인다면, 우리는 학교교사 모두가 교사다운 교사요, 훌륭한 교사라고 해야 할 것이다. 그러나 누구나 인정하듯이, 오늘날 학교교사가 모두 가치있는 것들에 헌신하는 것도 아니고 그것을 도덕적으로 온당한 방법으로 전달하고 있는 것도 아니다. 학교교사들 중에는 피터스가 상정하고 있는 교사다운 교사의 삶과는 거리가 먼 사람들이 얼마든지 존재한다. 가르치는데 게으른 교사, 입시지도에만 매몰되어 있는 교사, 아이들의 인권을 유린하는 교사, 일방적인 명령과 지시로 학생들을 지도하는 권위주의적인 교사가 얼마든지 존재한다. 이러한 점을 고려해 볼 때, 교사를 학교교사와 동일시하여 논의하는 것은 언어적으로 혼란스러울 뿐만 아니라 단지 '존재하는 교사'로부터 '존재해야 할 교사'를 이끌어냈다는 점에서 일종의 자연론적 오류(naturalistic fallacy)를 범한 것이 아닌가 하는 생각이 든다.

다음으로, 피터스가 제시한 바와 같이 교사를 학교교사와 등식화하고 나아가 학교교사만을 교사다운 교사로 생각할 경우 우리가 흔히 교육자(educator)라고 부르는 사람들이 교사다운 교사로부터 제외되어 버리는 이상한 결과를 낳을 수 있다. 역사적으로도 학교라는 울타리를 벗어나 대중에게 가치있는 것을 전수하는데 헌신한 사람들이 얼마든지 있지 않았는가? 예컨대 소크라테스와 예수는 학교교육과는 거리가 먼 사람들이지만 대중의 마음에 심대한 영향을 끼쳤을 뿐만 아니라 그것을 위해 몸을 바친 위대한 교육자들(great educators)이었다. 피터스의 논의 안에는 이들 교육자들에 대한 논의가 충분하게 이루어지지 않았으며, 심지어 학교교사와 교육자에 대한 구별이 이루어지지 않고 있다.* 언어적인 관점에서 볼 때 교육자와 학교교사는 구별되어야 하다. 또한 학교교사만이 반드시 학생의 삶에 심대한 영향을 끼친다고 보기도 어렵다. 오히려 학교 울타리 밖의 교육자들이 인간의 삶에 더 큰 영향을 끼치는 경우도 허다하다. 이러한 점에 비추어볼 때 피터스는 학교교사의 역할을 지나치게 낙관적으로 이해한 나머지 학교제도권 밖에서 활동하는 교육자의 존재와 역할을 상대적으로 낮게 평가한 것이 아닌가 하는 생각이 든다.

2. 계몽적 교사관의 한계

피터스의 교사관에서 발견되는 또 다른 난점은, 교사의 주된 과업 혹은 역할을 합리성 및 자율성을 기르는 일에 국한시켜 논의하였다는 점에서 계몽적 교사관과 거리가 멀지 않다는 점이다. 그는 전통적인 교사관과 아동중심주의적인 교사관의 문제점을 신랄하게 비판하면서도 그는 여전히 전통적인 교사관의 논리적 지층을 이루고 있는 계몽적 교사관을 지지하고 정당화하고 있다. 18세기 계몽주의(Enlightenment)시대 이래 출현한 계몽적 교사관에 의하면, 교사의 주된 역할은 무엇보다도 이성적으로 사고하고 판단하고 행동하는 소위, 합리적이고 이지적(理智的)인 인간을 길러내는 일이다. 여러 비판가들이 지적한 바와 같이, 피터스의 교육개념은 그 자체가 후기 계몽주의의 논리를 기반으로 하거나 그것을 재해석하고 있는 것처럼 보인다.**

---

* 피터스는 교사에 관련된 여러 편의 글을 썼는데, 이 글들에서 교사와 교육자를 개념적 구별 없이 사용하고 있다. 예컨대, 『권위, 책임 그리고 교육』(Authority, Responsibility and Education, London: George Allen & Unwin, 1959)에 실린 여러 편의 글, 즉 "교육자는 하나의 목적을 가져야 하는가?"(pp. 86-87), "경험과 교육자의 기능"(pp. 96-107), "심리학자와 교사"(pp. 119-137), 그리고 『윤리학과 교육』(1966), 『교육과 교사교육』(1977) 등에서 교사와 교육자를 구별 없이 사용하고 있다.

** 카아는 가다머(H. G. Gadamer), 하버마스(D. Habermas), 맥킨타이어(A. MacIntyre), 로티(R. Rorty) 등의 철학자들이 근본적으로 역사적이고 문화적인 차이를 보이고 있음에 불구하고 분석철학을 후기 계몽적 사고의 유산으로 생각하고 있으며, 그것을 모더니티를 해결하기 위한 원천이라기보다는 모더니티가 안고 있는 문제의 부분이라고 바라본다는 점에서 큰 차이가 없다고 지적한다(Carr, 2005: 6:. 24). 카이의 지적대로라면 피터스에 의해 전개된 분석교육철학 역시 계몽적 사고와 모더니즘을 근간으로 하고 있다고 봐야 할 것이다.

이러한 관점이 그의 인간관, 세계관, 교육관 그리고 교사관에 투영되어 나타났다는 지적은 놀랄만한 것이 아니다. 예컨대, 브라운이 지적한 바 있듯이, "피터스의 이상은 무엇보다도 합리적인 인간에 관한 것이며, 그가 선호했던 성향은 지적인 것이다."(Brown, 1970: 81). 이러한 점에서 그가 말하는 이상적인 교사는 기본적으로 학습자의 정서 및 의지의 발달에 관심을 가지는 것이 아니라 인지발달에 관심을 가진다. 교사가 입문(入門)시켜야 한다고 주장하는 소위 '가치있는 것'이란 것도 따지고 보면 결국 지적이고 이론적인 것이다. 즉 교사가 길러내고자 하는 교육받은 사람의 이상은 인지적이고 합리적인 것이지 정서적이고 의지적인 것이 아니다. 이러한 입장은 『윤리학과 교육』 제5장에서 가치있는 활동이 무엇인지, 그리고 교육과정 안에 속한 교과목들이 다른 활동보다 왜 더 가치가 있는가를 정당화하는 과정에서 분명하게 밝히고 있듯이, 그가 상정하고 있는 교사의 주된 관심사는 주로 주지적이고 합리적인 것이다.

이상과 같은 피터스의 주장은 다음과 같은 논란을 불러일으킬 가능성이 높다. 우선, 사랑과 배려(配慮)의 교사가 교사다운 교사의 자리에서 소외될 수 있다. 사랑과 배려는 가르치는 교사가 갖추어야 할 가장 중요한 마음의 태도이다. 페스탈로치를 비롯한 위대한 교사들은 교육애(教育愛)를 유감없이 보여준 인물들이다. 교육활동의 기반이요, 교사 자질의 정서적 토대인 사랑과 배려를 소홀히 하고는 교육다운 교육이 이루어질 수 없다는 것은 교육사(教育史)가 보여준 소중한 가르침이다. 그럼에도 불구하고 피터스가 인간존중(respect for person)을 교육의 중요한 원리로 제시하면서 사랑과 배려의 덕목을 소홀하게 다룬 것은 이해하기 힘든 부분이다. 다음으로, 피터스의 교사관에 따르면, 실제적인 활동에 관여하고 있는 교사 역시 교사다운 교사에서 제외될 수 있다. 실제적인 활동에 관심을 가지거나 이것을 가르치는 교사는 교육받은 교사의 영역에서 제외되어 버리는 결과를 가져오게 된다. 예컨대, 비교적 실제적인 지식과 기술을 가르치는 교과교사는 교사다운 교사의 범주에 들어갈 수 없다. 이러한 관점에서 피터스가 이론과 실제를 함께 아우르는 능력을 갖춘 통합적 교사상을 그려냈다고 말하기 어렵다.

3. 성 불평등과 교사

피터스의 교사관에서 나타나는 또 다른 난점은, 그가 그린 이상적인 교사가 남성 학습자에게는 이로운 사람일 수 있으나 여성 학습자에게는 해로운 사람으로 보일 수 있다는 점이다. 일찍이 페미니스트 철학자로서 피터스의 교육철학을 신랄하게 비판하였던 마틴은 피터스의 교육받은 사람의 이상이 여성에게 해(害)로울 뿐 아니라 남성에게도 해롭다고 주장한 바 있다(Martin, 1981: 3). 그녀는 특히 피터스가 강조하는 인지적 안목(cognitive perspective) 역시 남성 중심적인 덕목에 지나지 않는다고 지적한 바 있다(ibid.: 8). 로이머 역시 피터스의 교육받은 사람의 이상이 가져온 해악을 지적한 바 있다. 그는 첫째, 피터스가 인지적이고 이론적인 분야로부터 여성을 제외시킨 점, 둘째, 피터스가 여성의 삶을 왜곡시킨 점, 셋째, 피터스의 견해가 일방적이라는 점들을 제시하면서 피터스의 관점을 비판한 바 있다(Roemer, 1981: 120-123).

이러한 마틴과 로이머의 비판을 있는 그대로 받아들이기는 어렵겠지만, 피터스는 자신의 저작들 여러 곳에서 이성, 합리성, 자율성, 권위의 가치를 일관되게 강조하면서 상대적으로 감정, 정서, 감성 등의 가치를 비교적 소홀하게 다루었다는 점에서 이 두 학자의 비판은 부분적으로 설득력을 가지고 있다고 봐야 한다. 이들의 주장이 어느 정도 옳다면, 피터스가 그린 이상적인 교사의 모습은 부분적으로 남성적인 이데올로기를 반영하고 있다고 볼 수 있을 것이다. 나아가 피터스가 지지하는 교사의 교수활동이 자칫 잘못하면 여성의 삶에 심대한 피해를 입히는 결과를 가져올 수도 있을 것이라는 추론이 가능하다. 남성적인 이데올로기를 기반으로 한 그의 교사관은 그가 『윤리학과 교육』 제8장에서 온갖 정성을 다해 정당화한 인간존중의 원리와도 어울리지 않는다. 여기서 그는 인간존중이란 소위 인간을 의식(意識)의 구심점이요, 자율적인 존재로 인정하는 태도라는 점을 강조하면서 이를 정당화하고자 하였다. 그럼에도 불구하고 그가 여성에게 이익을 주기보다는 해를 주는 소위 성적으로 불평등한 교사상을 그려냈다는 것은 아이러니컬한 일이 아닐 수 없다. 이러한 점에서 그가 그린 이상적인 교사의 모습은 성적으로 편향되어 있으며 따라서 보편적인 교사상이라고 말하기 어렵다.

4. 이데올로기와 교사

피터스의 교사관에서 나타나는 또 다른 난점은, 그가 그린 이상적인 교사가 교육다운 교육을 해 가기보다는 오히려 지배 이데올로기를 유지하거나 재생산하는 사람으로 해석될 가능성을 가지고 있다는 점이다. 이러한 비판은 주로 마르크스주의자들로부터 제기되는 것으로서, 일찍이 사럽은 피터스가 문화적 상대성을 도외시하였고, 지식을 실체화(實體化)하였으며, 학교교육의 기능을 지나치게 낙관적으로 이해했다고 지적한 바 있다 (Sarup, 1978: 65). 이들의 비판은 피터스의 교육개념 및 교육받은 사람의 개념을 다른 관점에서 해석할 수 있는 가능성을 열어주었을 뿐만 아니라 그의 교사상을 새롭게 해석할 수 있는 가능성을 열어주었다는 점에서 의의를 가지고 있다. 그들 비판 중 피터스가 지식을 실체화하였다는 말은 무엇을 의미하는가?

마르크스주의자들에 의하면, 지식이란 원래 유동적이고 변화하는 것임에도 불구하고 그것이 어느 순간에 특정한 사람들에 의해 합법화되어 자연스럽고 필연적인 사실로 받아들여지게 되었다는 것이다. 그들에 의하면, 지식이 실체화되고 있는 곳이 바로 학교이며 교육과정은 이러한 실체화를 가속화시키고 영속화시키고 있다는 것이다. 이들은 피터스가 선험적 논의(transcendental argument)를 통해 이를 정당화했다는 것이다. 이들의 공격은 여기서 그치지 않고 있다. 즉 그들은 피터스가 지지해온 교육관, 지식관, 학교관, 세계관을 하나의 이데올로기(ideology)로 해석하면서, 그가 이러한 이데올로기를 합법화하는 데 주도적인 역할을 해 왔다는 것이다. 결국 교육받았다는 것은 이 같은 그릇된 지배이데올로기를 전수받았다는 것 외에 아무 것도 아니라는 것이다.

이러한 급진주의 교육론자들의 관점에서 보면, 피터스가 지지하는 교사란 잘못 실체화된 지식, 그릇된 허위의식(false consciousness), 편향된 이데올로기를 전달하는 대리인(代理人) 혹은 사도(使徒)로 평가받을 수 있다. 급진주의 교육론자들의 비판을 전적으로 받아들이기 어렵다고 하더라도, 그가 부분적으로 인정했듯이, 교육이란 말을 지나치게 좁게 사용하고 탈문화적인 맥락에서 사용했다는 점에서 이 같은 비판은 어느 정도 설득력을 가진다고 봐야 할 것이다. 마찬가지로 그가 그린 이상적인 교사의 역할 역시 너무 좁게 규정되었다는 점에서 이런 비판의 포화로부터 자유로울 수 없다고 봐야 할 것이다. 사실, 피터스의 교사관 안에서 의식 형성자 및 전수자로서의 교사의 모습을 찾기는 쉬우나 의식의 생성자 및 비판자로서의 모습을 찾긴 어렵다.

Ⅳ. 결 어

앞 장에서 논의한 바와 같이 피터스의 교육개념으로부터 추론되어 나온 교사관은 일반적으로 전통적이고 주지주의적인 것이다. 그의 교사관 안에는 어떤 교사가 과연 교사다운 교사인가에 대한 그의 이상적인 교사관이 잘 나타나 있다. 적어도 그가 그려낸 이상적인 교사의 모습은 단지 '존재하는 교사'가 아니라 '존재해야 할 교사'의 모습이다. 그가 그린 이상적인 교사의 주된 자질 혹은 역할이란 학습자에게 가치있는 것을 헌신적으로 전달하고, 학생의 인지적 안목을 넓혀주며, 나아가 도덕적으로 온당한 방법으로 가르치는 일이다. 보기에 따라서 이러한 자질들은 교사다운 교사와 그렇게 못한 교사를 구별하는 일반적인 기준으로 이해될 수 있다. 하지만 이러한 자질들은 근대적인 혹은 전통적인 교사관들에서 발견되는 자질들과 크게 다르지 않다. 다만 차이가 있다면 교사가 왜 이러한 자질들을 갖추어야 하는가에 대한 논리적 근거를 밝히고 정당화하였다는 점이다.

앞에서 지적한 바와 같이 그의 교사관은 그의 교육개념 안에 논리적으로 상정되어 있다는 점에서 그의 교사관이 안고 있는 문제점은 곧 그의 교육개념이 안고 있는 문제점과 구별되지 않는다. 연구자는 이미 피터스의 교사관이 언어분석의 측면에서 교사와 학교교사를 명료하게 구분하지 않았다는 점에서 일종의 자연론적 오류 내지는 범주적 오류를 범하였다는 점을 지적하였으며, 계몽주의적인 근대성에서 벗어나지 못한 관점을 정당화하려고 했다는 점을 지적하였다. 또 연구자는 그의 교사관이 남성 학습자에게는 유리할지 몰라도 여성학습자에게는 해가 되는 성 편견적인 관점을 드러냈으며, 교사가 때로는 특정한 지배이데올로기를 전수하는 대리인으로 해석될 가능성이 있다는 점을 간과하였음을 지적하였다.

이러한 비판들은 피터스의 교사관 자체를 부정하거나 폐기하려는 것이 아니라 그의 교사관이 안고 있는 약점을 극복하고 그 대안을 찾기 위한 근거로서 의의와 가치를 가진다고 할 수 있다. 우선, 피터스의 교사관이 가진 최대 약점은 교사의 역할을 학교교육에 지나치게 제한했다는 점이다. 교사의 일차적인 과업은 학교 안에서 주어진 교과를 가르치는 일이다. 하지만 교과를 가르치는 것만이 교사의 유일한 과업은 아니다. 교사의 중요한 과업 중의 하나는 학생과 세상을 연결시키는 일이다. 교사란 일종의 학생과 세상을 잇는 연결고리이다. 피터스의 주장대로 교사는 학생들을 지적인 삶의 세계로 입문시키기도 해야 하지만 실천적 삶의 세계로 안내해야 한다. 이러한 점에서 듀이(John Dewey)의 실천적 교사관은 피터스의 주지주의적인 교사관이 안고 있는 한계를 어느 정도 극복할 수 있는 대안으로 제시될 수 있을 것이다.

다음으로, 피터스의 교사관이 안고 있는 또 다른 약점은 계몽주의적 근대성으로부터 여전히 벗어나지 못하고 있다는 점이다. 계몽주의적 교사관의 관점에서 볼 때, 교사의 가장 중요한 과업은 이미 주어진 교과지식을 가르침으로써 합리적이고 자율적인 인간을 길러내는 일이다. 또한 교사가 가르쳐야 할 지식이란 시공을 초월하는 보편적 가치를 가지는 것, 즉 내재적으로 가치가 있는 것이다. 하지만 포스트모던의 관점에서 볼 때 실체화된 지식이란 존재하지 않으며, 또 교사가 그러한 지식을 가르쳐야 할 이유도 없다. 피터스의 계몽적 지식관은 오히려 교사와 학생을 지식 생성 및 구성의 주체로부터 밀어낼 가능성이 있다. 지식이 끊임없이 생성되고 구성되는 과정에 있다는 점에 비추어볼 때 교사의 수업내용 및 방식 역시 유연하고 융통성이 있어야 한다. 이제 교육, 학습자, 지식, 수업을 바라보는 교사의 계몽적 이해방식은 구성적 이해방식으로 수정되거나 보완되어야 한다.

끝으로, 피터스의 교사관이 안고 있는 또 다른 약점은 성적으로 불평등한 교사관을 제시함으로써 커다란 오해를 불러일으켰다는 점이다. 이러한 오해는 그가 그린 교육받은 사람의 자질이 주로 남성적인 덕목들(masculine virtues)이라는 데 기인한다. 예컨대, 인지적 안목, 합리성, 자율성, 권위 등은 여성에게 어울리기보다는 남성에게 어울리는 덕목들이다. 실제로 그의 교사관 안에서는 여성적인 덕목들(feminine virtues)이라고 할 수 있는 사랑, 배려, 연민, 동정 등에 대한 덕목들이 중요하게 다루어지지 않는다. 이런 점에서 그의 교육개념, 교육받은 사람의 이상, 심지어 교사상이 성 편견적인 관점에서 비롯된 것이라는 비판을 받게 된 것은 이미 예견된 것이라고 할 수 있다. 페미니즘의 관점에서 볼 때 성적으로 불평등한 입장을 드러낸 교사관은 부분적으로 수정, 보완되어야 하며 때론 폐기되어야 한다. 왜냐하면 미래 교육이 실현하고자 하는 이념 중의 하나는 성적 배려를 통한 인간복지의 구현이기 때문이다.

이상과 같은 피터스의 교사관에 대한 비판은 그의 교사관 자체를 폐기하기 위한 것이 아니라 그것을 발전적으로 수용하기 위한 예비작업으로서 가치를 가질 수 있을 것이다. 그가 통찰하지 못한 부분은 후학들의 끊임없는 담금질과 비판을 통해 변증적으로 보완될 필요가 있을 것이다.

〈참고문헌〉

신득렬(2003). 현대교육철학. 서울: 학지사.

이홍우(1992). 교육의 개념. 서울: 문음사.

Archambault, R. D., ed.(1967) *Philosophical Analysis and Education*. London: Routledge & Kegan Paul.

Dray, W. H.(1973). "Commentary." Edited by R. S. Peters(1973). *The Philosophy of Education*. Oxford: Oxford University Press.

Brown, L. M.(1970). *Aims of Education*. New York: Teachers College Press.

Dearden, R. F.(1986). "Education, Training and the Preparation of Teachers." Edited by D. E. Cooper(1986). *Education, Values and Mind: Essays for R. S. Peters*. London: Routledge & Kegan Paul, 69-88.

Edel, A.(1973). "Analytic Philosophy of Education at the Crossroad." Edited by J. F. Doyle(1973). *Educational Judgment*. London: Routledge and Kegan Paul.

Elliott, R. K.(1986). "Richard Peters: A Philosopher in the Old Style" Edited by D. E. Cooper(1986). *Education, Values and Mind: Essays for R. S. Peters*. London: RKP, 41-68.

Frankena, W. K.(1973). "The Concepts of Education Today." Edited by J. F. Doyle (1973). *Educational Judgment*. London: Routledge and Kegan Paul.

Harris, K. 저, 들불편집부 역(1989). 교사와 계급. 광주: 들불출판사.

_____ (1977). "Peters on Schooling," *Educational Philosophy & Theory*. vol. 9, no. 1, 33-48.

Hirst, P. H. and Peters, R. S.(1970). *The Logic of Education*. London: Routledge & Kegan Paul

Martin, J. R. (1981), "The Ideal of the Educated Person." *Philosophy of Education*. Presidential Address, Proceedings of Thirty-Seventh Annual Meeting of the Philosophy of Education, Normal Illinois: Philosophy of Education Society, 3-20.

Peters, R. S.(1959). "Must and Educator Have an Aim?" in *Authority, Responsibility and Education*. London: George Allen & Unwin, 83-95.

_____ (1959). "Experience and the Function of the Educator." in *Authority, Responsibility and Education*. London: George Allen & Unwin, 96-107.

_____ (1959). "The Psychologist and the Teacher." in *Authority, Responsibility and Education*. London: George Allen & Unwin, 119-137.

_____ (1964). "Education as Initiation." Edited by R. D. Archambault(1967). *Philosophical Analysis and Education*. London: Routledge & Kegan Paul, 87-111.

_____ (1966). *Ethics and Education*. London: George Allen & Unwin.

_____ (1970). "Education and the Educated Man." in R. S. Peters(1977). *Education and The Education of Teachers*. London: Routledge & Kegan Paul.

_____ (1977). *Education and The Education of Teachers*. London: Routledge & Kegan Paul.

_____ (1979). "Democratic Values and Education." Edited by R. S. Peters(1981). *Essays on Educators*. London: George Allen & Unwin.

Roemer, E. K.(1981). "Harm and the Ideal of Educated Person: Response to Jane Roland Martin." *Educational Theory*. vol. 31, no. 2: 115-124.

Soltis, J. F.(1970). "On Defending Education: An Apology". *Philosophy of Education 1969*, Proceedings of the Twenty-Fifth Annual Meeting of the Philosophy of Education Society, 172-176.

_____ (1978). *An Introduction to the Analysis of Educational Concepts*. 2nd ed., Reading, Mass.: Addison-Wesley Publishing Co.

Sarup, M.(1978). *Marxism and Education*. London: Routledge and Kegan Paul.

Woods, J.(1973). "Commentary." Edited by R. S. Peters(1973). *The Philosophy of Education*. Oxford: Oxford University Press.

피터스의 교사교육의 철학*

Ⅰ. 서 언

    피터스(R. S. Peters: 1919~2011)는 20세기 후반부를 대표하는 영국의 교육철학자로서 무엇보다 그의 가장 큰 공적은 어중간한 위치에 머물던 교육철학을 철학의 한 분야로서 정위(定位)시켰다는 점이다. 그는 사회철학 및 심리철학을 기반으로 교육문제를 독특한 방식으로 다루었으며, 그의 연구 결과들은 영국은 물론 다른 나라의 교육학계에도 큰 반향을 불러일으켰다. 그는 언어분석을 통해 교육의 개념을 명료화하고, 교육활동을 내재적으로 정당화하였으며, 교육윤리학의 성립 가능성을 제시함으로써 교육적 논의의 지평을 넓히는 데 크게 기여하였다. 영미 교육학계에서 영향력이 컸던 만큼 그의 주장에 대한 논의도 활발하게 전개되었으며, 그는 다수의 옹호자와 비판자들을 가지게 되었다. 그가 관심을 가지고 연구하였던 다양한 개념들이 권위가 있는 교육학자들에 의해 검토되었다. 예컨대, 입문 혹은 준거로서의 교육개념, 교육받은 사람의 개념, 가치있는 활동에 대한 선험적 정당화, 자유와 권위의 관계, 교양교육의 정당화, 인지주의적 도덕성 등 다양한 주제들이 비판적으로 다루어졌다.

* 이 글은 이병승(2011), "피터스의 교사교육의 철학", 교육철학, 제45집, 한국교육철학회, 161-190에 게재되어 있는 논문임.

그러나 피터스의 관심 영역에 대한 다양한 연구가 이루어졌음에도 불구하고 지금까지 비교적 소홀하게 다루어진 영역이 있다면 그것은 그의 교사관과 교사교육론이다. 디어든이 지적한 바 있듯이(Dearden, 1986: 69), 피터스는 교육문제를 본격적으로 분석하기 시작한 이래 교사와 교사교육 문제에 대해 지속적인 관심을 기울여 왔을 뿐만 아니라 교사교육 이론과 실천 분야에 기여를 하였음에도 불구하고 그의 교사관 및 교사교육론에 대한 평가는 제대로 이루어지지 않고 있다. 그의 교사관과 교사교육론은 대체로 다음 세 시기로 전개되어 왔다고 할 수 있다. 우선, 전통적인 교사관 비판기로서, 그는 1959년 "교육자는 하나의 목적을 가져야 하는가"를 비롯하여 "경험과 교육자의 기능", "심리학자와 교사"라는 글을 통해 그 당시 영향력이 컸던 듀이와 진보주의 교육론자들의 교사관, 심리학자의 교사관을 비판하였다. 다음으로, 교사관 정립기로서, 그는 1964년 "입문으로서의 교육"과 1966년 『윤리학과 교육』에서 이상적인 교사의 모습을 찾고자 노력하였다. 끝으로, 교사교육론 혹은 교사교육철학 전개기로서, 그는 1977년 『교사와 교사교육』에서 수정된 교육개념을 제시하는 동시에 교사교육의 목적, 교사교육의 내용 및 방법, 교사교육에 있어서 대학의 역할 등을 본격적으로 논의하였다.

이 글은 교사관 정립기와 교사교육론 전개기에 피터스가 제시한 이상적인 교사상과 그것의 실현과정을 논한 교사교육론 혹은 교사교육의 철학을 탐구하는 데 목적이 있다. 연구자가 피터스의 교사교육론을 탐색하고자 하는 이유는 우선, 그의 연구관심이 교육개념 분석이나 정당화 근거 제시에 국한된 것이 아니라, 보다 교육실천적인 문제에도 맞춰져 있다는 점을 밝히고, 나아가 그의 교사교육론이 오늘날 사회적 요구에만 편승하는 교사교육 실제에 어떠한 시사를 던져주는가 하는 점을 제시하는 데 있다. 피터스가 60-70년대 이상적인 교사상 정립과 교사교육론 전개에 관심을 기울인 것은, 모르긴 해도, 자신이 제시한 교육의 개념이 교사다운 교사를 통해 실현될 수 있다는 강한 믿음을 가지고 있었기 때문이다. 즉 자신의 교육개념은 우수한 자질을 겸비한 교사의 교육활동을 통해 구현될 수 있다고 믿었기 때문이다. 이러한 믿음은 자연히 그러한 교사를 어떻게 길러 낼 것이냐 하는 소위 교사교육론 혹은 교사교육철학으로 이어졌다고 할 수 있다. 피터스는 교육과학자로서가 아니라 교육철학자로서, 교사교육이 궁극적으로 실현하고자 하는 것이 무엇인가를 탐색하고, 교사교육 과정 및 교사교육 방법에서 무엇보다 먼저 지켜져야 할 원칙들(principles)이 무엇인지를 제시하고 있다. 교사를 바라보는 그의 관점이 엄격하고 보수적이듯이, 교사교육을 바라보는 관점 역시 엄격하고 보수적이다.

연구자는 이러한 그의 교사교육론을 고찰해 가는 동안에 그의 주장이 가지는 교육적 의의를 밝히기도 하겠지만 동시에 그 한계와 약점도 비판적으로 검토하고자 한다. 이 연구는 다음 세 단계에 걸쳐 이루어질 것이다. 우선, 피터스가 제시한 교사교육의 목적을 밝히고, 다음으로, 그가 제시한 교수내용의 원칙 및 방법상의 절차를 탐색하며, 끝으로 그가 밝힌 대학의 역할과 책임을 논의할 것이다.

Ⅱ. 교사교육의 목적

피터스에 따르면, 교사교육이 실현해야 할 일반적인 목적은 훈련받은 교사(trained teacher)가 아닌 교육받은 교사(educated teacher)*를 양성해 내는 일이다. 그렇다면 교육받은 교사란 구체적으로 어떤 자질을 갖춘 사람인가? 이상적인 교사로서 교육받은 교사는 기존의 교사상과 어떻게 구별되는가? 피터스는 1950년대 말부터 여러 편의 글을 통해 자신의 교사관을 부분적으로 드러냈지만**, 그의 교육받은 교사의 이상(理想)이 가장 잘 드

---

* 피터스는 '교육받은 교사'라는 개념을 구체적으로 언급하거나 설명한 바 없다. 하지만 그는 『윤리학과 교육』(1966), 『교육과 교사교육』(1977) 등의 저작에서 '교사는 훈련만 받아서는 안 되며 교육받아야 한다'는 점을 누누이 강조하면서 그 근거들을 제시하고 있다(1966: 93; 1977: 146). 이러한 의미에서 연구자는 이하의 글에서 그가 암묵적으로 내세운 이상적 교사의 모습을 '교육받은 교사'라고 부르고자 한다. 물론 여기서 그가 제시하는 '교육받은 교사'는 교육받은 사람으로서의 일반적 자질도 갖추고 있지만 가르치는 일에 종사하는 사람으로서 특수한 자질 혹은 전문성을 갖춘 사람이라고 할 수 있다.

** 1950년대 말 피터스의 교사관이 드러난 글로는 『권위, 책임 그리고 교육』(*Authority,*

러난 저작은 1966년의 『윤리학과 교육』(*Ethics and Education*)과 1977년의
『교육과 교사교육』(*Education and the Education of Teachers*)이다. 이 두 저작에
서 그는 교육받은 교사의 이상이 교육 개념 및 권위 개념과 밀접히 관련
되어 있음을 보여주고 있다.

1. 교육의 개념과 교육받은 교사

영국의 교육철학자 디어든이 적절히 지적한 바 있듯이, 피터스가 제
시한 교육받은 교사의 모습은 그의 교육의 개념 혹은 교육받은 사람의 개
념과 분리될 수 없으며, 심지어 교육의 개념을 논리적으로 상정하고 있다
(Dearden, 1986: 69). 그러므로 이상적 교사로서의 교육받은 교사에 대한 관
점은 그가 제시한 교육의 개념으로부터 자연스럽게 추론되어 나온다.

우선, 피터스가 제시한 교육의 첫 번째 개념적 기준이란 흔히 규범적
기준(normative criterion) 혹은 가치있는 것에의 헌신기준이라고 할 수 있는
것으로서, 누군가가 교육받았다고 했을 때 그것은 최소한 그가 가치있는
것을 전달받았거나 그것에 헌신(獻身: commitment)하는 태도를 가지게 되었
다는 의미를 논리적으로 함의하고 있다(Peters, 1966a: 25; 45, 1977: 28). 이러
한 규범적 기준에 따르면, 누군가가 교육을 받았다는 것은 모종의 활동을
통해 가치있는 무엇인가를 전수받고, 그것에 헌신하게 되었다는 것을 의
미한다. 여기서 가치있는 것에 헌신한다는 것은, 단순히 그것에 관심을 가
지거나 좋아하거나 흥미를 가지고 있다는 뜻이 아니라 말 그대로 가치있
는 것에 몰두(沒頭)하고 몰입(沒入)한다는 것을 의미한다. 그리하여 그는 사
람이 가치있는 것에 헌신할 때에 "집중력, 인내력, 몰입, 그리고 자발적으
로 학습할 수 있는 자율성이 발달한다."고 주장한다(1977: 28). 물론 피터스
가 제시하는 헌신의 대상은 소위 지식의 형식(forms of knowledge)으로 불리
는 것으로서, 실제적인 것이기보다는 이론적인 것들이다.*

Responsibility and Education, London: George Allen & Unwin, 1959)에 실린 "교육자
는 하나의 목적을 가져야 하는가?"(pp. 86-87), "경험과 교육자의 기능"(pp. 96-107),
"심리학자와 교사"(pp. 119-137) 등을 들 수 있다.
* 피터스는 내재적 혹은 이론적인 활동이 신체적 조건에 좌우되지 않으며, 대상의 희귀성

이 같은 교육의 규범적 기준에 비춰 볼 때 교육받은 사람으로서 교사가 갖추어야 할 중요한 자질은 헌신이다. 흔히 헌신이란 가치있는 일을 구현하거나 전달하려고 할 때 요구되는 일종의 열정(passion)이다. 이러한 열정이 있을 때 비로소 교사는 스스로 가치있는 것을 탐색하는 일에 몰두하게 되며 또 탐색한 결과를 학습자에게 전달하기 위하여 열과 성을 다하게 된다. 이러한 그의 관점에서, 우선 가치있는 것이 무엇인가를 탐구하는데 무관심하거나 또 그것을 학습자에게 전달하기 위해 정열을 바치지 않는 교사는 교사로서의 자질을 갖추지 못한 것이며 나아가 교사로서의 고유한 역할을 해냈다고 할 수 없다. 결국 교사의 자질과 역할은 그가 가치있는 것에 어느 정도 헌신했는가에 의해 평가된다.

다음으로, 피터스가 제시하는 교육받은 사람으로서 교사의 자질은 그가 제시한 교육의 두 번째 개념적 기준, 즉 인지적 기준과 분리하여 논의할 수 없다. 여기서 그가 제시한 인지적 기준이란 지식, 이해, 그리고 인지적 안목(cognitive perspective)으로서(Peters, 1966a: 30), 이 기준에 의하면, 교육받았다는 것은 모종의 지식을 소유하고, 사물에 대한 폭넓은 이해를 가지고 있으며, 나아가 세상을 폭넓게 바라볼 수 있는 인지적인 안목을 가졌다는 것을 의미한다. 여기서 피터스는 지식의 소유와 이해의 능력이 교육받은 사람에게 나타나는 중요한 자질들이라는 점을 부인하지 않는다. 그러나 그는 지식과 이해의 소유가 곧바로 교육받았다는 것의 충분조건은 될 수 없다고 본다. 왜냐하면 지식과 이해는 인지적 안목을 넓히기 위한 필요조건에 지나지 않기 때문이다. 예컨대, 누군가가 해박한 지식과 정보를 가졌거나 지식을 조직할 수 있는 원리를 이해한다고 해서 그에게 곧바로 교육받은 사람이라는 이름을 붙여주기는 어렵다는 것이다. 오히려 교육받은 사람은 지식과 이해를 통해서 자신과 세계를 폭넓게 바라볼 수 있는 인지적 안목을 가져야 한다고 강조한다. 이러한 점에서 피터스가 "인지

도 경쟁의 대상도 없으며, 기술과 분별을 위한 계속적인 기회를 제공하며, 너무나 정통한 나머지 싫증이 나는 일이 없다는 근거를 들어 그것들의 가치를 정당화하고 있다(Peters, 1966a: 157-158).

적 안목의 발달은 교육받은 사람의 중요한 징표이다."(1966a.: 64)라고 주장한 것은 조금도 이상할 것이 없다.

　이상과 같은 교육의 두 번째 기준에 비추어 볼 때 교육받은 사람으로서 교사가 갖추어야 할 또 다른 중요한 자질은 인지적 안목이다. 교사는 일단 교단에 선 순간부터 자신이 가르치는 교과목에 대하여 해박한 지식을 소유하고 있어야 하며, 그 지식의 구성 및 조직원리에 대해 이해할 수 있는 능력을 갖추고 있어야 한다. 하지만 어떤 교사가 그러한 지식과 이해를 통해 세상을 전체적으로 조망할 수 있는 능력을 가지지 못하였다면 우리는 그 교사에게 교육받은 교사라는 이름을 붙여주기를 꺼려할 것이다. 왜냐하면 지식의 소유와 사물에 대한 이해만 가지고는 교육받은 교사로서 자질을 갖추었다고 할 수 없기 때문이다. 그것들은 어디까지나 교육받은 교사가 되기 위한 필요조건일 따름이다. 따라서 교사를 교사답게 하는 중요한 자질은 바로 인지적 안목이며, 가르침을 통해 학습자에게 이러한 안목을 넓혀주는 것이 바로 교사의 주된 역할이다. 인지적 안목이 교사의 중요한 자질인 한 교사의 주된 관심은 학습자의 인지적 안목을 확충하는 데 있다. 피터스의 주장대로라면, 인지적 안목을 갖춘 교사는 응당 학생들에게 잡다한 지식을 전달하거나 사물에 대한 단편적인 이해를 넘어 학습자들의 안목을 넓히는 데 관심을 가지게 될 것이다.

　끝으로, 피터스가 제시한 교육의 세 번째 개념적 기준, 즉 과정적 기준(procedural criterion)에 비추어 볼 때 교육받은 사람은 가치있는 것을 도덕적으로 온당한 방법으로 전수받은 사람이다. 피터스는 앞에서 제시한 두 기준 못지않게 교육의 방법적 혹은 과정적 기준을 중시한다(1966a: 35). 왜냐하면 전달되는 내용이 아무리 가치가 있다고 하더라도 그것이 전달되는 방법이나 과정이 비도덕적이라면 교육의 과정 또는 교육활동이라고 부를 수 없다고 판단하기 때문이다. 피터스는 명령, 교시(敎示), 조건화, 훈련, 교화(敎化) 등을 교육적인 방법으로 받아들이는 데는 문제가 있다고 지적한다. 즉 '명령'과 '교시'는 인간존중의 정신을 결여하고 있다는 점에서 도덕적으로 문제가 있으며, '조건화'는 합리적 신념의 형성과는 하등 관계가 없는 반사적 반응을 이끌어내려고 한다는 점에서 문제가 있다고 주장한다. 아울러 '훈련' 역시 특수한 목적 내지 기능을 위하여, 또는 제한된 범위의 사고의 형식이나 실천 기준에 맞게 사용될 것을 전제로 하여 특정 기술이나 능력을 습득시키는 방법이라는 점에서 교육방법으로 받아들이기 어렵다고 주장한다. 이러한 점에서 '훈련'은 보다 넓은 신념체제를 다루는 교육과는 구별되어야 한다는 것이다(1966a: 32). 끝으로 '교화'가 일종의 신념형성과 밀접한 관련을 맺고 있어서 때로 교육방법으로 채택되는 경우도 있지만 이것은 어디까지나 학습자의 자발성과 자율성을 무시한다는 점에서 교육방법에서 제외되어야 한다고 주장한다.

이상과 같은 이러한 피터스의 주장에 의하면, 교육받은 사람으로서 교사가 갖추어야 할 중요한 자질은 교수방법의 도덕성 혹은 윤리성이다. 이러한 자질을 갖춘 교사는 명령, 지시, 교시, 교화, 훈련과 같은 비도덕적인 방법을 사용하지 않으면서 학생들을 가치있는 것에 입문시킬 것이다. 이러한 관점에서 교수의 도덕적 온당성은 앞의 두 기준에 비해 교육받은 교사와 그렇지 못한 교사를 구별하는 중요한 기준이다. 왜냐하면 교사의 자질은 무엇을 가르치는가 하는 '교수내용'(敎授內容)의 정통성(authority)에 의해 구별되기도 하지만 어떻게 가르치는가 하는 '교수방법'(敎授方法)의 온당성(reasonableness)에 의해서도 구별되기 때문이다(이병승, 2010: 126).

2. 실질적 권위와 교사의 자질

피터스의 교사관 혹은 교사 자질에 관한 논의를 할 때에 빼놓을 수 없는 중요한 개념이 권위(authority)이다. 『윤리학과 교육』에서 그는 권위의 다양한 개념, 종류, 정당화 논의를 검토한 후 권위를 교사의 중요한 자질로 파악하였다. 이러한 그의 견해는 한때 권위를 '훌륭한 교사의 자질'(quality of good teacher)로 바라보았던 선배 교수 리드(L. A. Reid)의 견해를 계승한 것이라고 볼 수 있다(Reid, 1962: 154-156)*

---

* 물론 리드는 훌륭한 교사의 자질로서 권위 이외에도 지력, 민감성, 인격, 의지, 동정심, 객관성, 겸손, 엄격함 등의 자질을 제시하고 있다(Reid, 1962: 155-156).

피터스에 의하면, 권위란 일반적으로 형식적 권위(formal authority)와 실질적 권위(actual authority)로 나뉜다. 전자는 법적 절차에 의해서 부여되는 권위로 일정한 사회적 지위를 획득했을 때 행사할 수 있는 권위이다. 교사는 교육대학이나 사범대학의 과정을 이수하고 교원으로서의 자격을 취득했다는 점에서 형식적 권위를 가지고 있다. 후자는 당사자가 가지고 있는 능력과 자질 등에 의하여 행해지는 권위를 말한다. 하지만 교사들 모두가 실질적 권위를 가졌다고는 볼 수 없다. 왜냐하면 교단에서 가르친다고 해서 모두 유능하고 영향력이 있는 교사라고 할 수는 없기 때문이다.

그렇다면 교사의 실질적 권위란 구체적으로 어떤 의미를 가지는가? 이러한 질문에 답하기 위해 피터스는 우선 교사의 권위를 '직위상의 권위'와 '전문지식의 권위'로 구별하였다(Peters, 1966: 240). 전자는 교사가 되려는 사람이 법적 절차를 거쳐 가르칠 권리를 획득함으로써 가지게 되는 것으로서 일종의 '권리상의 권위'이다. 교사자격증을 획득하고 교단에 선 사람들은 예외 없이 이러한 권리상의 권위를 가진다고 할 수 있다. 그러나 피터스는 이러한 권리상의 권위를 가졌다고 해서 교사-학생 간에 권위관계가 바르게 정립된 것도 아니며 훌륭한 교사가 되는 것은 더더욱 아니라고 주장한다. 왜냐하면 교사가 지적 권위를 제대로 행사하지 못할 때는 직위상의 권위(권리상의 권위)마저 의심받게 되기 때문이다. 이것은 교사의 직위에 있기만 하면 누구나 훌륭한 교사가 될 수 있는 것이 아니라는 점을 말해준다. 결국 교사의 자질은 형식적 권위 혹은 직위상의 권위의 소유 여부에 의해 결정되는 것이 아니라 실질적 권위 혹은 전문지식의 권위의 합리적 행사에 의해 결정된다.

교사가 전문지식의 권위를 가지고 있다는 것은 무엇을 의미하는가? 피터스에 의하면, 이것은 가르치는 교과내용에 정통했을 뿐만 아니라 가르치는 방법에 능통했다는 것을 의미한다. 즉 교과내용의 전문성과 교육방법의 전문성을 가지고 있다는 것을 의미한다. 그러나 피터스는 이 두 가지의 전문성을 가지고 있다고 해서 훌륭한 교사로서의 자질을 갖추었다고 생각하지 않는다. 왜냐하면 이것들은 훌륭한 교사의 자질을 설명하는 충분조건이 아니라 필요조건에 지나지 않는다고 생각하기 때문이다. 그리하여 그는 교사가 교육목적의 전문성을 갖추어야 한다는 점을 강조한다 (Peters, 1966a: 254). 교육목적의 전문성이란 교육을 통하여 실현코자 하는 목적이 무엇인지, 혹은 이런 저런 교과를 통해 성취하고자 하는 목적이 무엇인지에 대해 설명할 수 있는 자질이다. 이러한 자질을 갖추지 않고는 교과내용의 전문성과 교수방법의 전문성은 방향을 잃기 쉽다.

피터스는 교사가 전문지식의 권위자가 되기 위해서는 부단한 지적 탐구를 감행해야 한다고 주장한다. 즉 교사교육기관에서 받은 교과교육만으로는 충분하지 않다는 것이다. 교사가 된 이후에도 전공분야에 대한 연구와 교과교육학에 대한 탐구가 계속되어야 하며 이 분야에 종사하는 사람들과 전문적인 관계를 가져야 한다는 것이다. 특히 그는 가르치는 교과의 지식뿐만 아니라 심리학과 사회학의 산지식(working knowledge)이 교사에게 필수적이라고 주장하면서(Peters, 1966a: 256), 교사의 역할이 무엇이든지 간에 교수방법, 아동발달, 학습의 형태, 아동의 사회적 배경 등에 관하여 어느 정도 전문가일 것을 요구한다(Peters, 1966a: 257). 피터스는 권위란 절대적인 것이 아니라 상대적인 것이요, 확정된 것이 아니라 잠정적(暫定的)인 것이라는 점을 상기시키면서, 교사가 권위 행사의 정당성을 확보하기 위해서 부단한 지적 탐구를 해 가야 한다는 점을 누누이 강조한다. 요컨대, 피터스의 권위의 개념에 대한 설명에 비추어 볼 때, 실질적 권위는 훌륭한 교사가 갖추어야 할 중요한 자질이다. 하지만 그가 누차 강조하였듯이, 직위상의 권위만 가지고는 교사다운 교사의 자질을 갖추었다고 할 수 없다. 왜냐하면 직위상의 권위란 교사의 자질을 설명하는 필요조건은 될지언정 충분조건은 될 수 없기 때문이다. 그가 실질적 권위 즉 지식분야의 권위를 강조하는 것도 바로 이러한 이유에서이다.

요컨대, 피터스가 상정하고 있는 교육받은 교사란 교육의 개념적 기준들을 충족시키기 위해 노력하는 사람이다. 즉 교육이 지향하는 본질적 가치와 내재적 목적을 실현하고자 노력하는 사람이다. 그가 상정하는 교육받은 사람의 주요 자질은 가치있는 것에의 헌신적 태도, 해박한 지식,

원리에 대한 이해, 폭넓은 인지적 안목, 도덕적 온당성 등이며 이것들은
동시에 교사가 갖추어야 할 지적 권위와 도덕적 권위의 내용을 이루는 중
요한 자질들이다.

Ⅲ. 교사교육의 내용과 방법

앞 장에서 연구자는 피터스가 상정하고 있는 교육받은 교사의 자질은
그의 교육 개념 및 권위 개념을 논리적으로 상정하고 있다는 점을 제시하
였다. 그렇다면 이 같은 자질을 갖춘 교사를 길러내기 위해 어떤 교육과정
과 교수방법이 요청되는가? 교육철학자로서 이러한 질문에 대해 피터스는
어떤 답을 제시하고 있는가? 교사교육 내용 및 방법에 대한 그의 주장은
대체로 1960년대 말과 70년대 초 학회에서 발표하거나 학회지에 기고한
글들을 모아 펴낸 『교육과 교사교육』에 비교적 상세히 제시되어 있다. 이
장에서는 이 글들을 중심으로 그의 견해를 밝히고자 한다.

1. 교사교육과 교육철학의 지위

1964년 피터스는 헐(Hull)에서 열린 회의에서 "교사훈련에 있어서 철
학의 위치"(The Place of Philosophy in the Training of Teachers)라는 제하의 글
을 발표하였다(Peters, 1977: 135). 이 글에서 그는 교사교육에 있어서 철학
혹은 교육철학이 왜 중요한지, 철학의 영역들 중 어떤 것이 먼저 가르쳐져
야 할 것인지, 그리고 그것들을 어떤 방법으로 가르치는 것이 효과적인지
에 대해 논의하고 있다. 이러한 문제들을 논의해 가는 중에 피터스가 보여
주는 일관된 태도는 "교사는 훈련받을 수도 있지만 교육받아야 한다."는
것이며(1966a: 93; 1977: 146), 이를 위해 철학이 핵심적인 교과목으로 가르쳐
져야 한다는 것이다.

피터스는 철학의 혁명 이전까지만 해도 교육철학은 여러 교사교육기
관 혹은 교육학과에서 인생철학이나 교육사상사라는 이름으로 가르쳐졌다

는 점을 상기시키면서 교육철학은 이제 역사적인 접근을 벗어나 실천적인 교육문제를 철학적으로 명료화해 가는 방법으로 가르쳐져야 한다고 주장한다. 그에게 교육철학은 일반철학의 응용철학도, 인생의 원리도, 교육사상사도 아니다. 그것은 어디까지나 교육문제를 명료화해 가는 하나의 엄밀한 사고과정이요, 방법이다. 따라서 교육철학 교수자의 주된 역할은 초기 교육단계에 있는 예비교사들에게 교육철학자 혹은 교육사상가의 이러저런 주장들을 전수하는 것이 아니라 철학적 사고를 통해 교육의 실천적인 문제들을 해결해 갈 수 있는 능력을 길러주는 일이다(1977: 147).

피터스는 예비교사들에게 교육에 대한 철학적 사고를 해 가는데 도움을 줄 수 있는 교육철학의 중요 분야로 (i) 마음의 철학(혹은 철학적 심리학), (ii) 윤리학과 사회철학, (iii) 지식론 등을 제시하였다(1977: 142). 그는 우선, 마음의 철학(philosophy of mind)이 교육과 관련된 개념들을 구분하고 인간본성을 이해하는데 도움을 줄 수 있으며, 다음으로, 윤리학과 사회철학(ethics and social philosophy)은 교육목적, 가치 등을 정당화하는 데 도움을 줄 수 있고, 끝으로, 지식론(theory of knowledge)은 교육과정(敎育課程)에 대한 철학적 사고를 해 가는데 도움을 줄 수 있을 것이라고 주장한다(1977: 142-143).

또한 피터스는 예비교사들에게 가르쳐야 할 주제들을 선정할 때 고려해야 할 원칙 세 가지를 제시하였다. 즉 (i) 다른 학문분야와의 관련성, (ii) 훈련받고 있는 교사들의 실제적인 문제와 관심과의 관련성, (iii) 철학 분야에서 근본적인 문제들을 이끌어갈 수 있는 능력 등을 들었다(1966b: 85; 1977: 143). 그는 이러한 세 가지 원칙에 비추어볼 때 다음과 같은 주제들이 모든 예비교사들에게 생생한 반응을 일으킬 것이라고 보았다.

(a) '교육'이란 무엇인가? 교육목적은 무엇이어야 하는가? 교사가 교사답게 행동한다는 것은 무엇을 의미하는가? 교육은 훈련과 어떻게 다른가? 과학과 시와 같은 문명활동들(civilized activities)은 어떻게 정당화되는가? (b) 교사 권위와 관련된 문제들 (c) 처벌과 훈육의 윤리 (d) 경험으로부터의 학습, 교육과

정을 아동들의 필요와 흥미에 적합하게 한다는 생각과 함께 '아동중심'의 교육 개념 (e) 아동과 교사의 자유 (f) 교육에서의 평등 (g) 도덕교육(1966b: 85-86; 1977: 143-144).

피터스에 의하면, 위에 선정된 주제들(a~g)은 앞에서 제시한 첫 번째 원칙에 비추어 볼 때, 서로 밀접히 관련되어 있다. 예컨대, 교육, 교육목적, 권위, 학습, 아동과 교사의 자유, 평등, 도덕교육의 문제 등은 철학, 사회학, 그리고 심리학과 서로 맞물려 있다. 여기서 이것들이 서로 맞물려는 있다는 것은 예비교사가 배워야 할 주제들이 특정 학문분야에 속한 것이 아니라 다학문적 접근(interdisciplinary approach)을 해야 할 주제들이라는 점을 보여준다. 그러나 그는 실제로 교사교육기관에서 가르치는 교수내용들이 편중되어 있음을 지적한다. 예컨대, 가르치는 '방법'이 무엇보다 중요하다고 여기는 이데올로기에 매몰되어 있는 사람들에 의해 이루어지는 심리학 강의가 지배하면서 예비교사들은 가르치는 방법과 기교를 배웠으나 정작 그러한 교수방법 안에 놓여있는 합리적인 근거에 대해서는 배우지 못했다고 지적한다(1977: 145). 이러한 이유로 피터스는 교사교육 초기 단계에서 먼저 원론적(原論的)인 내용을 가르치고 후기 단계에서 구체적이고 실제적인 교수방법을 가르치는 것이 바람직하다는 입장을 지지한다. 왜냐하면 교육의 본질, 교육의 목적, 가치있는 지식에 대한 철학적 고민이 없이는 가르치는 방법이 방향을 잃기 쉬울 뿐 아니라 교육적 상황 안에서 자율적인 판단과 비판적 태도를 발휘하기 어려워진다고 보기 때문이다.

또 피터스는 교육사상사라는 이름으로 개설된 교육철학 강좌에 대해서도 강한 불만을 드러냈다. 그는 영국의 30여 개 대학의 교사교육기관에서 교육철학이라는 교과목이 교육사상사라는 이름으로 가르쳐지고 있음을 확인하고는 놀랐다고 적고 있다. 그는 역사적인 접근이 과연 최선의 접근법인가 하고 의문을 제기하면서, 이러한 접근법은 교사문제를 해결하는 데 하등 도움을 주지 않을 뿐만 아니라 다른 학문분야와의 조화 가능성도 희박하다고 지적한다. 오히려 그는 학문분야들 간의 조화와 실천적 관련성을 고려해 볼 때 역사적 접근방식을 버려야 한다고 강조한다(1977: 147). 물론 그는 역사적 접근법의 장점을 부정하지는 않지만, 그러한 접근법이 교육문제에 대한 철학적 사고를 배우려는 예비교사들에게 어떤 도움을 줄 수 있을지에 대해서는 회의적으로 바라보고 있다.

이제 피터스는 장차 교단에 설 예비교사들에게 교육철학을 어떻게 가르치는 것이 효과적인가에 대해 몇 가지 중요한 논의를 한다.

우선, 그는 교육철학 교수의 방법으로 팀티칭(team teaching)의 장점과 단점을 검토한다. 그는 교사에게 유용한 교육철학 강좌가 이루어지기 위해서는 최소한 교육철학 분야에서 훈련받은 전문가 한 사람이 좌장을 맡아 강의를 주도하면서 다른 분야 전문가들의 조언을 통합할 수 있는 코오스를 운용해 갈 수 있다고 생각한다. 그러나 이를 위해서는 철학, 심리학, 교육학에서 제기되는 주제들을 자유자재로 다룰 수 있는 능력이 있는 강사가 있어야 하고, 시간이 충분해야 하며, 학생수가 적어야 한다고 지적하면서 팀티칭을 해 가기 힘든 이유를 다음과 같이 적고 있다. "왜냐하면 학생들은 개념적 도구를 갖추지 않은 상태에서 그리고 정교화된 논의형식을 배우지 않은 상태에서 보다 엄격하게 분화된 방식으로 사고할 수 없기 때문이다. 사람들은 직감으로 사고의 정밀함을 배울 수는 없다. 사람들은 사고의 정밀함에 정통한 사람에게서 그것을 배워야 한다."라고 강조한다(1977: 148). 이것은 피터스가 세미나(seminar)와 개인교수제(tutorial system)를 염두에 두고 한 말이다.

다음으로, 피터스는 좋은 교육철학 강의가 이루어지기 위해서는 세미나 및 개인교수제를 병행하는 것이 효과적이라고 생각한다. 그는 세미나의 장점에 대해 쓰길, "나는 세미나의 가치를 굳게 믿고 있는 사람으로서, 세미나는 규모가 작고 참여와 준비가 철저해야 한다는 점을 밝힌 바 있다. 물론, 사람들이 서로 모여 그룹을 이루고 그 그룹 안에서 자신들의 경험을 공유하는 방법을 배운다는 것은 나름대로 어떤 가치가 있는 일이다."(1977: 149). 그러나 그는 세미나가 너무 자주 열리는 것도 바람직한 것은 아니라고 지적한다. "나는 모임 안에서 이루어지는 요법(療法)의 가치를 폄하하고 싶지는 않다. 사실 어떤 교과 관련 학과(Subject Departments)에서 개최한 세미나는 '알코올중독방지회'와 매우 유사하다. 하지만 교육이란 요법과는 다르다고 할 수 있는데, 교육이란 엄격하고 분화된 사고형식 및 각성형식으로의 점진적인 입문을 포함하고 있기 때문이다. 교육이란 참여뿐만 아니라 준비를 필요로 한다. 저술이 사고와 독서에 초점을 맞춘다는 점에서 최선의 준비 방법들 중의 하나이다. 왜냐하면 사람이 자신의 생각을 분명하게 설명하고 그것을 옹호할 수 있을 때까지는 어떤 주제에 관한 생각을 알 수 없기 때문이다."(1977: 149). 사실, 세미나가 제대로 이루어지기 위해서는 저술에 대한 철저한 독서와 사고가 선행되어야 한다. 세미나의 개최 횟수가 잦다고 해서 반드시 좋은 결과를 만들어낼 수 있는 것은 아니기 때문이다.

끝으로, 피터스는 아직 실험적 단계에 있는 개인교수제의 적용 가능성을 검토한 바 있다. 1964년 당시 그는 런던대학의 중앙연구소에서 작업을 끝낸 시스템에 대해 소개한 바 있다. 이 시스템에 따르면, 음악과 예술학부 450명을 우선 튜토리얼 그룹(Tutorial Group)으로 나누었는데, 각 그룹은 12명씩의 학생들로 구성되어 있으며, 여기에는 강사 한 사람이 배속되어 관심 주제를 철학적으로 다루어 나가고, 또 각각의 학생들은 교육그룹(Education Group)에 속해 있는데, 이 그룹은 15명의 학생들로 구성되어 있으며, 이 교육그룹 안에는 철학, 심리학, 사회학 분야에서 활동하는 3명의 전문가 혹은 전문적인 강사가 배속되어 가르친다. 이 그룹 안에서의 연구는 세미나와 개인교수제에 의해 이루어진다. 이 때 튜터들은 코스의 처음과 마지막에 강의가 어떻게 이루어지고 있는가를 검토하게 된다. 피터스는 이러한 시스템이 실험적 단계에 있기는 하지만, 교사들의 교육에 관한 분화되고 통합된 사고를 길러주는 데 적합한 교수방안이 될 수 있을 것이라고 생각한다(1977: 148-150).

2. 교사교육의 내용과 교수방법

앞 장에서 소개한 바 있듯이, 피터스가 상정하고 있는 교사교육의 일반적인 목적이란 가치있는 것에 헌신하고, 인지적 안목이 넓고, 도덕적으로 온당한 방법으로 가르치며, 실질적인 권위를 행사하는 자질을 갖춘 교사를 양성하는 것이다. 문제는 이러한 자질을 갖춘 교사를 길러내기 위해 예비교사들에게 무엇을 먼저 가르쳐야 할 것이냐 하는 점이다. 피터스는 1967년 에버리 힐 대학(Avery Hill College)에서 개최된 학회에서 "가르치기 위한 특수한 준비과정으로서 교육"(Education as a Specific Preparation for Teaching)이란 제하의 글을 발표한 바 있는데, 이 글에서 그는 교사 양성과정에서 무엇을 먼저 가르쳐야 할 것인가에 대해 논의하였다.

피터스는 교사양성과정에서 다음 두 가지, 즉 내용의 우선성(priority of content)과 기술의 우선성(priority of skill)을 고려해야 한다고 주장한다(1977: 151-157). 먼저, 그는 교사가 자신이 가르치는 교과의 내용에 정통(精通)하도록 가르쳐야 한다고 주장한다. 여기서 교과에 정통하도록 가르친다는 것은 단지 예비교사들이 특정 교과 안에 담긴 이런 저런 지식들을 이해하도록 하는 것뿐만 아니라 교과지식의 선정 및 조직원리에 대해서도 이해하도록 가르치는 것이다. 그는 교사에게 이러한 태도는 매우 중요한 것이라고 생각한다. 왜냐하면, 교사들이 교과지식의 선정 및 조직원리를 이해할 때 비로소 그 교과를 왜 배워야 하는지에 대한 질문이 제기되었을 경우 교과의 가치와 중요성을 정당화할 수 있을 것이라고 믿기 때문이다.

피터스는 우수한 교사를 양성해 내기 위해서 교사교육자들이 '총체성'(wholeness)을 염두에 두고 가르쳐야 한다고 주장한다. 그는 다음과 같이 적은 바 있다.

총체성(wholeness)이 강조되어야 한다는 이러한 주장 안에는 어떤 중요한 교육적 진실들이 담겨져 있다. 첫째, 우리는 어떤 사람이 세계를 바라보는 이해의 폭이 너무 좁을 경우 이런 사람을 교육받은 사람이라고 부르지 않을 것이다. 예컨대, 자동차를 심미적 우아함, 역사의식, 그리고 인간의 선과 악에 대한 의식 없이 하나의 기계장치로만 바라보는 사람을 교육받은 사람이라고 부르지 않을 것이다. 둘째, 수리물리학, 사회과학사, 심리학적 이해에 대한 도덕

적 판단 등 이해의 형식들이 서로 서로 활용될 수 있다는 점이다. 이 같이 총
체성을 강조하는 방식은 마음을 이러한 이해의 형식들로 분화시키는 일과 같
은 것이라고 할 수 있는데, 바로 이러한 이해의 형식들을 또 다른 세대에게
입문시키려는 것이 오늘날 교사들의 과업이라고 할 수 있다(1977: 154).

위의 글은 피터스가 교사교육자들이 내용의 총체성 혹은 전체성을 염
두에 두어야 한다는 점을 강하게 표명한 것이라고 할 수 있다. 그는 이러
한 과업을 수행해 낼 수 있는 교사를 기르기 위해서 교육학 전문가들
(education specialists)과 교과 전문가들(curriculum specialists)이 서로 협력해야
할 필요가 있다고 주장한다(1977: 155). 그는 이러한 협력이 이루어질 경우
대학 안에 존재하는 긴장과 갈등을 해소할 수 있을 것이라고 기대한다. 그
는 교사교육을 위해 교과 전문가들과 교육학 전문가들이 하나의 팀(team)
을 구성하여 가르치는 것이 효과적이라고 지적한다. 예컨대, 낮은 단계 수
준에서 과학을 가르칠 경우 과학적 개념들의 발달에 관해 연구한 피아제
(J. Piaget)와 브루너(J. S. Bruner)에 정통한 교육학 강사들과, 과학 분야에서
훈련받은 교과 전문가가 하나의 팀을 구성하여 가르치는 것이 좋을 것이
라고 권고한다(1977: 154). 나아가 그는 교사 직무연수 시에도 교과를 담당
한 강사들이 아동발달 및 교육철학에 대해 가르치도록 하고, 교육학 강사
들이 교육과정 교재내용을 강의하도록 권함으로써 이 두 가지를 단단히
결합시킬 수 있을 것이라고 주장한다(1977: 155). 요컨대, 교사교육과정에서
피터스가 중요시한 첫 번째 고려사항은, 폭넓은 이해와 총제적인 안목을
가진 교사를 길러내기 위해 교육 전문가와 교과 전문가가 서로 협력해야
하며, 상호 교차적인 강의(cross teaching)를 해 갈 수 있어야 한다는 것이다.
피터스는 교사양성 과정에서 우선적으로 고려해야 할 두 번째 내용으
로 기술의 우선성(priority of skills)을 들었는데, 이것은 교사교육자가 장차
교사가 될 예비교사에게 교수방법 및 교수기술을 철저하게 가르쳐야 한다
는 점을 강조한 것이다. 앞에서 언급한 바 있듯이 교과내용에 정통하더라
도 가르치는 방법이 미숙할 경우 훌륭한 교사가 될 수 없기 때문이다. 한

때 피터스는 그의 아내가 읽기를 잘 하지 못하는 아동들을 치료한 적이 있는데, 많은 아동들이 책을 잘 읽지 못하는 원인이 어느 여교사의 형편없는 가르침 때문이라고 불평한다는 이야기를 들은 바 있다(1977: 157). 그는 아내의 이러한 이야기를 통해 그 여교사의 그러한 형편없는 가르침이 결국 그녀가 수학한 교사양성기관에서의 잘못된 가르침에 기인한다는 점에 주목하였다. 즉 여교사는 대학에서 읽기내용의 의미와 중요성에 대해서는 공부했을지 모르나 읽는 방법에 대해서는 제대로 배우지 않았기 때문에 학교 현장에서 읽기방법에 대한 지도가 바르게 이루어지지 못했으며, 결국 아동들이 글을 제대로 읽어내지 못하는 결과를 초래하게 되었다는 것이다. 따라서 그는 대학에서 잘못 배운 예비교사가 학생을 잘못 지도한다는 점을 염두에 두면서 교사교육자는 예비교사들에게 교수방법을 철저하게 가르쳐야 한다고 강조한다.

피터스는 교사가 아이들을 잘 가르치기 위해서는 교육이론을 배우는 일이 매우 중요하다는 점을 늘 역설해 왔다. 교육이론과 교육실천의 관계를 논의하는 과정에서 그는 교육이론이 교육실천에 앞서야 한다고 강조해 왔다. 특히 아동들의 마음이 어떻게 작용하는지에 대한 마음의 이론을 공부하지 않고 교과지식만을 전수하려는 태도를 못마땅하게 생각하였다(1977: 156). 앞에서 언급한 바 있듯이, 피터스는 교사들이 보다 잘 가르치기 위해서는 교육의 일반이론(general theory of education)이라고 할 수 있는 철학, 특히 마음의 철학, 사회철학과 윤리학, 지식론 등을 공부해야 한다고 주장한 바 있는데, 이러한 이론 공부가 실제로 가르치는 교수방법 혹은 교수기술에 우선되어야 한다고 주장한다. 그는 좋은 이론공부가 좋은 수업의 기초가 된다는 점을 굳게 믿고 있는 것처럼 보인다. 하지만 그는 교사훈련프로그램의 결과가 교실에서 실효를 거두고 있는가에 대한 증거를 제시하기는 어렵다고 분석한 웰런(Wallen)과 트레버스(Travers)의 글, 즉 "교수방법의 분석과 탐구"(Analysis and Investigation of Teaching Method)*를 인용

---

* 이 글은 Gage, N. L. *Handbook of Research on Teaching*, Rand McNally, Chicago, 1963에 게재되어 있음.

하면서 이론이 곧바로 실제에 좋은 영향을 끼치리라는 믿음을 지지할 만한 충분한 증거가 없을 수도 있다고 말한다. 따라서 그는 교사들이 학교에서 보여주는 교수능력이나 자질이 교사교육의 결과인지 아니면 내적인 요구에 의한 것인지를 밝히기는 어렵다고 결론짓는다. 하지만 피터스는 교사교육자로서 이 문제에 대해 다음 두 가지의 논의를 전개한다.

첫째, 그는 교사 도제제도(apprenticeship)의 가치와 효과를 신중히 검토한 후 교사교육 단계에서 그것을 과감하게 도입할 것을 제안한다. 그는 "교사훈련이 교육실제에 실질적인 영향을 끼치도록 하려면, 그러한 교사훈련이 자신들의 교육실천에 영향을 주었다고 생각하는 경험이 풍부한 교사들이 예비교사를 가르치는 도제제도를 근본적으로 검토해 보는 것이 현명할 것이다."라고 주장한다(1977: 162). 이어서 그는 미국에서 활용하고 있는 수석교사제(master teacher)를 도입함으로써 교사교육기관이 학교와 보다 협조적인 관계를 맺을 수 있을 것이며 교사교육의 질을 높일 수 있는 계기를 마련할 수 있을 것이라고 본다.

둘째, 그는 교육이론이 교육실제에 직접 영향을 주지 않는다고 해서 의기소침할 필요는 없다고 말한다. 왜냐하면 그는 이론이 학교 안에서 어떤 갑작스런 변화(transformation)를 일으킬 것이라고 믿지 않기 때문이다. 그는 "가르친다는 것은 이론적인 연구결과들을 실제적인 것에 적용하여 직접 영향을 끼치게 하는 공학(technology)이 아니다."라고 단호하게 말한다(1977: 164). 그에게, '가르친다는 것'은 대부분 사람들 사이의 매우 미묘한 도덕적인 상관관계를 포함하고 있기 때문에 다양한 공학적 기교들을 동원한다고 하더라도 원하는 결과를 쉽게 도출해 낼 수 있는 것은 아니라는 것이다. 그러므로 그에 의하면, 이론이란 긴 시간에 걸쳐 효과가 있어야 한다. 즉 그것은 아동에 대한 견해, 교사 자신에 대한 견해, 그가 활동하고 있는 상황에 대한 견해를 점진적으로 변화시키는 것이어야 한다는 것이다(1977: 164).

Ⅳ. 교사교육과 대학의 역할

교사교육기관의 존재근거는 훌륭한 교사 혹은 자질이 우수한 교사를 양성하는 일이다. 앞에서 강조한 바 있듯이, 피터스가 제시한 관점에 비추어 말하자면, 교육대학과 사범대학의 존재이유는 가치있는 것에 헌신하고, 인지적 안목이 넓으며, 도덕적으로 온당한 방법으로 가르치며, 실질적 권위를 갖춘 교사를 길러내는 일이다. 피터스는 오늘날 교사교육기관들의 환경이 끊임없이 변하고 있으며, 나아가 사회로부터 도전을 받고 있음을 상기시키면서 대학이 우수한 자질을 가진 교사를 양성해내기 위해 어떤 노력을 해야 할 것인지에 대해 비상한 관심을 가졌다. 이러한 그의 관심은 1972년 *London Educational Review*에 발표한 그의 논문, 즉 "교사교육에 있어서 대학의 역할과 책임"(The Role and Responsibilities of the University in Teacher Education)에 비교적 구체적으로 드러나 있다(1977: 181-192).

우선 피터스는 교직과 대학교가 왜 긴밀한 유대관계를 맺어야 하는가의 근거를 밝혀보려고 한다. 근거를 밝히기 전에 먼저 그는 제도로서의 대학이 어떤 기관이며 기능을 가지고 있는 조직체인가에 대해 설명한다. 그에 의하면, 전통적으로 대학은 지역사회의 실제적인 요구에 적용할 수 있는 지식을 발전시키는 일에 관여해 왔으며, 전문적인 직업에 종사하는 사람들을 훈련시키는 일에 관여해 왔고, 학생 개개인의 발달에 관련된 폭 넓은 이해의 발달이라는 맥락에서 교양교육(liberal education)의 기회를 제공해온 곳이다(1977: 182). 요컨대, 전통적으로 대학은 크게 학문적 연구, 직업인양성, 교양교육이라는 세 가지 역할을 담당해 왔다는 것이다. 이어서 그는 대학이 어느 순간엔가 순수한 연구를 하는 곳이라는 생각이 지배적이었던 경우도 있었지만, 대학교에 대한 우리의 생각 속에는 최소한 이와 같은 세 가지 생각이 뒤섞여 있다고 지적하면서, 최근에 와서 대학들이 이들 중 어느 특수한 목적만을 실현하려고 하는 것은 대학교를 너무 좁게 개념화하는 것이라고 비판한다.

피터스는 대학이 교육이론 연구에 대한 지원이 부실했으며, 또한 대학 내에서 교육연구의 효율성이 낮다는 오해를 받아왔다는 점을 상기시키면서 교사교육의 질을 높이기 위해 이제는 대학이 교육연구를 적극적으로 지원해야 한다고 주장한다. 그는 대학이 교육연구를 지원해야 할 이유를 다음과 같이 설명한다.

> 이것이 의미하는 바는 교육연구들이 수학적인 문제들이나 물리학의 문제들과 마찬가지로 오직 하나의 사고방식에만 의존함으로써 해결될 수 없는 문제들과 관련되어 있다는 것이다. 교육문제들이란 "아이들에게 벌을 줘야만 하는가?" 혹은 "학급을 나누어야만 하는가?" 혹은 "우리는 통합된 교육과정을 운영해야 하는가?"와 같은 문제들이다. 우리는 먼저 '벌', '통합'이라는 개념들에 대한 철학적인 작업을 하기 전까지는 이러한 문제들을 다룰 수 있는 실험을 고안해 낼 수 없다. 우리는 '훈육'과 '벌'을 구별해 내야 하며, 심리학자들이 쥐와 개들에게 부적 강화를 부여할 때 쥐와 개에게 행했던 조치와 벌을 구별해야 한다. 그러므로 우리는 벌, 교육목적, 인간관계 저변에 놓인 도덕적 원리들에 대한 정당화의 문제를 제기해야 한다. 그렇게 할 때만이 우리는 연구가 심리학적이건 사회학적이건, 어떤 경험적인 연구가 거기에 관련되어 있는가 하는 점을 이해할 수 있는 적절한 위치를 확보하게 된다(1977: 183-184).

피터스는 교육문제들이 다른 분야의 문제들과는 달리 매우 복잡하기 때문에 특정한 하나의 사고방식 혹은 접근방식만 가지고는 문제를 해결하기 어렵다고 지적한다. 그는 대학에서의 교육연구가 크게 세 가지 단계, 즉 미분화된 접근단계(undifferentiated approach), 분화된 접근단계(differentiated approach), 통합된 접근단계(integrated approach)로 발달해 왔다고 지적한다. 그는 1960년대 이전만 해도 교육이론은 이러저러한 이론들이 함께 뒤섞여 있었기 때문에 올바른 평가를 받지 못하였으며, 1960년대에 이르러 철학이 사회학과 더불어 교육문제들을 해결하는 데 기여하기는 하였지만 교육이론은 여전히 다른 학문들과 대화를 할 수 없는 상황에 처해 있었다고 지적한다. 그에 의하면, 이제 교육이론의 세 번째 단계가 시작되었

으며, 교육이론가들은 교육의 실제적인 문제를 해결하기 위하여 다른 분
야의 전문가들과 공동작업을 시작하였다는 것이다. 그는 지식이 점차 파
편화되고 지나치게 구획화되어 가고 있다는 비판과 함께 다양한 연구 분
야들이 통합되어야 한다는 목소리가 커질 때에 본질상 다학문적인
(interdisciplinary) 성격이 강한 교육학이 더욱 빛을 발할 수 있을 것이라고
생각한다(1977: 184-185).

    피터스는 대학 안에서 교육연구가 동료학자들이 관심을 가지는 이론
적인 연구만을 해갈 것이 아니라 지역사회의 실제적인 문제에 대해서도
관심을 기울여야 한다고 주장한다. 즉 교육연구뿐만 아니라 교직에 종사
하는 사람들의 실제 관심사에 대해서도 무게를 두고 연구해야 한다고 주
장한다. 그는 교직이 건강한 교육이론(health of educational theory)의 생성을
위해 필수적인 것이라고 주장한다. 그는 심리학자들은 대학 학과에서 가
르치는 순수 학습이론에만 의존해서는 안 되며 그 이론을 서로 다른 교실
학습상황에 꿰맞추어 넣으려고 해서도 안 된다고 말한다. 오히려 그는 대
학 교수들이 교사들과 함께 교실로 뛰어들어야 하며 학습자의 마음 상태
뿐만 아니라 실제 학습내용 및 학습조건과 관련이 있는 이론을 개발해 내
야 한다고 주장한다(1977: 187).

    피터스는 이러한 대학 교수 및 연구자들의 적극적인 태도가 오늘날까
지 교직과 대학교 사이에서 파생된 뿌리 깊은 오해와 갈등과 불신을 해소
하는 데 도움을 줄 수 있을 것으로 기대한다. 그는 교사들이 대학교에서
연구된 것 대부분이 무미건조하고 삶과 관련이 없다는 점에 대해 불만을
털어놓듯이, 대학교 교수들 역시 때로 그들 아이들이 학교에서 가르친 잡
동사니 같은 내용에 대해 불만을 털어놓는다는 것이다. 그는 대학교 교수
들과 학교 교사들의 관계를 이렇게 악화시킨 것은 대학에 책임이 있다고
지적한다. 즉 대학이 교사교육 과정과 교직의 유기적인 관계를 무시하거
나 연결하는 데 실패하였기 때문이라고 지적한다.

    결론적으로 피터스는 우수한 자질을 가진 교사를 양성해 내기 위해
대학 연구자들 간의 협동도 필요하지만 대학 교수와 일선 학교 교사들 간

의 협동이 반드시 필요하다고 강조한다. 그는 교직과 관련하여 대학교가 해야 할 역할을 크게 두 가지 측면에서 제안하였다. 하나는 교육학의 영역에서 대학은 교육이론 발달에 필수적이라고 할 수 있는 철학, 심리학, 사회학과 같은 학문 분야들을 확충하는 데 힘을 써야 하며, 다음으로 수학, 영어, 역사와 같은 교과내용의 분야에서 대학은 학교 교육과정과 교양교육에 어떤 내용을 제공해야 할 것인가에 대해 관심을 기울여야 한다는 것이다. 그는 이 두 영역에서 대학과 교직이 서로 유기적인 관계를 맺을 때 양질의 교사를 길러낼 수 있다고 본다.

V. 논의 및 결론

앞 장에서 살펴본 바와 같이 피터스의 교사교육관 혹은 교사교육철학은 언뜻 보기에 시대에 뒤떨어진 것처럼 보이며 여러 가지 문제점이 있어 보인다. 이미 엘리엇이 피터스를 '구식 철학자'(philosopher in the old style)라고 평가한 바 있듯이(Elliott, 1986: 46), 그의 교사와 교사교육에 대한 관점도 낡은 것인지도 모른다. 그도 그럴 것이 교사와 교사교육에 대한 그의 관점과 제안들은 1960-70년대에 제시된 것으로서 이미 40여 년 이상의 세월이 흘렀기 때문이다. 또 그의 교육 개념과 교육받은 사람의 개념이 모종의 난점을 안고 있듯이, 그의 교사관과 교사교육관 역시 수용하기 힘든 난점을 안고 있는 것처럼 보인다. 즉 그의 교육 개념이 지나치게 엄격하고, 보수적이며, 주지적이며, 남성 중심적인 것으로 모종의 지배 이데올로기를 반영하고 있듯이*, 그에 의해 상정된 교육받은 교사의 모습 역시 지나치게 엄격하고, 보수적이며, 주지적인 성향을 강하게 띠고 있다. 일찍이 디어든은 피터스의 교사교육론을 검토한 후 그의 관점이 지나칠 정도로 인

---

* 피터스의 교육 및 교육받은 사람의 개념에 대해 의미가 있는 비판을 가한 연구자로는 드레이(Dray, 1973), 우즈(Woods, 1973), 솔티스(Soltis, 1970; 1978), 프랑케냐(Frankena, 1973), 에델(Edel, 1973), 윌슨(Wilson, 1979), 해리스(Harris, 1979; 1987), 마틴(Martin, 1981), 신득렬(2003), 유재봉·임정연(2005; 2007), 이병승(2004; 2010) 등을 들 수 있다.

지적인 것에 무게가 실려 있다는 비판을 가하면서 그가 제시하는 교사교육 내용 및 방법의 실현 가능성을 회의적으로 평가한 바 있다(Dearden, 1986: 69-88).

하지만 그의 관점과 제안이 오래되었고 모종의 난점을 안고 있다고 해서 그의 주장을 곧바로 폐기해야 한다고 주장하는 것은 너무 성급한 판단인 것처럼 보인다. 그의 주장은 그 당시 영국의 교사교육이 안고 있던 문제점을 예리하게 통찰하면서 그 대안을 제시했다는 점에서 비판적으로 담금질을 해볼 만한 충분한 가치를 지니고 있다고 본다. 적어도 그 당시 영국의 교육계가 안고 있던 문제를 오늘날의 우리 교육계가 안고 있다는 점에서 그의 주장이나 관점들은 교사교육의 질을 높이고 훌륭한 교사를 양성하려는 열망을 가진 교사교육자들에게 나름대로 의미가 있는 시사를 던져줄 것으로 보인다. 특히 교육행정가나 교과전문가로서가 아니라 교육철학자로서 그가 제안한 주장들은 교사교육의 정체성을 확인하고 교사교육의 올바른 방향을 찾으려는 우리에게 하나의 지남이 될 수 있을 것으로 보인다. 이 장에서는 피터스의 교사교육론이 우리 교사교육 현실에 주는 몇 가지 시사점들을 소개한 후 글을 마무리하려고 한다.

첫째, 피터스의 교사교육론에서 발견할 수 있는 중요하고도 의미가 있는 시사들 중의 하나는, 예비교사는 훈련을 받기도 해야 하지만 교육을 받아야 한다는 것이다. 그에 의하면, 교육과 훈련이 개념적으로 구별되듯이, 교육받은 교사와 훈련받은 교사 역시 개념적으로 구별된다. 훈련이란 제한된 방식으로 특수한 지식과 기술을 전수함으로써 사람들을 제한된 사고와 행동으로 이끄는 반면에, 교육은 보다 넓은 신념체계와 사고의 형식을 다룸으로써 사람들을 보다 넓은 삶의 세계로 이끌어준다. 따라서 훈련받은 교사에게서 나타나는 가장 두드러진 특징은 인지적 안목 혹은 인지적 폭(cognitive breadth)의 결여이다. 문제는 이러한 제한된 방식으로 교육받은 교사가 제한된 방식으로 아이들을 가르칠 가능성이 높다는 데 있다. 교사교육의 질이 교사의 자질을 결정하고, 교사의 자질이 교육의 질을 좌우한다는 개념적 진리에 비추어볼 때 훈련받은 교사가 아이들에게 나쁜

영향을 끼칠 가능성이 있다는 주장에는 그럴만한 충분한 근거가 있다고
말할 수 있을 것이다.

　　우리 사회에서 '훈련'과 '교육'은 거의 개념적 구분 없이 사용되고 있
으며 때론 혼용되거나 오용되고 있다. 마찬가지로 훈련받은 교사와 교육
받은 교사에 대한 개념도 구분 없이 무분별하게 사용되고 있다. 오히려 교
육받은 교사에 대한 개념이 없다고 말하는 것이 솔직한 표현이라고 봐야
한다. 디어든(Dearden, 1986: 73)이 지적한 바 있듯이, 피터스 관점의 근간을
이루고 있는 것은 언어학적인(linguistic) 토대임에 틀림없다. 하지만 그의
교육받은 교사에 대한 개념은 그의 교직경험과 학교방문 그리고 교사교육
프로그램개발 경험을 바탕으로 이루어졌다는 점에서 숙고해 볼만한 가치
가 있다. 그가 교사교육의 목적을 '교육받은 교사'의 양성으로 상정한 것
은 60년대 교사교육 문제를 너무 안이하게 생각하는 그 당시 교육학계에
경종을 울리기 위한 것이기도 하고, 정치 및 경제적 압력에 쉽게 굴복하여
교사의 자질을 높이는데 등한시한 대학당국에 대한 불만을 토로한 것이라
고 할 수 있다. 이상과 같은 그의 관점은 시류에 따라 흔들리고 있을 뿐만
아니라 사회적 압력에 굴복한 나머지 자율성을 잃어가고 있는 우리의 교
사교육 현실을 반추하도록 하는 데 도움을 줄 것으로 기대된다.

　　둘째, 피터스의 교사교육론에서 발견할 수 있는 의미 깊은 또 다른 시
사점은 교사교육의 초기 단계에 이론을 철저하게 가르침으로써 인지적 안
목을 넓혀줘야 한다고 주장한 점이다. 이미 지적한 바 있듯이, 피터스가
교사를 훈련만 시켜서는 안 된다고 주장한 것은, 훈련이 바로 사람의 인지
적 안목을 좁힐 가능성이 높다는 판단에서였다. 그렇다면 교사의 인지적
안목을 넓히기 위해서 교사교육의 내용과 방법은 어떻게 구성되고 구현되
어야 하는가? 그는 교사교육 초기단계에 철학을 비롯한 기초이론을 학습
시켜야 하며, 교과내용과 교수방법을 철저하게 가르쳐야 한다고 주장한다.
그는 심리학, 사회학, 역사학, 철학 등에 담긴 이론탐구가 교사의 인지적
안목을 넓히는 데 필요하다고 확신하였다. 즉 이론적 기초가 단단할수록
장차 교단에 섰을 때 좋은 수업을 할 가능성이 높다고 믿었다. 사실, 그도

인정했듯이, 이러한 이론이 곧바로 교육실제에 영향을 미칠 것이라는 증거를 발견하기는 어렵다. 하지만 이러한 이론은 공학이론과는 달리 오랜 시간에 걸쳐 교사의 아동에 대한 견해, 교사 자신에 대한 견해, 교육상황에 대한 견해를 서서히 바꾸어 놓을 것이라고 본다. 그러나 그는 현실적으로 철학, 심리학, 사회학, 역사학 등에 속하는 이론들이 교육실제에 미치는 영향이 미미하다는 연구를 믿는 사람들에게 홀대를 받고 있으며, 결국 이것으로 인해 교사교육기관 안에서 이들 이론들에 대한 관심이 점점 멀어져가고 있다고 진단한다. 이러한 현상은 우리의 경우에도 예외가 아니다. 이론 강좌가 양적으로나 질적으로 빈약해지고 있으며 홀대를 받고 있다. 하지만 피터스가 예견한 바와 같이 이제 학부모들이 학교가 무엇을 하고 있는지에 대해 의문을 던지는 횟수가 많아지고 있으며, 교육과정을 개정해야 한다는 사회적 압력이 점점 커지고 있다. 이러한 상황에서 교사들은 보다 반성적, 지적, 비판적이어야 하며, 정당화 문제에 대해 민감해야 한다. 교육이론은 아마도 교사가 자신의 정체성을 확인하고 권위를 지키는데 필요한 지적 자산이 될 수 있을 것이다.

셋째, 피터스의 교사교육론에서 발견할 수 있는 또 다른 시사점은 교육과정과 교수방법의 '통합', '조화', 그리고 '협력'이 교사교육의 중요한 원리가 되어야 한다는 점을 강조했다는 것이다. 그는 다음 두 가지 측면에서의 협력이 필요하다고 보았다. 하나는 대학 안에서 안목이 넓은 교사를 길러내기 위해서는 교사교육자들이 서로 협력하여 교육과정을 개발하고 가르쳐야 한다고 주장하였다. 특히 교육학 전문가와 교과 전문가가 얼굴을 맞대고 교육과정을 연구·개발해야 하며, 이들이 하나의 교수팀(team)을 구성하여 가르쳐야 한다고 제안하였다. 심지어 교육학 강사들과 교과 강사들이 상호 교차적인 강의를 함으로써 예비교사들의 분화된 마음의 형식을 통합할 수 있을 것이라고 주장하였다. 그의 요구가 실현되기까지는 많은 시간과 노력이 필요할지 모르나 그의 주장은 오늘날에도 타당한 것처럼 보인다. 다른 하나는 질적 수준이 높은 교사를 길러내기 위해서는 대학과 일선학교가 서로 협력해야 한다고 주장하였다. 어느 경우에건 이들 간에도 갈등이 상존하고 있다는 점을 부인할 수 없다. 피터스는 질적 수준이 높은 교사를 양성하기 위해서는 교사도제제도(teacher tutorial system)를 활용하고, 수석교사(master teacher)를 대학으로 불러들일 필요가 있다는 점을 강하게 요구하였다. 이러한 제안은 새로운 것이라고 할 수 없을지 모르나 교사교육의 질을 높이려는 교사교육 연구자와 실천가들에게 아직까지도 보다 세밀한 연구와 검토를 요구하는 주제인 것처럼 보인다.

〈참고문헌〉

신득렬(2003). 현대교육철학. 서울: 학지사.

유재봉·임정연(2005). "피터스의 교육개념에 대한 비판적 논의." 신앙과 학문. 10(1), 기독교학문연구회, 99-125.

_____ (2007). "교육받은 인간에 대한 논쟁 검토." 교육과정연구, 25(4), 한국교육 과정연구회, 35-59.

이병승(2004). "피터스의 학교교육관 비판." 교육철학. 23, 한국교육철학회, 37-57.

_____ (2010). "피터스의 교사관에 대한 비판적 고찰." 교육사상연구, 24(1), 한국 교육사상연구회, 117-136.

Dearden, R. F.(1986). "Education, Training and the Preparation of Teachers." Edited by D. E. Cooper(1986). *Education, Values and Mind: Essays for R. S. Peters*. London: Routledge & Kegan Paul, 69-88.

Dray, W. H.(1973). "Commentary." Edited by R. S. Peters(1973). *The Philosophy of Education*. Oxford: Oxford University Press.

Elliott, R. K.(1986). Richard Peters: A philosopher in the old style. Edited by D. E. Cooper. *Education, Values and Mind: Essays for R. S. Peters*. London: Routledge and Kegan Paul.

Frankena, W. K.(1973). "The Concepts of Education Today." Edited by J. F. Doyle(1973). *Educational Judgment*. London: Routledge and Kegan Paul.

Harris, K. 저, 들불편집부 역(1989). 교사와 계급. 광주: 들불출판사.

_____ (1977). "Peters on Schooling," *Educational Philosophy & Theory*. vol. 9, no. 1, 33-48.

Freire, P.(2000) 저. 교육문화연구회 역. 프레이리의 교사론. 서울: 아침이슬.

Gane, N. L.(1963). *Handbook of Research on Teaching*. Chicago: Rand McNally.

Martin, J. R.(1981), "The Ideal of the Educated Person." *Philosophy of Education*. Presidential Address, Proceedings of Thirty-Seventh Annual Meeting of the Philosophy of Education, Normal Illinois: Philosophy of Education Society, 3-20.

Peters, R. S.(1959). *Authority, Responsibility and Education*. London: George Allen & Unwin.

_____ (1966a). *Ethics and Education*. London: George Allen & Unwin.

_____ (1966b). "The Philosophy of Education," Edited by J. W. Tibble(1966). *The Study of Education*. London: Routledge and Kegan Paul.

_____ (1977). *Education and The Education of Teachers*. London: Routledge & Kegan Paul.

Reid,   L.(1962).   *Philosophy   and   Education: An   Introduction*.   London:
    Heinemann.

Sarup, M.(1978). *Marxism and Education*. London: Routledge and Kegan Paul.

Soltis, J. F.(1970). "On Defending Education: An Apology." *Philosophy of
    Education 1969*, Proceedings of the Twenty-Fifth Annual Meeting of the
    Philosophy of Education Society, 172-176.

_____ (1978). *An Introduction to the Analysis of Educational Concepts*. 2nd ed.,
    Reading, Mass.: Addison-Wesley Publishing Co.

Woods, J.(1973). "Commentary." Edited by R. S. Peters(1973). *The Philosophy of
    Education*. Oxford: Oxford University Press.

인명 색인

사항 색인

저자 및 역자 소개

〈저자〉

허스트(Paul H. Hirst, 1927~)

허스트는 영국 케임브리지대학을 졸업하였으며, 옥스퍼드대학, 런던대학, 케임브리지대학에서 교수로 활동하였다. 현재는 케임브리지대학을 은퇴한 후 런던대학 방문교수 자격으로 활동하고 있다. 피터스와 함께 영국교육철학회 창립에 크게 기여하였으며, 교육철학 분야의 성장 및 교사교육 프로그램 개발에 크게 기여하였다. 주요 논문으로는 "Liberal Education and the Nature of Knowledge", "Educational Aims: Their Nature and Contents" 등이 있으며, 주요 저서로는 *Knowledge and Curriculum: A Collection of Philosophical Papers*, *The Logic of Education*(Peters와의 공저) 등 다수가 있다.

피터스(Richard S. Peters, 1919~2011)

피터스는 영국 클리프턴대학, 옥스퍼드대학, 버크벡대학에서 수학한 후 런던대학교 교육대학 교육철학 교수로 활동하였다. 허스트와 함께 영국교육철학회를 창립하여 회장과 명예회장으로서 학술활동을 주도해 왔으며, '런던학파'를 결성하여 교육철학 분야의 발전과 성장에 크게 기여하였다. 1983년 건강상의 이유로 런던대학에서 은퇴하였으며 2011년 사망하였다. 주요 논문으로는 "Education as Initiation", "Must an Educator have an Aim?" 등이 있으며, 저서로는 *Ethics and Education*, *Psychology and Ethical Development*, *Moral Development and Moral Education* 등 다수가 있다.

〈역자〉

이병승(李秉承)

이병승은 현재 공주대학교 사범대학 교육학과 교수로 교육철학, 교육사상, 교육학개론 등을 가르치고 있다. 주요 관심 주제는 듀이와 피터스의 교육철학, 교사교육의 철학, 몸의 교육철학, 생태교육의 철학 등이다. 주요 논문으로는 "교사교육자의 철학적 연구와 교수", "훌륭한 교사의 철학적 자질 탐구", "피터스의 교사관에 대한 비판적 고찰", "교사의 실질적 권위와 그 정당화", "피터스의 교사교육의 철학" 등이 있으며, 저서로는 『교육에 관한 철학적 담론』, 『교사에 관한 철학적 담론』, 『쉽게 풀어쓴 교육학』, 『쉽게 풀어쓴 교육철학 및 교육사』, 『교육적 사유와 안목을 넓히기 위한 교육학개론』, 『교육철학담론』 등이 있다. 역서로는 『도덕교육의 철학』, 『교육목적의 철학』, 『인간학습의 철학』, 『교수에 관한 철학적 탐구』, 『교육, 자율성 그리고 비판적 사고』 등이 있다.

교육의 의미와 논리

초판인쇄   2016년 2월 15일
초판발행   2016년 2월 29일

지은이   P. H. 허스트 · R. S. 피터스
옮긴이   이병승
펴낸이   안상준

편 집   배근하
기획/마케팅   이영조
표지디자인   김문정
제 작   우인도 · 고철민

펴낸곳   ㈜ 박영story
             서울특별시 마포구 월드컵북로 400, 5층 2호(상암동, 문화콘텐츠센터)
             등록 2014. 2. 12. 제2014-000009호
전 화   02)733-6771
f a x   02)736-4818
e-mail   pys@pybook.co.kr
homepage   www.pybook.co.kr
ISBN   979-11-87010-02-9   93370

정 가   19,000원

박영스토리는 박영사와 함께하는 브랜드입니다.